JACQUES AUMONT
*Maître-Assistant
à l'Université de Lyon II*

ALAIN BERGALA
*Animateur au C.E.C.
de Yerres. Réalisateur
de films.*

MICHEL MARIE
*Maître-Assistant
à l'Université de   Paris III.*

MARC VERNET
*Chargé d'études à
l'I.N.R.P.*

L'Esthétique du film

*PUBLIÉ AVEC LE CONCOURS
DU CENTRE NATIONAL DES LETTRES*

 **NATHAN**

**UNIVERSITÉ
INFORMATION
FORMATION**

NATHAN-UNIVERSITÉ

Collection dirigée par Henri Mitterand, professeur à l'Université de Paris III

FRANÇAIS

LANGUE

Christian BAYLON et Paul FABRE :
- **Grammaire systématique de la langue française.**

Christian BAYLON et Paul FABRE :
- **Initiation à la linguistique.**

Christian BAYLON et Paul FABRE :
- **La sémantique.**

Christian BAYLON et Paul FABRE :
- **Les noms de lieux et de personnes.**

Nina CATACH :
- **L'orthographe française : traité théorique et pratique.**
- **Orthographe et lexicographie : les mots composés.**

Roland ÉLUARD :
- **La pragmatique linguistique.**

Paul LARREYA :
- **Énoncés performatifs - Présupposition.**

Jean MOREAU :
- **La contraction et la synthèse de textes aux examens et concours.**

Jacqueline PICOCHE :
- **La lexicologie.**
- ² **Précis de morphologie historique du français.**

Jacqueline PINCHON et Bernard COUTÉ :
- **Le système verbal du français.**

Robert-Léon WAGNER :
- **Essais de linguistique française.**

LITTÉRATURE

Jean-Michel ADAM :
- **Le texte narratif.**

Bernard BEUGNOT
et José-Michel MOUREAUX :
- **Manuel bibliographique des études littéraires.**

Pierre BRUNEL,
Louis-Robert PLAZOLLES
et Philippe SELLIER :
- **Le commentaire composé.**

Claude DUCHET :
- **La sociocritique.**

Adolfo FERNANDEZ-ZOÏLA :
- **Freud et les psychanalyses.**

Jean JAFFRÉ :
- **Le vers et le poème.**

Jean LE GALLIOT,
Simone LECOINTRE :
- **Psychanalyse et langages littéraires.**

Michel PATILLON :
- **Précis d'analyse littéraire. 1. Les structures de la fiction.**
- **Précis d'analyse littéraire. 2. Les structures du vers.**

Bernard VALETTE :
- **Esthétique du roman moderne.**

Auguste VIATTE :
- **Histoire comparée des littératures francophones.**

LATIN

Pierre BOUET, Danielle CONSO,
François KERLOUEGAN :
- **Initiation au système de la langue latine.**

Pierre MONTEIL :
- **Éléments de phonétique et de morphologie du latin.**

GREC

Lucien PERNÉE :
- **Entraînement à la version grecque.**

LANGUES VIVANTES

Jacques ROGGERO :
- **Grammaire anglaise.**
- ² **Grammaire anglaise : travaux pratiques d'application.**

François SCHANEN, Horst HOMBOURG :
- **L'allemand par le thème.**

François SCHANEN, Jean-Paul CONFAIS :
- **Grammaire de l'allemand : formes et fonctions.**

NATHAN-RECHERCHE

Daniel BRIOLET :
- **Le langage poétique.**

Paul LARREYA :
- **Le possible et le nécessaire.**

Nina CATACH :
- **Les listes orthographiques de base du français.**

© Éditions Fernand Nathan, 1983
ISBN : 2-09-190701-4

INTRODUCTION

1. TYPOLOGIE DES ECRITS SUR LE CINEMA

L'édition française publie chaque année une centaine de livres consacrés au cinéma. Un catalogue général (supplément au n° 16 de Cinéma d'Aujourd'hui, *Printemps 1980), s'intitule précisément « Le cinéma en 100 000 pages ». On dénombre plus de dix périodiques mensuels (critique de films, revues techniques, vie des acteurs, etc.). Le collectionneur ne sait où entasser ses revues et livres, le néophyte ne sait que choisir.*

Afin de situer avec précision le profil de ce manuel, nous allons tenter une brève typologie des écrits sur le cinéma. Ceux-ci peuvent se diviser globalement en trois ensembles d'ampleur très inégale : les revues et livres « grand public », les ouvrages pour « cinéphiles », enfin les écrits esthétiques et théoriques. Ces catégories ne sont pas rigoureusement étanches : un livre pour cinéphile peut atteindre un large public tout en possédant une valeur théorique indéniable ; ce cas de figure est évidemment exceptionnel, et concerne le plus souvent des livres d'histoire du cinéma, comme ceux de Georges Sadoul, par exemple.

Tout à fait logiquement, l'édition de cinéma reproduit à son niveau spécifique les catégories de l'audience des films. Ce qui caractérise la situation française, c'est l'ampleur du second secteur, destiné aux cinéphiles.

Le terme « cinéphile » apparaît sous la plume de Ricciotto Canudo au début des années vingt : il désigne l'amateur averti de cinéma. Il y a plusieurs générations de cinéphiles avec leurs revues et leurs auteurs de prédilection. La cinéphilie a connu un développement considérable en France après la guerre (1945). Elle s'exerce à travers les revues spécialisées, les activités des nombreux ciné-clubs, l'assiduité aux programmations « art et essai », la fréquentation rituelle d'une cinémathèque, etc. Le « cinéphile » constitue un type social caractérisant la vie culturelle française en raison du contexte culturel particulier offert par la richesse de l'exploitation parisienne des films, notamment : on le reconnaît aisément à partir de conduites mimétiques ; il s'organise en chapelles, ne s'asseoit jamais au fond d'une salle de cinéma, développe en toutes circonstances un discours passionné sur ses films de prédilection...

Il convient de distinguer cette acception restrictive du « cinéphile » dans son aspect maniaque de l'amateur de cinéma à proprement parler.

1.1. Les publications « grand public ».

Ce sont évidemment les plus nombreuses et celles qui atteignent les plus forts tirages. A de rares exceptions près, elles sont consacrées aux acteurs de cinéma, ce qui constitue le versant « imprimé » du « star-system ». Citons une revue caractéristique de ce genre, Première. *Les publications périodiques étaient beaucoup plus nombreuses avant-guerre, le titre le plus célèbre étant* Ciné-Monde. *Une catégorie numériquement importante a également presque disparu, les « films racontés ». La concurrence des feuilletons télévisés leur a été fatale. Ils ont été toutefois remplacés par* l'Avant-Scène Cinéma, *version plus sérieuse de ces « films racontés ».*

Plus de 30 titres parus en 1980 sont des monographies d'acteurs, dont trois nouveaux ouvrages sur Marilyn Monroe et trois sur John Wayne. Les mémoires d'acteurs prolifèrent également ainsi que les souvenirs de certains cinéastes célèbres.

Enfin parmi ces gros tirages, il y a les annuaires et livres d'or de l'année que l'on offre aux étrennes et les luxueux albums consacrés à des firmes américaines ou à des genres, le film noir, la comédie musicale, le western. Ces derniers titres sont le plus souvent des adaptations-traductions de livres américains. Ils accordent une très large place à l'iconographie, le texte ne jouant plus alors qu'un rôle de complément aux belles photos.

Si l'on considère l'approche critique ou théorique comme une certaine « mise à distance » de l'objet d'étude, il est clair que le discours développé dans ce secteur n'en manifeste aucune. C'est le domaine où triomphe l'effusion délibérément aveuglée, l'adhésion totale et mystifiée, le discours de l'amour.

Dans la mesure où le statut culturel du cinéma continuera de reposer sur une certaine illégitimité, ce discours trouvera l'occasion de s'exercer. Il est nécessaire d'en tenir compte puisqu'il constitue quantitativement l'essentiel des ouvrages consacrés au cinéma, et par là même, provoque un effet de normalité. L'objet étant frivole, il semble normal que le discours porté sur lui relève du babil.

1.2. Les ouvrages pour cinéphiles.

Dans cette catégorie, ce n'est plus l'acteur qui triomphe mais le réalisateur de films. On peut y voir le fruit des efforts des animateurs de ciné-clubs et critiques spécialisés : pour prouver que le cinéma n'était pas qu'un simple divertissement, il fallait lui donner des auteurs, des créateurs d'œuvres. Des collections de monographies témoignent de cette promotion réussie de l'auteur-réalisateur : Seghers a ainsi publié 80 titres, de Georges Méliès à Marcel Pagnol dans sa série « Cinéma d'Aujourd'hui ». D'autres éditeurs ont pris depuis le relais.

Le livre-entretien constitue le second type de l'approche de l'auteur : un critique y interroge longuement un créateur sur ses motivations. L'exemple canonique demeure Le Cinéma selon Hitchcock, *par François Truffaut.*

Dans cette catégorie figurent également les études de genres plus approfondies que les albums cités précédemment, les études de cinémas nationaux et les histoires du cinéma. Le prototype en est les Trente ans de cinéma américain, *de Coursodon et Tavernier.*

Comme il est facile de le constater, la critique cinématographique applique à son domaine les approches traditionnelles de la littérature : étude des grands auteurs, des genres sous l'angle de l'histoire des œuvres. Or l'approche des films demande des instruments d'analyse certainement différents des œuvres littéraires, et étudier les films à travers les résumés de scénarios procède d'une simplification aussi redoutable que difficile à éviter lorsqu'on aborde de vastes ensembles.

Il faut aussi ajouter que le discours cinéphilique s'exerce essentiellement dans les revues mensuelles : les livres n'en constituent qu'un appendice réduit contrairement à la catégorie précédente qui occupe une grande part du terrain éditorial.

1.3. Les écrits théoriques et esthétiques.

Ce troisième secteur est évidemment le plus réduit. Il n'est cependant pas neuf et connaît certains moments d'expansion remarquable liés aux aléas de la recherche sur le cinéma.

Pour nous en tenir à deux périodes récentes et françaises, la création de l'Institut de Filmologie à la Sorbonne après la Libération, a amené autour d'une revue, la publication de plusieurs essais importants : L'Univers filmique, *d'Etienne Souriau et l'*Essai sur les principes d'une philosophie du cinéma *de G. Cohen-Séat ; vers 1965-1970 la percée de la sémiologie du cinéma à l'Ecole des Hautes Etudes et de l'analyse structurale du film au C.N.R.S. ont engendré la publication des travaux de C. Metz, de R. Bellour et de tout le courant qui s'y rattache.*

*Ce secteur est parfois beaucoup plus développé à l'étranger. Les classiques de la théorie du film sont russes (*Poetika Kino, *textes de L. Koulechov et S.M. Eisenstein), hongrois (l'*Esprit du cinéma, *de Béla Balázs), allemands (livres d'Arnheim et de Kracauer). La plus importante histoire des théories cinématographiques est italienne (Guido Aristarco).*

Si les ouvrages théoriques connaissent depuis une dizaine d'années un indéniable regain, simultanément, une catégorie d'ouvrages nombreux dans les années 50 et 60 a fortement diminué : il s'agit des manuels d'initiation à l'esthétique et au langage du cinéma. Ces deux phénomènes ne sont évidemment pas étrangers l'un à l'autre. Pour l'essentiel, ces manuels postulaient l'existence d'un langage cinématographique (nous reviendrons en détail sur cette question dans notre chapitre 4), et tout en reprenant le lexique professionnel de la réalisation des films, dressaient une nomenclature des principaux moyens expressifs qui semblaient caractériser le cinéma : échelles de plans, cadrage, figures du montage, etc. L'étude proprement dite de ces figures se limitait le plus souvent, après une sommaire tentative de définition, à l'énumération de nombreux exemples accumulés au travers de la vision régulière de films.

Le développement des recherches spécialisées au cours de ces dernières années a certainement entravé l'actualisation de ces manuels car elles en discutaient les fondements théoriques.

Il n'est en effet plus possible de poser le problème du langage cinématographique en faisant l'impasse sur les analyses d'inspiration sémio-linguistiques, de s'interroger sur les phénomènes d'identification au cinéma sans un détour néces-

saire du côté de la théorie psychanalytique, d'étudier le récit filmique en ignorant la totalité des travaux narratologiques consacrés aux textes littéraires, etc.

Tenter un bilan didactique de ces différentes démarches n'était pas une mince entreprise, c'est le pari de ce manuel. Mais avant d'entrer dans le vif du sujet, il est nécessaire d'aborder quelques préalables théoriques et méthodologiques.

2. THÉORIES DU CINÉMA ET ESTHÉTIQUE DU CINÉMA

La théorie du cinéma est souvent assimilée à l'approche esthétique. Ces deux termes ne recouvrent pas les mêmes domaines et il est utile de les distinguer.

La théorie du cinéma est également l'objet depuis ses origines d'une polémique concernant la pertinence des approches non spécifiquement cinématographiques issues de disciplines extérieures à son champ (la linguistique, la psychanalyse, l'économie politique, la théorie des idéologies, l'iconologie, etc. pour citer les disciplines qui ont donné lieu à des débats théoriques importants au cours de ces dernières années).

L'illégitimité culturelle du cinéma provoque au sein même des attitudes théoriques un surcroît de chauvinisme qui postule que la théorie du film ne peut provenir que du film lui-même, les théories extérieures ne pouvant qu'éclairer des aspects secondaires du cinéma (qui ne lui sont pas essentiels). Cette valorisation particulière d'une spécificité cinématographique continue de peser d'un grand poids sur les démarches théoriques : elle contribue à prolonger l'isolement des études cinématographiques, et par là même empêche leur progression.

Postuler qu'une théorie du film ne peut être qu'intrinsèque, c'est entraver la possibilité de développement d'hypothèses dont la fécondité est à mettre à l'épreuve de l'analyse ; c'est aussi ne pas tenir compte du fait que le film est, comme nous le démontrerons, le lieu de rencontre du cinéma et de bien d'autres éléments qui n'ont rien de proprement cinématographique.

2.1. Une théorie « indigène ».

Il existe une tradition interne de la théorie du cinéma appelée parfois « théorie indigène ». Elle résulte de la théorisation accumulative des observations les plus pertinentes de la critique de film lorsque celle-ci est pratiquée avec une certaine finesse : le meilleur exemple de cette théorie spécifique reste encore aujourd'hui le livre d'André Bazin, Qu'est-ce que le cinéma ?

A l'inverse, l'Esthétique et Psychologie du Cinéma, de Jean Mitry, indéniable classique de la théorie française du cinéma, prouve par la multiplicité et la diversité de ses références théoriques extérieures au seul champ du cinéma qu'une telle esthétique ne saurait se constituer sans les apports de la logique, de la psychologie de la perception, de la théorie des arts, etc.

2.2. Une théorie descriptive.

Une théorie est une démarche qui recouvre l'élaboration de concepts suscepti-bles d'analyser un objet. Le terme a toutefois des résonances normatives qu'il convient de dissiper. Une théorie du cinéma, au sens qui lui est donné ici, ne concerne pas un ensemble de règles selon lesquelles il conviendrait de réaliser des films. Cette théorie est au contraire descriptive, elle s'efforce de rendre compte des phénomènes observables dans des films comme elle peut envisager des cas de figures non encore actualisés dans des œuvres concrètes, en créant des modèles formels.

2.3. Théorie du cinéma et esthétique.

Dans la mesure où le cinéma est susceptible d'approches très diverses, il ne peut y avoir une théorie du cinéma, mais au contraire des théories du cinéma correspondant à chacune de ces approches.

L'une d'elle relève d'une approche esthétique. L'esthétique recouvre la réflexion sur les phénomènes de signification considérés en tant que phénomènes artistiques. L'esthétique du cinéma, c'est donc l'étude du cinéma en tant qu'art, l'étude des films en tant que messages artistiques. Elle sous-entend une conception du « beau » et donc du goût et du plaisir du spectateur comme du théoricien. Elle dépend de l'esthétique générale, discipline philosophique qui concerne l'ensemble des arts.

L'esthétique du cinéma présente deux aspects : un versant général qui envi-sage l'effet esthétique propre au cinéma et un versant spécifique centré sur l'analyse des œuvres particulières : c'est l'analyse de films, ou la critique au sens plein du terme tel qu'on l'utilise en arts plastiques et en musicologie.

2.4. Théorie du cinéma et pratique technique.

Comme nous l'avons indiqué au paragraphe 1.3., les ouvrages d'initiation au langage cinématographique empruntaient un grand nombre de termes au lexique des techniciens du film.

Le propre d'une démarche théorique, c'est d'étudier systématiquement ces notions définies dans le champ de la pratique technique. En effet, la corporation des réalisateurs et des techniciens a été amenée à forger, chaque fois que cela semblait nécessaire, un certain nombre de mots servant à décrire leur pratique. La plupart de ces notions n'ont pas de base très rigoureuse, leur sens peut varier considérablement selon les époques, les pays et les pratiques propres à certains milieux producteurs. Elles ont été déplacées du champ de la réalisation à celui de la réception des films par les journalistes et les critiques sans que les conséquences de ce transfert soient analysées. Il arrive que des catégories techniques masquent la réalité de fonctionnement des processus de signification : c'est le cas de la distinc-tion son in/son off *sur laquelle nous reviendrons plus loin (chap. 1).*

En interrogeant systématiquement ces termes, la théorie du cinéma s'efforce de leur donner un statut de concept *d'analyse : les chapitres de ce manuel ont pour objet de faire le point dans une perspective synthétique et didactique sur les diverses tentatives d'examen théorique des notions empiriques, telles les notions de champ ou de plan, issues du vocabulaire des techniciens, la notion d'identification issue du vocabulaire de la critique, etc.*

2.5. Les théories du cinéma.

On ne peut procéder à la définition d'une théorie du cinéma en partant de l'objet lui-même. Plus exactement, le propre d'une démarche théorique est de constituer son objet, d'élaborer une série de concepts qui ne recouvrent pas l'existence empirique des phénomènes mais s'efforcent au contraire de l'éclairer.

Le terme « cinéma », dans son usage traditionnel, recouvre une série de phénomènes distincts qui relèvent chacun d'une approche théorique spécifique.

Il renvoie à une institution, au sens juridico-idéologique, à une industrie, à une production signifiante et esthétique, à un ensemble de pratiques de consommation pour nous en tenir à quelques aspects essentiels.

Ces diverses acceptions du terme relèvent donc d'approches théoriques particulières ; celles-ci entretiennent des rapports d'inégale proximité vis-à-vis de ce que l'on peut tenir comme le « noyau spécifique » du phénomène cinéma. Cette spécificité demeure toujours illusoire, et repose sur des attitudes promotionnelles et élitistes. Le film en tant qu'unité économique dans l'industrie du spectacle n'est pas moins spécifique que le film considéré comme une œuvre d'art : ce qui varie dans les diverses fonctions de l'objet, c'est le degré de spécificité cinématographique (pour la distinction spécifique/non spécifique, se reporter au chapitre 4).

Plusieurs de ces approches théoriques relèvent de disciplines largement constituées à l'extérieur de la seule théorie « indigène » du cinéma. Ainsi, l'industrie du cinéma, le mode de production financier et le mode de circulation des films relèvent de la théorie économique, qui existe, bien sûr, dans le champ extra-cinématographique. Il est probable que la théorie du cinéma au sens plus restreint du terme n'a à apporter qu'une part assez minime de concepts spécifiques, la théorie économique générale fournissant l'essentiel de ceux-ci, ou, pour le moins, les grandes catégories conceptuelles de base.

Il en va de même pour la sociologie du cinéma : une telle démarche doit évidemment tenir compte d'une série d'acquis obtenus par la sociologie sur des objets culturels voisins, comme la photographie, le marché de l'art, etc. Le récent essai de Pierre Sorlin, Sociologie du cinéma, *démontre la fécondité d'une telle stratégie par les apports des travaux de Pierre Bourdieu qu'il intègre.*

Ce manuel ne traite donc pas frontalement des aspects économiques et des aspects sociologiques de la théorie du film.
Les quatre grands chapitres qui le composent peuvent être considérés comme les secteurs principaux de l'esthétique du film, du moins telle qu'elle s'est développée dans les deux dernières décennies en France.

Les deux premiers chapitres, « Le film comme représentation visuelle et sonore » et « Le montage », reprennent sous l'éclairage de l'évolution récente de la théorie, les matières traditionnelles des ouvrages d'initiation à l'esthétique du film, l'espace au cinéma, la profondeur de champ, la notion de plan, le rôle du son et consacrent un long développement à la question du montage tant dans ses aspects techniques, qu'esthétiques et idéologiques.

Le troisième chapitre fait un tour d'horizon complet des aspects narratifs du film. En partant des acquis de la narratologie littéraire, notamment des travaux de Gérard Genette et Claude Brémond, il définit le cinéma narratif et analyse ses composantes à travers le statut de la fiction au cinéma, de son rapport à la narration et à l'histoire. Il aborde sous un angle nouveau la notion traditionnelle de personnage, le problème du « réalisme » et du vraisemblable et fait le point sur l'impression de réalité au cinéma.

Le quatrième chapitre est consacré à un examen historique de la notion de « langage cinématographique » depuis ses origines, et à travers ses acceptions diverses. Il s'efforce de donner une synthèse claire de la façon dont la théorie du film envisage ce concept actuellement à partir des travaux de Christian Metz. La notion de langage est également confrontée à la démarche de l'analyse textuelle du film, décrite tant dans sa portée théorique que dans ses apories.

Le cinquième chapitre examine d'abord la conception que les théories classiques développaient à propos du spectateur de cinéma à travers les mécanismes psychologiques de compréhension du film et de projection imaginaire. Il aborde ensuite de front la question complexe de l'identification au cinéma, et afin d'en éclairer les mécanismes rappelle ce que la théorie psychanalytique entend par identification. Cette synthèse didactique des thèses freudiennes a paru indispensable en raison des difficultés intrinsèques aux définitions des mécanismes d'identification primaire et secondaire au cinéma.

CHAPITRE 1

LE FILM COMME REPRÉSENTATION VISUELLE ET SONORE

1. L'ESPACE FILMIQUE

Un film, on le sait, est constitué par un très grand nombre d'images fixes, appelées photogrammes, et disposées à la suite sur une pellicule transparente ; cette pellicule, passant selon un certain rythme dans un projecteur, donne naissance à une image très agrandie et mouvante. Il y a évidemment de grandes différences entre le photogramme et l'image sur l'écran — à commencer par l'impression de mouvement que donne cette dernière ; mais l'une comme l'autre se présentent à nous sous la forme d'une image *plate* et délimitée par un *cadre.*

Ces deux caractéristiques *matérielles* de l'image filmique, le fait qu'elle soit à deux dimensions et le fait qu'elle soit limitée, sont parmi les traits fondamentaux d'où découle notre appréhension de la représentation filmique. Retenons-en pour l'instant l'existence d'un cadre, analogue dans sa fonction à celui des tableaux (dont il tire son nom), et qui se définit comme *la limite de l'image.*

Ce cadre, dont la nécessité est évidente (on ne peut concevoir une pellicule infiniment grande), voit ses dimensions et ses proportions imposées par deux données techniques : la largeur de la pellicule-support, et les dimensions de la fenêtre de la caméra, l'ensemble de ces deux données définissant ce qu'on appelle le *format* du film. Il a existé, depuis les origines du cinéma, bien des formats différents. Bien qu'il soit de moins en moins utilisé au profit d'images plus larges, on appelle encore *format standard* celui qui utilise la pellicule de 35 mm de largeur, et un rapport de 4/3 (soit 1,33) entre la largeur et la hauteur de l'image. Cette proportion de 1,33 est celle de tous les films tournés jusqu'aux années cinquante, ou presque, et aujourd'hui encore, des films tournés dans les formats dits « substandards » (16 mm, Super 8, etc.)

Le cadre joue, à des degrés très divers selon les films, un rôle important dans la *composition* de l'image — tout spécialement lorsque l'image est immobile (telle qu'on la voit par exemple lors d'un « arrêt sur l'image ») ou quasi immobile (dans le cas où le cadrage reste invariable : ce qu'on appelle un « plan fixe »). Certains films, particulièrement de l'époque muette, comme par exemple *La Passion de Jeanne d'Arc,* de Carl Theodor Dreyer (1928), manifestent un souci de l'équilibre et de l'expressivité de la composition dans le cadre qui ne le cède en rien à celui de la peinture. De façon générale, on peut dire que la surface rectangulaire que délimite le cadre (et qu'on appelle aussi parfois, par extension, le cadre) est l'un des premiers matériaux sur lesquels travaille le cinéaste.

L'un des procédés les plus voyants de travail sur la surface du cadre est ce qu'on appelle « split screen » (partage de la surface en plusieurs zones, égales ou non, occupées chacune par une image partielle). Mais un véritable « découpage » du cadre peut s'obtenir par recours à des procédés plus subtils, comme l'a prouvé par exemple Jacques Tati avec *Playtime* (1967), où souvent plusieurs scènes juxtaposées et comme « cadrées » se déroulent simultanément à l'intérieur d'une même image.

Bien entendu, l'expérience, même la plus brève, de la vision des films, suffit à démontrer que nous réagissons devant cette image plate comme si l'on voyait en fait une portion d'espace à trois dimensions analogue à l'espace réel dans lequel nous vivons. Malgré ses limitations (présence du cadre, absence de la troisième dimension, caractère artificiel ou absence de la couleur, etc.), cette analogie est vécue comme très forte, et entraîne une « impression de réalité » spécifique du cinéma, qui se manifeste principalement dans l'illusion de mouvement (voir chapitre 3) et dans l'illusion de profondeur.

A vrai dire, l'impression de profondeur n'est si forte pour nous que parce que nous sommes habitués au cinéma (et à la télévision). Les premiers spectateurs de films étaient sans doute davantage sensibles au caractère *partiel* de l'illusion de profondeur, et à la platitude réelle de l'image. Ainsi, dans son essai (écrit en 1933 mais consacré essentiellement au cinéma muet), Rudolf Arnheim écrit-il que l'effet produit par le film se situe « entre » la bi-dimensionnalité et la tri-dimensionnalité, et que nous percevons l'image de film *à la fois* en termes de surface et de profondeur : si par exemple on filme par en dessus un train qui s'approche de nous, on percevra dans l'image obtenue à la fois un mouvement *vers nous* (illusoire) et un mouvement *vers le bas* (réel).

L'important à ce point est donc de noter que nous réagissons devant l'image filmique comme devant la représentation très réaliste d'un espace imaginaire qu'il nous semble percevoir. Plus précisément, puisque l'image est limitée dans son extension par le cadre, il nous semble percevoir une portion seulement de cet espace. C'est cette portion d'espace imaginaire qui est contenue à l'intérieur du cadre, que nous appellerons le *champ*.

Comme bon nombre des éléments du vocabulaire cinématographique, le mot *champ* est d'un usage très courant, sans que sa signification soit toujours fixée avec grande rigueur. Sur un plateau de tournage, en particulier, il arrive fréquemment que les mots « cadre » et « champ » soient pris comme à peu près équivalents, sans

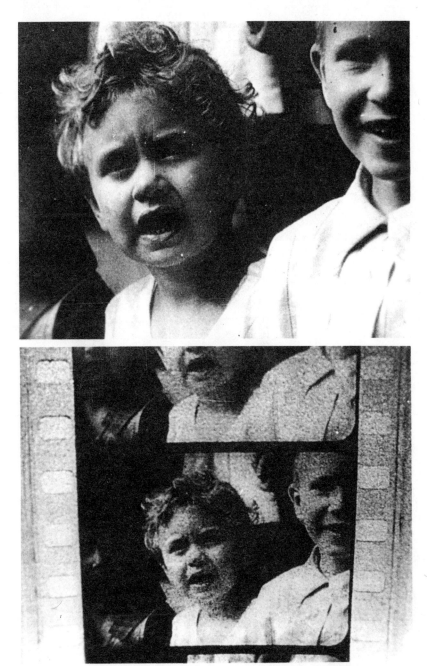

En haut, une photo de *l'Homme à la caméra,* de Dziga Vertov (1929). En bas, une autre photo du même film, donnant à voir un morceau de pellicule où apparaîtra le premier photogramme.

Nosferatu,
de F.W. Murnau (1922)

Muriel,
d'Alain Resnais (1963)

Psycho,
d'Alfred Hitchcock (1961)

On remarquera dans ce dernier exemple le redoublement du cadre par d'autres cadres internes à la composition.

que cela d'ailleurs soit très gênant. En revanche, dans la suite de ce livre, où l'on s'intéresse moins à la fabrication des films qu'à l'analyse des conditions de leur vision, il est important d'éviter toute confusion entre les deux mots.

L'impression d'analogie avec l'espace réel que produit l'image filmique est donc assez puissante pour en arriver couramment à faire oublier, non seulement la planéité de l'image, mais par exemple, s'il s'agit d'un film noir-et-blanc, l'absence de couleurs, ou l'absence de son si le film est muet — et aussi à faire oublier, non le cadre, qui reste toujours présent dans notre perception, plus ou moins consciemment, mais le fait qu'au-delà du cadre, il n'y a plus d'image. Aussi le champ est-il habituellement aperçu comme inclus dans un espace plus vaste, dont certes il serait la seule partie visible, mais qui n'en existerait pas moins tout autour de lui. C'est cette idée que traduit de façon extrême la fameuse formule d'André Bazin (reprise à Leon-Battista Alberti, le grand théoricien de la Renaissance), qualifiant le cadre de « fenêtre ouverte sur le monde » ; si, comme une fenêtre, le cadre laisse voir un fragment de monde (imaginaire), pourquoi ce dernier devrait-il s'arrêter aux bords du cadre ?

Il y a beaucoup à critiquer de cette conception, qui fait la part trop belle à l'illusion ; mais elle a le mérite d'indiquer par excès l'idée, toujours présente lorsque nous voyons un film, de cet espace, invisible mais prolongeant le visible, que l'on appelle le *hors-champ*. Le hors-champ est donc essentiellement lié au champ, puisqu'il n'existe qu'en fonction de celui-ci ; il pourrait se définir comme l'ensemble des éléments (personnages, décors, etc.) qui, n'étant pas inclus dans le champ, lui sont néanmoins rattachés imaginairement, pour le spectateur, par un moyen quelconque.

Le cinéma a su très tôt maîtriser un grand nombre de ces moyens de communication entre le champ et le hors-champ, ou plus exactement, de constitution du hors-champ depuis l'intérieur du champ. Sans prétendre en donner un recensement exhaustif, signalons les trois sortes principales :

— d'abord les *entrées dans le champ* et *sorties du champ,* qui se produisent le plus souvent par les bords latéraux du cadre, mais peuvent également avoir lieu par le haut ou le bas, voire par l'« avant » ou l'« arrière » du champ, ceci montrant d'ailleurs que le hors-champ n'est pas restreint aux côtés du champ, mais peut aussi se situer axialement, en profondeur par rapport à lui ;

— ensuite, les diverses *interpellations* directes du hors-champ par un élément du champ, généralement un personnage. Le moyen le plus couramment utilisé est le « regard hors-champ », mais on peut inclure ici tous les moyens qu'a un personnage du champ de s'adresser à un personnage hors-champ, notamment par la parole ou le geste ;

— enfin, le hors-champ peut être défini par des personnages (ou d'autres éléments du champ) dont une partie se trouve hors-cadre ; pour prendre un cas très courant, tout cadrage rapproché sur un personnage implique quasi automatiquement l'existence d'un hors-champ contenant la partie non vue du personnage.

Ainsi, bien qu'il y ait entre eux une différence considérable (le champ est visible, le hors-champ ne l'est pas), on peut en quelque sorte considérer que champ et hors-champ appartiennent l'un et l'autre, en droit, à un même espace imaginaire parfaitement homogène, que nous désignerons du nom d'*espace filmique* ou *scène filmique*. Il peut paraître un peu étrange de qualifier également d'imaginaires et le champ et le hors-champ, malgré le caractère plus concret du premier, que nous avons en permanence sous les yeux ; d'ailleurs certains auteurs (Noël Burch par exemple, qui a envisagé la question dans le détail) réservent le terme d'*imaginaire* au hors-champ, et même seulement au hors-champ qui n'a jamais encore été vu, qualifiant justement de *concret* l'espace qui est hors-champ après avoir été vu. Si nous ne suivons pas ces auteurs, c'est délibérément, pour insister, 1°, sur le caractère imaginaire du champ (qui est certes visible, « concret » si l'on veut, mais nullement tangible) et 2°, sur l'homogénéité, la réversibilité entre champ et hors-champ, qui sont l'un et l'autre aussi importants pour la définition de l'espace filmique.

> Cette importance égale a d'ailleurs une autre raison, à savoir, le fait que la scène filmique ne se définit pas uniquement par des traits visuels ; d'abord, le son y joue un grand rôle : or, entre un son émis « dans le champ » et un son émis « hors champ », l'oreille ne saurait faire la différence ; cette homogénéité sonore est un des grands facteurs d'unification de l'espace filmique tout entier. D'autre part, le déroulement temporel de l'histoire racontée, du récit, impose la prise en considération du passage permanent du champ au hors-champ, donc leur mise en communication immédiate. Nous reviendrons sur ces points à propos du son, du montage, et de la notion de diégèse.

Il reste évidemment à préciser une donnée implicite jusqu'ici : toutes ces considérations sur l'espace filmique (et la définition corrélative du champ et du hors-champ) n'ont de sens que pour autant qu'on ait affaire à ce qu'on appelle du cinéma « narratif et représentatif » — c'est-à-dire à des films qui, d'une façon ou d'une autre, racontent une histoire en la situant dans un certain univers imaginaire qu'ils matérialisent en le représentant.

> En fait, les frontières de la narrativité, comme celles de la représentativité, sont souvent difficiles à tracer. De même qu'une caricature, ou un tableau cubiste, peuvent représenter (ou au moins évoquer) un espace tri-dimensionnel, il est des films où la représentation, pour être plus schématisée ou plus abstraite, n'en est pas moins présente et efficace. C'est le cas de nombre de dessins animés, voire de certains films « abstraits ».

Depuis les débuts du cinéma, les films dits « représentatifs » forment l'immense majorité de la production mondiale (y compris les « documentaires »), bien que, très tôt, ce type de cinéma ait été fortement critiqué. On a reproché, entre autres, à l'idée de « fenêtre ouverte sur le monde » et aux formules analogues, de véhiculer des présupposés idéalistes, en tendant à faire prendre l'univers fictif du film pour du réel. Nous reviendrons ultérieurement sur les aspects psychologiques de ce leurre, qu'on peut en fait considérer comme plus ou moins constitutif de la conception actuellement dominante du cinéma. Notons dès à présent que ces critiques ont amené à proposer une autre approche de la notion de hors-champ. Ainsi, Pascal Bonitzer, qui a souvent abordé cette question, propose-t-il l'idée d'un hors-champ « anti-classique », hétérogène au champ, et qui pourrait se définir comme l'espace de la production (au sens large du mot).

Indépendamment de l'expression polémique et normative qu'il a pu revêtir, un tel point de vue est loin d'être sans intérêt ; il a en particulier la vertu de mettre

Ces dix photogrammes extraits de plans successifs de *La Chinoise,* de Jean-Luc Godard (1967), illustrent quelques moyens de communication entre le champ et le hors-champ : entrée d'un personnage (ph. 1), regards hors-champ (dans tous les autres photogrammes), interpellation plus directe encore, par l'index pointé d'un personnage (ph. 10) ; enfin, la grosseur des plans, qui varie du gros plan au plan américain, fournit une série d'exemples de définition du hors-champ par cadrage « partiel » sur un personnage.

Autres exemples de communication entre le champ et le hors-champ. En haut, les personnages s'apprêtent à sortir du champ en traversant le miroir qui coïncide avec le bord inférieur
du cadre (*Orphée,* de Jean Cocteau, 1950).
En bas, la scène est vue par réflexion dans un miroir ; la jeune femme regarde l'autre
personnage dont seule une partie apparaît, de dos, dans la glace (*Citizen Kane,* d'Orson
Welles, 1940).

fortement l'accent sur le *leurre* que constitue la représentation filmique, en occultant aussi systématiquement toute trace de sa propre production. Toutefois ce leurre — dont il faut certes démonter le mécanisme — est à l'œuvre aussi bien dans la perception du champ comme espace à trois dimensions que dans la manifestation d'un hors-champ cependant invisible. Il nous semble donc préférable de conserver au terme de *hors-champ* le sens restreint défini plus haut ; quant à cet espace de la production du film, où se déploie et où joue tout l'appareillage technique, tout le travail de réalisation, et métaphoriquement tout le travail d'*écriture,* il serait plus adéquat de le définir comme *hors-cadre* : ce terme, qui a l'inconvénient d'être peu usité, offre en revanche l'intérêt de référer directement au cadre, c'est-à-dire, d'emblée, à un artefact de la production du film — et non au champ, qui est, lui, déjà pleinement pris dans l'illusion.

> La notion de *hors-cadre* n'est pas sans précédent dans l'histoire de la théorie du cinéma. On trouve en particulier, chez S.M. Eisenstein, de nombreuses études sur la question du *cadrage* et la nature du cadre, qui l'amènent à prendre parti pour un cinéma où le cadre aurait valeur de césure entre deux univers radicalement hétérogènes. Bien qu'il n'utilise pas formellement le terme de hors-cadre dans le sens que nous proposons, ses développements recoupent largement les nôtres.

2. TECHNIQUES DE LA PROFONDEUR

L'impression de profondeur n'est pas absolument propre au seul cinéma, et celui-ci est loin d'avoir tout inventé en ce domaine. Cependant, la combinaison de procédés utilisés, au cinéma, pour *produire* cette apparente profondeur, est, elle, singulière, et témoigne éloquemment de l'insertion particulière du cinéma dans l'histoire des moyens de représentation. Outre la reproduction du mouvement, qui aide largement à la perception de la profondeur — et sur laquelle nous reviendrons à propos de l'« impression de réalité » — deux séries de techniques sont essentiellement utilisées :

2.1. La perspective.

La notion de *perspective,* on le sait, est apparue très tôt à propos de la représentation picturale, mais il est intéressant de noter que le mot lui-même n'est apparu dans son sens actuel qu'à la Renaissance (le français l'a emprunté à l'italien *prospettiva,* « inventé » par les peintres-théoriciens du Quattrocento). Ainsi, la définition de la perspective que l'on peut trouver dans les dictionnaires est, en fait, inséparable de l'histoire de la réflexion sur la perspective, et surtout du grand bouleversement théorique sur ce point qui a marqué la Renaissance européenne.

On peut sommairement définir la perspective comme « l'art de représenter les objets sur une surface plane de façon que cette représentation soit semblable à la perception visuelle qu'on peut avoir de ces objets eux-mêmes ». Cette définition, pour simple qu'en soit l'énoncé, ne va pas sans problèmes. Elle suppose entre autres qu'on sache définir une représentation *semblable* à une perception directe. Cette notion d'*analogie figurative* est, on le sait, assez extensible, et les limites de la ressemblance largement conventionnelles. Comme l'ont observé entre autres (dans des perspectives bien différentes) Ernst Gombrich et Rudolf Arnheim, les arts représentatifs reposent sur une *illusion partielle,* qui permet d'accepter la différence entre la vision du réel et de sa représentation — par exemple, le fait que la perspective ne rende pas compte de la binocularité. Nous considérons donc comme intuitivement acceptable cette définition, sans chercher à la préciser. Il est important cependant de bien voir que si elle nous paraît admissible, voire « naturelle », c'est parce que nous sommes massivement habitués à une certaine forme de peinture représentative. En effet, l'histoire de la peinture a connu bien des systèmes perspectifs et représentatifs, dont beaucoup, éloignés de nous dans le temps ou dans l'espace, nous semblent plus ou moins étranges. En fait, le seul système que nous soyons accoutumés à considérer comme allant de soi, parce qu'il domine toute l'histoire moderne de la peinture, est ce qu'on a élaboré au début du XVᵉ siècle sous le nom de *perspectiva artificialis,* ou perspective *monoculaire.*

Ce système perspectif, aujourd'hui si dominant, n'est que l'un de ceux qui furent étudiés et proposés par les peintres et théoriciens de la Renaissance. Si le choix finit alors par se porter assez unanimement sur lui, c'est essentiellement en raison de deux types de considérations :

— d'abord, son caractère « automatique » (artificialis), plus précisément, le fait qu'il donne lieu à des constructions géométriques simples, pouvant se matérialiser par des appareils divers (tels ceux proposés par Albrecht Dürer) ;

— ensuite le fait que, par construction, elle *copie* la vision de l'œil humain (d'où son nom de monoculaire), essayant de fixer sur la toile une image obtenue par les mêmes lois géométriques que l'image rétinienne (abstraction faite de la courbure rétinienne, qui d'ailleurs nous est strictement imperceptible).

— De là une des caractéristiques essentielles du système, qui est l'institution d'un *point de vue :* tel est en effet le terme technique par lequel on désigne le point qui, par construction même, correspond dans le tableau à l'œil du peintre.

Si nous insistons sur ce procédé et les spéculations théoriques qui en ont accompagné la naissance, c'est évidemment parce que la perspective filmique n'est autre que la reprise exacte de cette tradition représentative, l'histoire de la perspective filmique se confondant pratiquement avec celle des différents dispositifs de prise de vues qui ont été inventés successivement. Nous n'entrerons pas dans le détail de ces inventions, mais il est important de rappeler que la caméra cinématographique est, en fait, le descendant plus ou moins lointain d'un dispositif fort simple, la chambre obscure (ou *camera obscura*), qui permettait d'obtenir sans le secours d'une « optique » une image obéissant aux lois de la perspective monoculaire. Du point de vue qui nous occupe maintenant, en effet, la chambre photographique, puis l'appareil de photo et la caméra modernes, ne sont que de petites « camera obscura » où l'ouverture qui reçoit les rayons lumineux a été munie d'un appareillage optique plus ou moins complexe.

L'important d'ailleurs n'est pas tant de marquer cette filiation du cinéma à la peinture, que d'en évaluer les conséquences. Ainsi n'est-il pas indifférent que le dispositif de représentation cinématographique soit historiquement associé, par

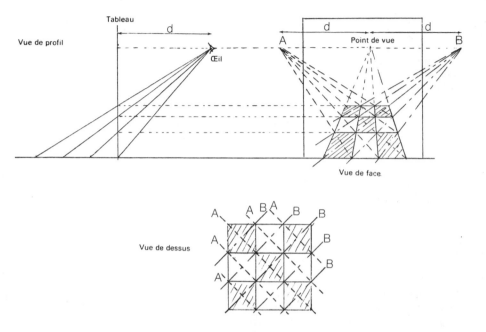

Ce schéma montre comment on peint, en *perspectiva artificialis*, un échiquier de trois cases sur trois, posé à plat sur le sol. On voit que chaque groupe de droites parallèles dans l'objet à peindre est représenté dans le tableau par un groupe de droites convergeant en un *point de fuite*. Le point de fuite correspondant aux droites perpendiculaires au plan du tableau s'appelle point de fuite principal ou *point de vue* ; comme il est clair sur le schéma, sa position varie avec la hauteur de l'œil (il est à la même hauteur), et la fuite perspective est d'autant plus prononcée que l'œil est plus bas.
Les points A et B (points de fuite correspondant aux droites à 45° par rapport au plan du tableau) sont appelés points de distance ; leur distance au point de vue est égale à la distance de l'œil au tableau.

l'utilisation de la perspective monoculaire, à l'émergence de l'humanisme. Plus précisément, s'il est clair que l'ancienneté de cette forme perspective et l'habitude profondément ancrée que nous en ont donnée des siècles de peinture, sont pour beaucoup dans le bon fonctionnement de l'illusion de tridimensionnalité produite par l'image de film, il est non moins important de constater que cette perspective inclut dans l'image, avec le « point de vue », un signe que l'image est organisée par et pour un œil placé devant elle. Symboliquement, cela équivaut entre autres à dire que la représentation filmique suppose un sujet qui la regarde, et à l'œil duquel est assignée une place privilégiée.

21

2.2. La profondeur de champ.

Considérons à présent un autre paramètre de la représentation, qui joue également un grand rôle dans l'illusion de profondeur : la *netteté* de l'image. En peinture, la question est relativement simple : même si le peintre est plus ou moins tenu de respecter une certaine loi perspective, il joue librement des divers degrés de netteté de l'image ; le *flou* en particulier, a surtout en peinture une valeur expressive, dont on peut user à discrétion. Il en va tout autrement au cinéma. La construction de la caméra, en effet, impose une certaine corrélation entre divers paramètres (la quantité de lumière pénétrant dans l'objectif, la distance focale, entre autres)[1], et la plus ou moins grande netteté de l'image.

En fait, ces remarques sont à tempérer doublement :

— d'abord parce que les peintres de la Renaissance ont essayé de codifier le lien entre netteté de l'image et proximité de l'objet représenté. Cf. notamment la notion de « perspective atmosphérique » chez Léonard de Vinci, qui amène à traiter les lointains comme légèrement brumeux ;

— ensuite parce que, inversement, beaucoup de films jouent de ce qu'on appelle parfois « flou artistique », et qui est une perte volontaire de la mise au point dans tout ou partie du cadre, à des fins expressives.

En dehors de ces cas spéciaux, l'image filmique est nette dans toute une partie du champ, et c'est pour caractériser l'étendue de cette zone de netteté que l'on définit ce qu'on appelle la *profondeur de champ*. Il s'agit là d'une donnée technique de l'image — qu'il est d'ailleurs possible de modifier en faisant varier la focale de l'objectif (la P.D.C. est plus grande lorsque la focale est plus courte), ou l'ouverture du diaphragme (la P.D.C. est plus grande lorsque le diaphragme est moins ouvert) — et qui se définit comme la profondeur de la zone de netteté.

Cette notion, et cette définition, découlent d'un fait qui tient à la construction des objectifs, et que tout photographe amateur a expérimenté : pour une « mise au point » donnée, c'est-à-dire pour une position donnée de la bague des distances de l'objectif, on obtiendra une image très nette d'objets situés à une certaine distance de l'objectif (la distance qu'on lit sur la bague) ; pour des objets situés un peu plus loin ou un peu plus près, l'image sera moins nette, et plus on éloigne l'objet vers l'« infini », ou au contraire plus on le rapproche de l'objectif, plus l'image perd de sa netteté. Ce qu'on définit comme profondeur de champ, c'est la distance, mesurée selon l'axe de l'objectif, entre le point le plus rapproché et le point le plus éloigné qui fournissent une image nette (pour un réglage donné). Remarquons que ceci suppose une définition conventionnelle de la netteté ; pour le format 35 mm, on considère comme nette l'image d'un point objet (de dimension infiniment petite) lorsque le diamètre de cette image est inférieur à 1/30 mm.

L'important ici est, bien entendu, le rôle esthétique et expressif que joue cette donnée technique. En effet, la profondeur de champ que nous venons de définir,

---

1. La distance focale est un paramètre qui ne dépend que de la construction de l'objectif. La quantité de lumière qui y pénètre dépend de l'ouverture du diaphragme et de la quantité de lumière émise par l'objet.

Diverses utilisations de la profondeur de champ.

En haut : *Citizen Kane*, d'Orson Welles (1940)
En bas : *La Dame de Shanghaï*, d'Orson Welles (1948)

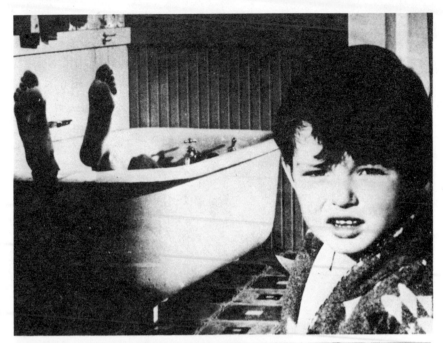

En haut : *Mais qui a tué Harry ?*, d'Alfred Hitchcock (1955)

En bas : *Tout va bien*, de Jean-Luc Godard et Jean-Pierre Gorin (1972) n'est pas la profondeur *du* champ : celle-ci, qui est le phénomène que nous cherchons à cerner dans ce chapitre, est une conséquence de divers paramètres de l'image filmique, entre autres de l'usage de la profondeur de champ. La P.D.C. est un important moyen auxiliaire de l'institution du leurre de profondeur ; qu'elle soit grande, et l'étagement des objets sur l'axe, tous vus nets, viendra renforcer la perception de l'effet perspectif ; qu'elle soit réduite, et ses limites mêmes manifesteront la « profondeur » de l'image (personnage devenant net en « s'approchant » de nous, etc.).

En plus de cette fonction fondamentale d'accentuation de l'effet de profondeur, la P.D.C. est souvent travaillée pour ses vertus expressives. Dans *Citizen Kane* d'Orson Welles (1940), l'utilisation systématique de courtes et très courtes focales produit un espace très « profond », comme creusé, où tout s'offre à la perception dans des images violemment organisées. A l'opposé, dans les westerns de Sergio Leone, on use abondamment de très longues focales, qui « aplatissent » la perspective et privilégient un seul objet ou personnage, mis en évidence par le flou du fond où il est pris.

Si donc la P.D.C. en elle-même est un facteur permanent de l'image filmique, l'utilisation qui en a été faite a énormément varié au cours de l'histoire des films. Le cinéma des origines, les films des frères Lumière par exemple, bénéficiaient d'une très grande P.D.C., conséquence technique de la luminosité des premiers objectifs et du choix de sujets en extérieurs, très éclairés ; du point de vue esthétique, cette netteté quasi uniforme de l'image, quelle que soit la distance de l'objet, n'est pas indifférente, et contribue à rapprocher ces premiers films de leurs ancêtres picturaux (cf. la fameuse boutade de Jean-Luc Godard, selon laquelle Lumière était un peintre).

Mais l'évolution ultérieure du cinéma devait compliquer les choses. Pendant toute la période de la fin du muet et du début du parlant, la P.D.C. « disparaît » dans le cinéma ; les raisons, complexes et multiples, en tiennent aux bouleversements de l'appareillage technique entraînés eux-mêmes par les transformations des conditions de la crédibilité de la représentation filmique — cette crédibilité, comme l'a montré Jean-Louis Comolli, se voyant transférée aux formes du récit, au vraisemblable psychologique, à la continuité spatio-temporelle de la scène classique.

Aussi l'usage massif et ostensible, dans certains films des années 40 (à commencer par *Citizen Kane*), d'une grande P.D.C., fut-il pris comme une véritable (re)découverte. Cette réapparition (elle aussi accompagnée de changements techniques) est historiquement importante, comme signe de la réappropriation par le cinéma d'un moyen expressif important et quelque peu « oublié » — mais aussi parce que ces films, et leur utilisation cette fois très consciente du filmage en profondeur, ont donné lieu à l'élaboration d'un discours théorique sur l'esthétique du réalisme (Bazin) dont nous avons déjà parlé et reparlerons.

3. LA NOTION DE « PLAN »

Envisageant jusqu'ici l'image filmique en termes d'«espace» (surface du cadre, profondeur fictive du champ), nous l'avons considérée un peu comme un tableau ou une photographie, en tous cas comme une image unique, fixe, indépendante du temps. Ce n'est pas ainsi qu'elle apparaît au spectateur du film, pour qui :

— elle n'est pas unique : le photogramme sur la pellicule est toujours pris au milieu d'innombrables autres photogrammes ;

— elle n'est pas indépendante du temps : telle que perçue sur l'écran, l'image de film, qui est un enchaînement très rapide de photogrammes successivement projetés, se définit par une certaine durée — liée à la vitesse de défilement de la pellicule dans le projecteur — celle-ci étant depuis longtemps normalisée [1] ;

— enfin, elle est en mouvement : mouvements internes au cadre, induisant l'appréhension de mouvements dans le champ (des personnages, par exemple) — mais aussi mouvements *du cadre par rapport au champ,* ou, si l'on considère le temps de la production, mouvements de la caméra.

> On distingue classiquement deux grandes familles de mouvements de caméra : le *travelling* est un déplacement du pied de la caméra, au cours duquel l'axe de prise de vues reste parallèle à une même direction ; le *panoramique,* à l'inverse, est un pivotement de la caméra, horizontalement, verticalement, ou dans toute autre direction, tandis que le pied reste fixe. Il existe naturellement toutes sortes de mixtes de ces deux mouvements : on parle alors de « pano-travellings ». Plus récemment, on a introduit l'usage du *zoom,* ou objectif à focale variable. Pour un emplacement de la caméra, un objectif à focale courte donne un champ large (et profond) ; le passage continu à une focale plus longue, resserrant le champ, le « grossit » par rapport au cadre, et donne l'impression qu'on se rapproche de l'objet filmé : d'où le nom de « travelling optique » parfois donné au zoom (à noter qu'en même temps que ce grossissement se produit une diminution de la profondeur de champ).

C'est tout cet ensemble de paramètres : dimensions, cadre, point de vue, mais aussi mouvement, durée, rythme, relation à d'autres images, que recouvre la notion très répandue de *plan.* Il s'agit là encore d'un mot qui appartient de plein droit au vocabulaire technique, et qui est d'un usage très courant dans la pratique de la *fabrication* (et de la simple vision) des films.

> Au stade du tournage, il est utilisé comme équivalent approximatif de « cadre », « champ », « prise » : il désigne donc à la fois un certain point de vue sur l'événement (cadrage) et une certaine durée.
>
> Au stade du montage, la définition du plan est plus précise : il devient alors la véritable unité de montage, le morceau de pellicule minimal qui, assemblé avec d'autres, produira le film.
>
> C'est généralement ce second sens qui, en fait, gouverne le premier. Le plus souvent, le plan se définit implicitement (et de façon quasi tautologique) comme « tout morceau de film compris entre deux changements de plan » ; et c'est en quelque

---

1. Actuellement, la vitesse standard est fixée à 24 images/seconde. On sait qu'il n'en a pas toujours été ainsi ; le cinéma muet possédait une vitesse de défilement plus faible (16 à 18 im/s) et moins strictement fixée ; cette vitesse, en particulier, a beaucoup « flotté » lors de la longue période de transition du muet au parlant (presque toutes les années vingt), période au cours de laquelle elle n'a cessé de s'accélérer.

Dans cette scène de *La Règle du jeu,* de Jean Renoir (1939), la caméra s'approche de plus en plus des personnages ; on passe ainsi d'un plan d'ensemble à un plan « américain », puis à un plan rapproché, enfin à un gros plan.

Le plan séquence finale de *Muriel*, d'Alain Resnais (1963) : la caméra suit le personnage qui explore tout l'appartement vide.

sorte par extension que l'on parlera, au tournage, de « plan » pour désigner tout morceau de pellicule défilant de façon ininterrompue dans la caméra, entre le déclenchement du moteur et son arrêt.

Le plan tel qu'il figure dans le film monté est donc une partie du plan impressionné au tournage, dans la caméra ; pratiquement, une des opérations importantes du montage consiste en effet à élaguer les plans tournés, d'une part de toute une série d'appendices techniques (claquette, etc.), d'autre part de tous les éléments enregistrés mais jugés inutiles à l'assemblage définitif.

Si donc il s'agit là d'un mot fort usité et fort commode dans la production effective des films, il est important en revanche de souligner que, pour l'approche théorique du film, il s'agit d'une notion délicate à manier, précisément en raison de son origine empirique. En esthétique du cinéma, le terme de *plan* se voit utilisé dans au moins trois types de contextes :

a. En termes de grosseur : on définit classiquement différentes « tailles » de plans, en général par rapport à divers cadrages possibles d'un personnage. En voici la liste généralement admise : plan général, plan d'ensemble, plan moyen, plan américain, plan rapproché, gros plan. Cette question des « grosseurs de plan » recouvre en fait deux problématiques différentes :

— d'abord une question de cadrage, qui n'est pas essentiellement différente des autres problèmes liés au cadre, et plus largement, relève de l'institution d'un *point de vue* de la caméra sur l'événement représenté ;

— d'autre part, un problème théorico-idéologique plus général, dans la mesure précisément où ces grosseurs sont déterminées par rapport au modèle humain. On peut lire, là encore, comme un écho des recherches de la Renaissance sur les proportions du corps de l'homme et les règles de sa représentation. Plus concrètement, cette référence implicite de la « taille » du plan au modèle humain fonctionne plus ou moins toujours comme réduction de toute figuration à celle d'un personnage : cela est particulièrement net dans le cas du gros plan, presque toujours utilisé (du moins dans le cinéma classique) pour montrer des visages, c'est-à-dire pour gommer ce que le point de vue « en gros plan » peut avoir d'inhabituel, d'excessif, voire de troublant.

b. En termes de mobilité : le paradigme serait ici composé du « plan fixe » (caméra immobile durant tout un plan) et des divers types de « mouvements d'appareil », y compris le zoom : problème exactement corrélatif du précédent, et participant lui aussi de l'institution d'un point de vue.

Notons à ce sujet les interprétations fréquemment données aux mouvements de caméra : le panoramique serait l'équivalent de l'œil qui tourne dans l'orbite, le travelling, d'un déplacement du regard ; quant au zoom, difficilement interprétable en termes de simple position du supposé sujet du regard, on a parfois tenté de le lire comme « focalisation » de l'attention d'un personnage. Ces interprétations, parfois exactes (dans le cas de ce qu'on appelle « plan subjectif », notamment — c'est-à-dire un plan vu « par les yeux d'un personnage »), n'ont aucune validité générale ; tout au plus témoignent-elles de la propension de toute réflexion sur le cinéma à assimiler la caméra à un œil. Nous y reviendrons, à propos de la question de l'*identification.*

    c. **En termes de durée :** la définition du plan comme « unité de montage » implique en effet que soient également considérés comme plan des fragments très brefs (de l'ordre de la seconde ou moins) et des morceaux très longs (plusieurs minutes) ; bien que la durée soit, d'après la définition empirique du plan, son trait essentiel, c'est là que surgissent les problèmes les plus complexes posés par ce terme. Le plus souvent étudié est celui qui se rattache à l'apparition et à l'usage de l'expression « plan-séquence », par laquelle on désigne un plan suffisamment long pour contenir l'équivalent événementiel d'une séquence (c'est-à-dire d'un enchaînement, d'une suite, de *plusieurs* événements distincts). Plusieurs auteurs, en particulier Jean Mitry et Christian Metz, ont clairement montré qu'un tel « plan » était en fait l'équivalent d'une somme de fragments plus courts — et plus ou moins aisément délimitables (nous y reviendrons à propos du montage, au chapitre suivant). Ainsi le plan-séquence, s'il est *formellement* un plan (il est délimité, comme tout plan, par deux « collures »), n'en sera pas moins considéré dans bien des cas comme interchangeable avec une séquence. Naturellement, tout dépend ici du regard que l'on porte sur le film : selon qu'on cherche à simplement délimiter et dénombrer les plans, ou bien à analyser le déroulement du récit, ou encore à examiner le montage, le plan-séquence sera différemment traité.

    Pour toutes ces raisons — ambiguïté dans le sens même du mot, difficultés théoriques liées à tout découpage d'un film en unités plus petites — le mot « plan » doit être utilisé avec précaution, et chaque fois que possible, évité. A tout le moins, on doit en l'employant être conscient de ce qu'il *recouvre,* et de ce qu'il *masque.*

4. LE CINÉMA, REPRÉSENTATION SONORE

    Parmi les caractères auxquels le cinéma sous sa forme actuelle nous a habitués, la reproduction du son est sans doute un de ceux qui paraissent le plus « naturels », et, sans doute pour cette raison, un de ceux sur lesquels la théorie et l'esthétique se sont relativement peu interrogé. Chacun sait, pourtant, que le son n'est pas une donnée « naturelle » de la représentation cinématographique, et que le rôle et la conception de ce qu'on appelle la « bande sonore » a varié et varie encore énormément selon les films. Deux déterminations essentielles, d'ailleurs très largement interférentes, règlent ces variations :

4.1. Les facteurs économico-techniques, et leur histoire.

    Le cinéma, on le sait, a d'abord existé sans que la bande-image soit accompagnée d'un son enregistré. Le seul son accompagnant la projection du film était le plus souvent la musique fournie par un pianiste ou un violoniste solistes, parfois par un petit orchestre[1].

---

1. Notons que, très souvent, le tournage des films « muets » était également accompagné d'un « fond musical », généralement joué par un violoniste présent sur le plateau, et destiné à suggérer l'atmosphère recherchée par le réalisateur.

L'apparition du cinématographe en 1895 comme dispositif dépourvu de son synchrone, mais aussi le fait qu'il fallut attendre plus de trente ans le premier film sonore (alors que dès 1911-1912, les problèmes techniques étaient pour l'essentiel résolus), s'expliquent pour une bonne part en référence aux lois du marché : si les frères Lumière commercialisèrent aussi vite leur invention, c'est sans doute en partie pour battre de vitesse Thomas Edison, l'inventeur du Kinétoscope, qui, lui, ne voulait pas l'exploiter sans avoir résolu la question du son. De même, à partir de 1912, le retard commercial dans l'exploitation de la technique du sonore tient pour une bonne part à l'inertie bien connue d'un système qui a tout intérêt à utiliser le plus longtemps possible les techniques et les matériels existants, sans investissements nouveaux.

L'apparition des premiers films sonores n'est elle-même pas sans s'expliquer par des déterminations économiques (en particulier, la nécessité d'un effet de « relance » commerciale du cinéma, au moment où la grande crise d'avant-guerre risquait d'en éloigner le public).

L'histoire de l'apparition du cinéma sonore est assez connue (elle a même fourni le sujet de bien des films, dont le célèbre *Chantons sous la pluie,* de Stanley Donen et Gene Kelly, 1952) ; presque du jour au lendemain, le son devint élément irremplaçable de la représentation filmique. Bien entendu, l'évolution des techniques ne s'arrêta pas à ce « saut » qu'était l'apparition du son ; schématiquement, on peut dire que, depuis ces origines, la technique a avancé dans deux grandes directions. D'abord, un allègement de la chaîne d'enregistrement du son : les premières installations nécessitaient un matériel très lourd, transporté dans un « camion sonore » conçu à cette fin (pour les tournages en extérieurs) ; l'invention de la bande magnétique a été, de ce point de vue, l'étape la plus marquante. D'autre part, l'apparition et le perfectionnement des techniques de *post-synchronisation* et de *mixage,* c'est-à-dire, grosso modo, la possibilité de *remplacer* le son enregistré en direct, au moment du tournage, par un autre son jugé « mieux adapté », et d'*ajouter* à ce son d'autres sources sonores (des bruitages supplémentaires, des musiques,...). Il existe actuellement toute une gamme de techniques sonores, allant du plus lourd (bande son post-synchronisée avec adjonction de bruitage, de musique, d'effets spéciaux, etc.) au plus léger (son synchrone enregistré au moment même du tournage — ce qu'on appelle parfois « son direct » — cette technique ayant connu un spectaculaire regain de faveur grâce à l'invention de matériels portables et de caméras très silencieuses vers la fin des années cinquante).

4.2. Les facteurs esthétiques et idéologiques.

Cette détermination, qui peut paraître plus essentielle à notre propos, est en fait inséparable de la précédente. En simplifiant beaucoup, et au risque de caricaturer quelque peu les positions de uns des autres, on peut dire qu'il y a toujours eu, à propos de la représentation filmique, deux grandes attitudes, incarnées par deux types de cinéastes : André Bazin a caractérisé ces derniers, dans un texte célèbre (« L'évolution du langage cinématographique »), comme « ceux qui croient à l'image » et « ceux qui croient à la réalité » — autrement dit, ceux qui font de la représentation une fin (artistique, expressive) en soi, et ceux qui la subordonnent à la restitution la plus fidèle possible d'une supposée vérité, ou d'une essence, du réel.

Les implications de ces deux positions sont multiples (nous y reviendrons à propos du montage et de la notion de « transparence ») ; pour ce qui est de la reproduction sonore, cette opposition n'a pas manqué de se traduire, très rapidement, sous forme d'exigences différentes envers le son. Ainsi peut-on dire, sans beaucoup forcer les choses, que, au moins dans les années vingt, il exista deux cinémas sans paroles :

— un cinéma authentiquement *muet* (c'est-à-dire littéralement privé de la parole) auquel, donc, la parole *manquait,* et qui *appelait* l'invention d'une technique de reproduction sonore qui fût fidèle, vérace, adéquate à une reproduction visuelle elle-même supposée très fortement analogue au réel (malgré ses défauts, notamment le manque de la couleur) ;

— un cinéma qui au contraire assuma et rechercha sa spécificité dans le « langage des images » et l'expressivité maximale des moyens visuels ; ce fut le cas, à peu près sans exception, de toutes les grandes « écoles » des années vingt (la « première avant-garde » française, les cinéastes soviétiques, l'école « expressionniste » allemande...), pour lesquelles le cinéma devait chercher à se développer le plus possible dans le sens de ce « langage universel » des images — quand ce n'était pas dans la direction d'une utopique « ciné-langue » dont tant d'écrits de cette époque portent la trace fantomatique (voir ci-dessous, chapitre 4).

> Il a souvent été remarqué que le cinéma sans paroles, dont les moyens expressifs sont frappés d'un certain coefficient d'irréalisme (pas de son, pas de couleurs), favorisait en quelque sorte l'irréalisme de la narration et de la réprésentation. Aussi bien l'époque de l'apogée du « muet » (années vingt) a-t-elle été à la fois celle qui a vu culminer le travail sur la composition spatiale, le cadre (utilisation des iris, des caches, etc.) et plus généralement, sur la matérialité non figurative de l'image (surimpressions, angles de prise de vue « travaillés »...) — et d'autre part, une époque de grande attention portée, dans les thèmes des films, au rêve, au fantasmatique, à l'imaginaire, et aussi à une dimension « cosmique » (Barthélémy Amengual) des hommes et de leurs destins.

Aussi n'est-il pas surprenant que l'arrivée du « parlant » ait rencontré, à partir de ces deux attitudes, deux réponses radicalement différentes. Pour les uns, le cinéma sonore puis parlant fut salué comme l'accomplissement d'une véritable « vocation » du langage cinématographique — vocation qui avait jusque-là été *suspendue* faute de moyens techniques. A la limite, on en arriva à considérer que le cinéma commençait véritablement avec le parlant, et qu'il ne devait plus viser désormais qu'à abolir le plus possible tout ce qui le sépare d'un reflet parfait du monde réel : cette position fut d'ailleurs surtout le fait de critiques et de théoriciens, dont les plus marquants (parce que les plus cohérents jusque dans leurs excès) sont André Bazin et ses épigones (années cinquante).

Pour les autres, au contraire, le son était souvent reçu comme un véritable instrument de dégénérescence du cinéma, comme une incitation à faire, justement, du cinéma une copie, un double du réel, aux dépens du travail sur l'image ou sur le geste. Cette position fut adoptée — parfois même de façon excessivement négative — par bon nombre de metteurs en scène, dont certains mirent très longtemps à accepter la présence du son dans les films.

La fin des années vingt vit ainsi fleurir les manifestes sur le cinéma sonore, tel celui que co-signèrent, en 1928, Alexandrov, Eisenstein et Poudovkine, et qui posait la non-coïncidence du son et de l'image comme exigence minimale pour un cinéma sonore qui ne fût pas soumis au théâtre.
De son côté, Charlie Chaplin refusa véhémentement d'accepter un cinéma parlant qui s'attaquait « aux traditions de la pantomime, que nous avons essayé avec tant de peine d'établir à l'écran, et sur lesquelles l'art cinématographique doit être jugé ». De façon moins négative, on peut citer par exemple les réactions de Jean Epstein ou de Marcel Carné (alors journaliste), acceptant comme un progrès l'apparition du son, mais insistant sur la nécessité de rendre au plus vite à la caméra sa mobilité perdue.

Actuellement, et malgré toutes les nuances qu'il faudrait apporter à ce juge-ment, il semble bien que la première conception, celle d'un son filmique qui va dans le sens du renforcement et de l'accroissement des effets de réel, l'ait très majoritaire-ment emporté, et que le son soit le plus souvent considéré comme un simple adjuvant de l'analogie scénique offerte par les éléments visuels.

Toutefois, d'un point de vue théorique, il n'y a aucune raison qu'il en aille ainsi. La représentation sonore et la représentation visuelle, en effet, ne sont nullement de même nature. Cette différence, qui tient bien entendu aux caractéris-tiques de nos organes des sens correspondants, ouïe et vue, se traduit notamment dans un comportement fort différent par rapport à l'espace. Si l'image filmique est, nous l'avons vu, capable d'évoquer un *espace* semblable au réel, le son est à peu près totalement dénué de cette dimension spatiale. Ainsi, nulle définition d'un « champ sonore » ne saurait se calquer sur celle du champ visuel, ne serait-ce qu'en raison de la difficulté à imaginer ce que pourrait être un *hors-champ sonore* (soit un son non perceptible, mais appelé par les sons perçus : cela n'a guère de sens).

Tout le travail du cinéma classique et de ses sous-produits, aujourd'hui dominants, a donc visé à *spatialiser* les éléments sonores, en leur offrant des correspondants dans l'image — et donc à assurer entre image et son une liaison bi-univoque, « redondante » pourrait-on dire. Cette spatialisation du son, qui va de pair avec sa *diégétisation,* n'est pas sans paradoxe si l'on songe que le son filmique, sortant d'un haut-parleur en général caché, parfois multiple, est en fait fort peu ancré dans l'espace réel de la salle de projection (il est comme « flottant », sans source bien définie).

Depuis quelques années, on assiste à un regain d'intérêt pour des formes de cinéma dans lesquelles le son ne serait plus, ou plus toujours, soumis à l'image, mais serait traité comme un élément expressif autonome du film, pouvant entrer dans divers types de combinaisons avec l'image.

Un exemple frappant de cette tendance est le travail systématique réalisé par Michel Fano pour les films d'Alain Robbe-Grillet ; ainsi, dans *L'Homme qui ment* (1968), entend-on pendant le générique des bruits divers (clapotement d'eau, frottements de bois, bruits de pas, explosion de grenades, etc) qui ne reçoivent que plus tard dans le film leur justification, et en outre, d'autres sons (roulement de tambour, sifflement, claquement de fouet, etc.) qui n'en reçoivent aucune.

Dans une toute autre direction, citons, parmi les cinéastes accordant une grande importance au son direct, Danièle Huillet et Jean-Marie Straub, qui intègrent les « bruits » dans leurs adaptations d'une pièce de Corneille (*Othon*, 1969), d'un opéra de Schönberg (*Moses und Aron*, 1975), ou encore les films de Jacques Rivette (*La Religieuse*, 1965 ; *L'Amour fou*, 1968), de Maurice Pialat (*Passe ton bac d'abord*, 1979 ; *Loulou*, 1980), de Manuel de Oliveira *(Amour de perdition*, 1978).

Parallèlement, les théoriciens du cinéma ont enfin commencé à s'interroger plus systématiquement sur le son filmique, ou plus exactement sur les relations entre son et image. Nous en sommes actuellement à une phase encore fort peu formalisée, où le travail théorique consiste essentiellement à *classer* les différents *types* de combinaisons audio-visuelles, selon des critères les plus logiques et généraux possibles, et dans la perspective d'une future formalisation

Ainsi, la traditionnelle distinction entre son *in* et son *off*, — qui a longtemps été la seule façon dont on classait les sources sonores par rapport à l'espace du champ, et qui, platement calquée sur l'opposition champ/hors-champ, est fort insuffisante — est-elle en voie de remplacement par des analyses plus fines, davantage dégagées des a priori du cinéma classique. De nombreux chercheurs se sont attaqués à cette question, mais il est encore trop tôt pour proposer la moindre synthèse de ces démarches toutes différentes et encore peu abouties. Tout au plus, peut-on souligner que les diverses classifications proposées ici ou là, et auxquelles nous renvoyons, nous semblent buter (malgré leur réel intérêt, qui est de périmer définitivement le couple simpliste in/off) sur une question centrale, celle de la *source sonore* et de la *représentation de l'émission d'un son*. Quelle que soit en effet la typologie proposée, elle suppose toujours qu'on sache reconnaître un son « dont la source est dans l'image » — ce qui, aussi fin soit le classement, déplace sans la résoudre la question de l'ancrage *spatial* du son filmique. Aussi la question du son filmique, et de son rapport à l'image et à la diégèse, est-elle encore une question théorique à l'ordre du jour.

LECTURES SUGGÉRÉES : _____

1. L'analogie figurative :
C. METZ,« Au delà de l'analogie, l'image », dans *Communications*, nº 15, Paris, 1970 (repris dans *Essais sur la signification au cinéma*, tome 2, Paris, 1972).
U. ECO, « Sémiologie des messages visuels », dans *Communications*, nº 15, 1970.
Guy GAUTHIER, *Vingt Leçons sur l'image et le sens*, Paris, Edilig, 1982.

2. L'effet de profondeur :
R. ARNHEIM, *Film as Art*, Chapitre « Film and Reality », Berkeley-Los Angeles, 1957, pp. 8-34 ou mieux, le texte allemand original (*Film als Kunst*, réédité en 1979, chapitre « Weltbild und Filmbild »)
E.H. GOMBRICH, *L'Art et l'illusion*, trad. française, Paris, 1971.
H. MUNSTERBERG, *The Film, A Psychological Study*, 1916, rééd. New York, 1970, pp. 18-30.
E. SOURIAU et al., *L'Univers filmique*, Paris, 1953, passim.

3. La perspective et la profondeur de champ :

A. Bazin, *Orson Welles,* Paris, 1970, notamment pp. 53-72.

J.-L. Comolli, « Technique et idéologie », dans *Cahiers du cinéma,* n° 229 et 230, Paris 1971.

A. Flocon et R. Taton, *La Perspective,* Paris, 1963 (3ᵉ édition, 1978)

P. Francastel, *Peinture et société,* Paris, 1950 (réédité depuis).

E. Panofsky, *La Perspective comme « forme symbolique »,* trad. française, Paris, 1975.

4. Le « hors-champ » et le « hors-cadre » :

A. Bazin, « L'Evolution du langage cinématographique », dans *Qu'est-ce que le cinéma ?* Paris (plusieurs éditions).

P. Bonitzer, *Le Regard et la voix,* Paris, 1976.

N. Burch, *Praxis du cinéma,* Paris, 1969, notamment pp. 30-51.

S.M. Eisenstein, « Hors-cadre », trad. française dans *Cahiers du cinéma,* n° 215.

5. Le passage du muet au parlant :

N° spécial des *Cahiers de la cinémathèque,* n° 13-14-15, Perpignan, 1974.

6. Les problèmes théoriques du son filmique :

J. Aumont, « Analyse d'une séquence de « La Chinoise », dans *Linguistique et sémiologie,* n° 6, Lyon, 1978.

D. Avron, « Remarques sur le travail du son dans la production cinématographique standardisée », dans *Revue d'Esthétique,* n° spécial, 1973.

N. Burch « De l'usage structural du son », dans *Praxis du cinéma,* pp. 132-148.

D. Chateau et F. Jost, *Nouveau cinéma, nouvelle sémiologie,* Paris, 1979.

S. Daney, « L'Orgue et l'aspirateur » dans les *Cahiers du cinéma* n° 278-79.

A. Gardies, *Approche du récit filmique,* Paris, 1980, notamment pp. 52-68.

M. Marie, « Un film sonore, un film musical, un film parlant », dans *Muriel, histoire d'une recherche,* Paris, 1975.

R. Odin, « A propos d'un couple de concepts (son in/son off) », dans *Linguistique et sémiologie,* n° 6, Lyon, 1978.

CHAPITRE 2

LE MONTAGE

1. LE PRINCIPE DE MONTAGE

Comme nous l'avons relevé précédemment à propos de la représentation filmique, un des traits spécifiques les plus évidents du cinéma est d'être un art de la combinaison et de l'agencement (un film mobilise toujours une certaine quantité d'images, de sons et d'inscriptions graphiques, dans des arrangements et des proportions variables). C'est ce trait que recouvre, pour l'essentiel, la notion de *montage,* et l'on peut donc noter d'emblée qu'il s'agit là d'une notion tout à fait centrale dans toute théorisation du filmique.

Ainsi que nous avons déjà été amenés à le remarquer pour d'autres notions, celle de montage procède, dans sa définition la plus courante appliquée à des films, d'une base empirique : l'existence, depuis très longtemps (presque depuis les origines du cinématographe), d'une division du travail de production des films qui a très rapidement mené à exécuter séparément, comme autant de tâches spécialisées, les différentes phases de cette production. Le montage, dans un film, (et plus généralement, au cinéma), c'est donc d'abord une activité technique, organisée en profession, et qui, au cours de ses quelques décennies d'existence, a mis au point et progressivement fixé certaines procédures et certains types d'activité.

Rappelons rapidement comment se présente la chaîne qui mène du scénario au film achevé, dans le cas d'une production traditionnelle :
— une première étape consiste à *découper* le scénario en unités d'action, et éventuellement à découper encore celles-ci, pour obtenir des unités de tournage (des *plans*) ;
— ces *plans,* lors du tournage, engendrent en général plusieurs *prises* (soit des prises identiques, répétées jusqu'à ce que le résultat soit jugé satisfaisant par la réalisation ; soit des prises différentes, obtenues par exemple en « couvrant » le tournage par plusieurs caméras) ;
— l'ensemble de ces prises constitue les *rushes,* à partir desquels commence le travail de montage proprement dit, qui consiste en trois opérations au moins :

1°. Une sélection, parmi les rushes, des éléments utiles (ceux qui sont rejetés constituant les *chutes*).

2°. Un *assemblage* des plans sélectionnés dans un certain ordre (on obtient ainsi ce qu'on appelle un « bout-à-bout », une « première continuité », ou, dans le jargon du métier, un « ours »).

3°. Enfin, la détermination à un niveau plus précis de la *longueur* exacte qu'il convient de donner à chaque plan, et des *raccords* entre ces plans.

(Notons que nous avons décrit ici, en fait, ce qui se pratique couramment sur la bande-image ; le travail sur la bande-son peut, selon les cas, être mené simultanément, ou après le montage définitif de la bande-image).

Ainsi, sous son aspect originel, celui d'une technique spécialisée parmi d'autres, le montage se ramène à trois grandes opérations : sélection, assemblage, raccordement — ces trois opérations ayant pour finalité d'obtenir, à partir des éléments au départ séparés, une totalité qui est le film. C'est en référence à ce travail du monteur (dont la description que nous avons donnée ne correspond qu'au cas le plus courant, mais peut éventuellement être transformée sur bien des points) que l'on définit en général, chez les théoriciens ayant traité cette question, la notion de montage. Nous retiendrons, par exemple, la définition proposée par Marcel Martin : « Le montage est l'organisation des plans d'un film dans certaines conditions d'ordre et de durée », définition qui recoupe largement, pour l'essentiel, celles de la plupart des auteurs, et qui est la traduction en termes abstraits et généraux du processus concret de montage tel que nous l'avons décrit. Elle précise, donc, de façon plus formelle, les deux données suivantes :

— l'*objet* sur lequel s'exerce le montage, ce sont les *plans d'un film* (soit, pour expliciter encore : le montage consiste à manipuler des plans en vue de constituer un autre objet, le film) ;

— les *modalités* d'action du montage sont au nombre de deux : il *ordonne* la succession des unités de montage que sont les plans ; il fixe leur *durée*.

Or, précisément, une telle formalisation fait apercevoir le caractère limité de cette conception du montage et sa soumission aux processus technologiques : une prise en considération plus étendue et plus théorique de l'ensemble des phénomènes filmiques amène donc à envisager de l'étendre. C'est ce que nous allons tenter de faire à présent : à partir de cette définition, que nous appellerons désormais « définition restreinte du montage », nous proposerons une extension dans les deux directions que nous avons distinguées : les objets du montage, ses modalités d'action.

1.1. Objets du montage.

La définition restreinte pose, donc, comme « unité de montage » canonique, le *plan :* nous avons déjà relevé dans une discussion antérieure, ce que cette notion pouvait avoir d'équivoque, en raison de la forte polysémie[1] du mot. Bien entendu, dans le cas présent, cette équivoque est en partie levée : « plan » est à prendre ici selon une seule de ses dimensions, celle qui marque l'inscription du temps dans le

---

1. Polysémie : pluralité de sens attachée à un même mot.

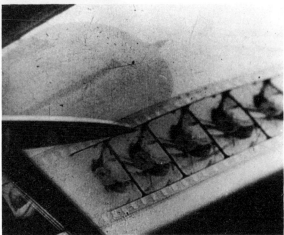

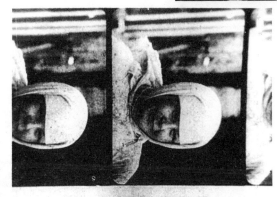

Trois photogrammes de *L'Homme à la caméra,* de Dziga Vertov (1929). De haut en bas : la monteuse, le film sur le point d'être coupé, un fragment de film.

Deux exemples de montage dans le plan :

Citizen Kane, d'Orson Welles (1940).

Ivan le Terrible, de S.M. Eisenstein (1945).

film (c'est-à-dire : le plan comme caractérisé par une certaine durée et un certain mouvement), et donc comme équivalent de l'expression « unité (empirique) de montage ».

Mais on peut aussi envisager que les opérations d'organisation et d'agencement qui définissent le montage puissent s'appliquer à d'autres types d'objets ; nous distinguerons ainsi :

1.1.1. Des parties de films (des syntagmes[1] filmiques) de taille supérieure au plan.

Cette formulation quelque peu abstraite recouvre en fait une problématique bien réelle, au moins dans les films narratifs-représentatifs : ces films, en général, sont en effet articulés en un certain nombre de grandes unités narratives successives. Nous verrons ultérieurement que le cinéma classique a même élaboré une véritable typologie, relativement stable au cours de son histoire, de ces grandes unités (ce que nous appellerons à la suite de Metz des « segments » de film, ou « grands syntagmes »).

Outre le problème ainsi posé, qui est celui de la *segmentation* des films narratifs, on peut donner deux exemples concrets en rapport avec cette première extension de la notion :

— un phénomène général, qui est celui de la *citation* filmique : un fragment de film cité dans un autre film, y définira une unité facilement sécable, de taille généralement supérieure au plan, et entrant directement en rapport, à ce niveau, avec le reste du film[2] ;

— un exemple historique de portée bien plus restreinte : dans le travail accompli avec ses étudiants pour préparer le tournage d'un épisode de fiction, Eisenstein proposa de découper le scénario en grandes unités narratives (baptisées « complexes de plans »), et de considérer deux niveaux de découpage/montage, le premier entre complexes de plans, le second, à l'intérieur de ces grandes unités, entre plans. Il faut encore ajouter le cas de tous les films expressément construits sur l'alternance et la combinaison de deux ou plusieurs séries narratives.[3]

1.1.2. Des parties de film de taille inférieure au plan.

Là encore, cette formulation recouvre des cas de figure tout à fait réels, voire banals, ceux où l'on peut considérer un plan comme décomposable en unités plus petites. On peut envisager de « fragmenter » un plan de deux façons :

a. Dans sa durée : un plan peut ainsi fort bien, du point de vue du contenu, être équivalent à une suite plus longue : cas classique de ce qu'on appelle

---

1. Syntagme : en linguistique, enchaînement d'unités « de première articulation » (= mots). Par analogie, on appellera « syntagme » au cinéma des enchaînements d'unités successives, des plans par exemple.

2. Exemples : *Benjamin,* de Michel Deville (1968), cité dans *Une Femme douce,* de Robert Bresson (1969), *Le Plaisir,* de Max Ophuls (1952) cité dans *L'Une et l'autre,* de René Allio (1967), etc.

3. Exemples : *Intolérance,* de D.W.Griffith, 1916 ; *Quelque chose d'autre,* de Véra Chytilova, 1966 ; *One Plus One,* de Jean-Luc Godard, 1968 ; *Porcile,* de Pier-Paolo Pasolini, 1969, etc.

« plan-séquence » (dont c'est la définition) — mais aussi nombre de plans qui ne sont pas vraiment des plans-séquences, et où toutefois un événement quelconque (mouvement de caméra, geste,...) est suffisamment marqué pour jouer le rôle de *césure,* voire de véritable *rupture,* ou pour entraîner de profondes *transformations* du cadre.

> Exemple (célèbre) : le plan fameux de *Citizen Kane* (1940) où, après nous avoir montré Susan Alexander sur la scène de l'opéra, la caméra monte, en un long travelling vertical, jusque dans les cintres, aboutissant sur deux machinistes. Au cours de ce mouvement ascendant, l'image se transforme sans cesse, tant du point de vue de la perspective que du point de vue de la composition dans le cadre (qui devient de plus en plus abstraite). Bien que filmé en une coulée unique, ce plan est assez immédiatement lisible comme somme d'*effets de montage* successifs. (Le film de Welles est fort riche de cas de ce genre.)

b. Dans ses paramètres visuels (notamment spatiaux) : un plan est, de façon plus ou moins manifeste selon les cas, analysable en fonction des paramètres visuels qui le définissent. Ici, les cas de figures imaginables (et dont on peut trouver des exemples réels dans des films existants) sont nombreux et fort divers : pour fixer les idées, cela irait d'effets plastiques relativement sommaires (par exemple, une brutale opposition noir/blanc à l'intérieur du cadre) à des effets de « collages » spatiaux qui peuvent être au contraire très sophistiqués.

Bien entendu, dans ces deux exemples, comme dans tous les autres cas qui relèveraient de cette catégorie, il n'y a aucune *opération* de montage isolable : le jeu du *principe* de montage (assemblage de parties différentes, voire hétérogènes) se produit ici à l'intérieur même de l'unité qu'est le plan (ce qui signifie, entre autres conséquences pratiques, que ce genre d'effet est toujours prévu *avant le tournage).*

Il faut évidemment ajouter que, dans ce cas comme dans le précédent (celui du plan long), les effets de montage, s'ils peuvent être fort nets et indubitables — comme dans les exemples qu'on a cités — ne sont jamais susceptibles d'être formellement définis avec la même rigueur que le montage au sens restreint.

1.1.3. Des parties de film qui ne coïncident pas, ou pas totalement, avec la division en plans.

Tel est le cas lorsqu'on considère le jeu réciproque, dans un film, de deux instances différentes de la représentation, sans que ce jeu voie nécessairement ses articulations concorder avec celles des plans. Pratiquement, le cas le plus notable est ici celui du « montage » entre la bande-image, considérée dans son ensemble, et la bande-son. On peut d'ailleurs remarquer que, à la différence de ce que nous avons signalé au cas précédent, il y a ici, dans le cas le plus courant (disons, celui du cinéma classique), une opération qui est réellement de l'ordre de la manipulation de montage — puisque la bande-son est le plus souvent fabriquée après coup et adaptée à la bande-image, sur mesures en quelque sorte. Toutefois, les conceptions dominantes sur le son (nous en avons dit un mot au chap. 1) font que cette opération de montage est déniée comme telle, et qu'au contraire le film classique a tendance à présenter sa bande-image et sa bande-son comme consubstantielles (et à effacer également, dans l'une comme dans l'autre — et dans leur relation mutuelle — toute trace du travail de fabrication).

Aussi bien, les seules théories du cinéma où le rapport son-image soit décrit comme un processus de montage, avec toutes ses conséquences (entre autres une relative autonomie accordée à la bande-son par rapport au déroulement de l'image), sont des théories directement opposées à toute l'esthétique classique de la transparence. Nous reviendrons sur ce point à propos de Bazin et d'Eisenstein, dans la troisième partie de ce chapitre.

Certes, dans tous les cas que nous venons d'évoquer, on est plus ou moins loin, non seulement de la définition initialement posée du montage (définition restreinte), mais aussi parfois d'une opération de montage réelle. Pourtant, si l'on peut considérer que, dans tous les cas, il y a quelque chose qui ressortit à l'ordre du montage, c'est que toujours il s'agit là de la mise en rapport de deux ou plusieurs éléments (de même nature ou non), cette mise en rapport produisant tel ou tel effet particulier, qui n'était contenu dans aucun des éléments initiaux pris isolément. Nous reviendrons, dans la deuxième partie de ce chapitre, sur une telle définition du montage comme productivité, et en marquerons les limites dans la troisième partie.

On peut encore aller plus loin dans l'extension du concept de montage, et aller jusqu'à envisager des objets qui ne soient plus des parties de films. Cet énoncé, plus encore que les trois précédents, peut sembler loin des réalités filmiques ; de fait, il est assez abstrait, et le cas auquel il se réfère est plutôt cité ici comme éventualité « de principe », dont il n'est pas certain qu'elle ne mène pas à une définition trop extensive, qui finirait par ôter toute consistance au concept.

Dans cette perspective, on pourrait par exemple définir comme un « montage » de films entre eux : divers films d'un même cinéaste, ou d'une même école ; films sur le même sujet ; films constituant un genre ou un sous-genre, etc. Nous n'insistons pas.

1.2. Modalités d'action du montage.

Revenant rapidement à la définition restreinte, nous constatons qu'elle est, sur ce point, beaucoup plus satisfaisante et plus complète qu'en ce qui concerne les *objets* du montage. En effet, elle assigne au principe de montage un rôle d'organisation d'éléments du films (les plans — et nous avons étendu, dans les pages précédentes, ce domaine d'application), selon des critères d'*ordre* et de *durée*. Si nous recensons à nouveau les objets multiples et très divers évoqués en 1.1., nous voyons qu'il nous suffit, pour couvrir l'ensemble des cas possibles, d'ajouter à ces deux critères celui de la composition dans la simultanéité (ou, plus simplement, l'opération de *juxtaposition*). Avec ces trois types d'opérations : juxtaposition (d'éléments homogènes ou hétérogènes), ordonnance (dans la contiguïté ou la successivité), fixation de la durée — on rend compte de toutes les éventualités que nous avons rencontrées (et, ce qui est plus important, de tous les cas concrets pratiquement imaginables et attestables).

1.3. Définition « élargie » du montage.

Compte tenu de tout ceci, nous sommes donc en mesure à présent de définir le montage de façon plus large — non plus à partir de la seule base empirique fournie par la pratique traditionnelle des monteurs, mais à partir d'une prise en considération de toutes les manifestations du principe de montage dans le domaine filmique.

Nous poserons donc la définition suivante (que nous désignerons désormais comme « définition élargie du montage ») :

« Le montage est le principe qui régit l'organisation d'éléments filmiques visuels et sonores, ou d'assemblages de tels éléments, en les juxtaposant, en les enchaînant, et/ou en réglant leur durée. »

> Notons entre autres que cette définition n'est pas contradictoire avec celle que pose Christian Metz, pour qui le montage « au sens large » est « l'organisation concertée des co-occurrences syntagmatiques sur la chaîne filmique », et qui distingue trois modalités principales de *manifestation* de ces relations « syntagmatiques » (= relations d'enchaînement) :
> — le « collage » (de plans isolés les uns avec les autres) ;
> — le mouvement de caméra ;
> — la co-présence de plusieurs motifs dans un même plan.

Notre propre description est encore plus « élargie ». Bien entendu répétons que cet élargissement n'a d'intérêt que dans une perspective théorique et analytique.

2. FONCTIONS DU MONTAGE

La « définition élargie » que nous venons de donner, pose ainsi le montage comme affectant un certain nombre d'« objets filmiques » divers, et jouant selon trois grandes modalités. Nous allons maintenant examiner, toujours selon la même visée (à savoir : construction d'un embryon de modèle formel cohérent, susceptible de rendre compte de tous les cas réels), la question des *fonctions* du montage.

Comme dans l'exposé qui précède, nous commencerons par faire état de l'approche esthétique traditionnelle de cette question ; mais si cette approche, comme celle des objets et modalités du montage, s'inspire fortement de la pratique, qu'elle reflète très empiriquement, elle n'aboutit pas cette fois, on va le voir, à des définitions simples.

> Auparavant, il n'est pas inutile sans doute de commencer par lever une équivoque au plan du vocabulaire. Ce que nous désignons par *fonctions* du montage (et qui répond à la question : « que produit le montage dans tel ou tel cas ? ») a souvent été appelé, notamment par les représentants de ce courant empirique, des *effets* du montage. Bien entendu, la différence pratique est mince entre l'idée de *fonction* et celle d'*effet* du montage. Si nous nous en tenons strictement au premier terme, c'est pour deux types de raisons :
> — le mot « effet » renvoie à quelque chose que l'on peut effectivement constater : il est donc adapté davantage à une description de cas concrets — alors que le mot « fonction », plus abstrait, est plus à sa place dans une tentative à vocation formalisante (même s'il importe de s'assurer de l'existence, ou de la possibilité, d'actualisations réelles des cas que l'on aura à examiner) ;
> — d'autre part, le mot « effet » est susceptible d'engendrer une confusion (souvent commise implicitement) entre « effets de montage » et *effet-montage,* qui est le terme par lequel certains théoriciens (Jean Mitry, par exemple) désignent ce que nous avons appelé « principe de montage », ou « montage élargi ».

2.1. Approche empirique.

Les considérations traditionnelles sur les fonctions du montage se soutiennent en premier lieu d'une prise en compte des conditions historiques de l'apparition et du développement du montage (au sens restreint). Sans entrer dans le détail de cette histoire, il est en effet très important de remarquer que très tôt, le cinéma a utilisé la mise « en séquence » de plusieurs images, à des fins narratives.

Il y a eu de nombreuses controverses entre historiens quant à la datation précise de cette apparition du montage « pour la première fois » dans un film de fiction. La question, comme toutes les questions analogues, est difficile à trancher ; les premiers films de Georges Méliès (1896) sont déjà composés de plusieurs plans ; mais on considère en général que, s'il est l'inventeur du « film narratif », Méliès ne se sert pas vraiment du montage, et que ses films sont tout au plus des *successions de tableaux*. Parmi les grands précurseurs et inventeurs d'un montage réellement utilisé comme tel, on cite l'américain E. S. Porter, avec sa *Vie d'un pompier américain* (1902) et surtout *The Great Train Robbery* (1903).

Tous les historiens, en tous cas, sont d'accord pour considérer que l'apparition du montage a eu comme effet esthétique principal une *libération de la caméra,* jusque-là rivée au plan fixe. C'est en effet un paradoxe souvent relevé que, alors que la voie la plus directe pour une *mobilisation* de la caméra semblerait avoir été, logiquement, celle du mouvement de caméra, le montage eut en fait un rôle beaucoup plus décisif au cours des deux premières décennies du cinéma. Pour le dire avec Christian Metz, « la transformation du cinématographe en cinéma s'est jouée autour des problèmes de succession de plusieurs images, beaucoup plus qu'autour d'une modalité supplémentaire de l'image elle-même ».

Aussi la fonction première du montage (première, certes, parce que c'est elle qui est apparue d'abord — mais aussi parce que l'histoire ultérieure des films n'a cessé d'en confirmer la place prépondérante) est-elle sa *fonction narrative.* Ainsi, toutes les descriptions classiques du montage considèrent, plus ou moins explicitement, cette fonction comme la *fonction normale* du montage ; de ce point de vue, le montage est donc ce qui assure l'enchaînement des éléments de l'action selon un rapport qui, globalement, est un rapport de causalité et/ou de temporalité diégétiques : il s'agit toujours, dans cette perspective, de faire en sorte que le « drame » soit mieux perçu, et correctement compris, par le spectateur.

Cette fonction « fondamentale », voire « fondatrice », du montage est le plus souvent opposée à une autre grande fonction, parfois considérée comme exclusive de la première, et qui serait un *montage expressif* — c'est-à-dire un montage qui « n'est pas un moyen mais une fin » et qui « vise à exprimer par lui-même — par le choc de deux images — un sentiment ou une idée » (Marcel Martin).

Cette distinction entre un montage qui viserait essentiellement à être l'instrument d'une narration claire, et un montage qui viserait à produire des chocs esthétiques éventuellement indépendants de toute fiction, reflète bien évidemment, sur la question particulière du montage, un antagonisme dont nous avons déjà lu ailleurs la manifestation (notamment à propos du son). Il est hors de doute que, définie de cette façon « extrémiste », sans référence aucune à la fiction, l'idée même d'un

45

« montage expressif » n'a guère trouvé à s'actualiser à l'état pur que dans quelques films de l'époque muette (par exemple, des films de l'avant-garde française). L'immense majorité des films, même muets, ont recours en fait à l'une et l'autre de ces deux « catégories » de montage.

La faiblesse et le caractère artificiel de cette distinction entre deux types de films ont donc amené, très vite, à envisager qu'en fait, outre sa fonction centrale (narrative), le montage avait également à charge de produire, dans le film, un certain nombre d'autres effets. C'est sur ce point que les descriptions empiriques des fonctions du montage, à raison même de leur empirisme, divergent largement, mettant l'accent alternativement sur telle ou telle de ces fonctions, et surtout les définissant sur la base de présupposés idéologiques généraux qui ne sont pas toujours explicités nettement. Nous reviendrons, dans la troisième partie, sur cette question des motivations des diverses théories du montage. Signalons seulement, pour l'instant, le caractère très général, voire vague, de ces fonctions « créatrices » assignées au montage : Marcel Martin (qui consacre de longs développements, souvent très pertinents, à la question) pose ainsi que le montage crée le mouvement, le rythme et l'« idée » : grandes catégories de pensée, qui ne sont pas d'ailleurs sans recouper la dite fonction narrative, et ne permettent guère d'aller plus avant dans la formalisation.

2.2. Description plus systématique.

Cette approche empirique et descriptive dont nous venons de faire état est loin d'être sans intérêt : tout en restant toujours proche de ce que l'histoire des formes filmiques a avéré, elle a recensé, dans ses meilleurs exemples, l'essentiel des fonctions pensables du montage — que nous n'avons donc à présent qu'à tenter d'organiser plus rationnellement.

2.2.1. Le montage « productif ».

Auparavant, une rapide mise au point est nécessaire sur cette notion, à laquelle nous venons de faire allusion, de montage « créateur » ou « productif » (et qui est liée à l'idée même de possibles « effets » du montage). Notons d'abord que cette notion est assez ancienne (elle est apparue dès les premières tentatives de réflexion théorique systématique sur le cinéma) :

> On en trouve chez Béla Balázs, en 1930, la définition suivante : est productif « un montage grâce auquel nous apprenons des choses que les images elles-mêmes ne montrent pas ».
> Et, de façon plus large et plus nette, chez Jean Mitry (en 1963) : l'effet-montage (c'est-à-dire le montage comme productivité) « résulte de l'association, arbitraire ou non, de deux images qui, rapportées l'une à l'autre, déterminent dans la conscience qui les perçoit une idée, une émotion, un sentiment étrangers à chacune d'elles isolément ».

Nous voyons donc que cette notion se présente en fait comme une véritable *définition* du principe de montage, cette fois du point de vue de ses effets : le montage pourrait se définir, très généralement, comme « la mise en présence de deux éléments filmiques, entraînant la production d'un effet spécifique que chacun de ces deux éléments, pris isolément, ne produit pas » : importante définition qui, au fond, ne fait que manifester et justifier la place capitale accordée de tout temps à la notion de montage au cinéma, dans tous les types d'approche théorique.

En fait, tout type de montage, toute utilisation du montage, est « productive » : le montage narratif le plus « transparent », comme le montage expressif le plus abstrait, visent l'un et l'autre à *produire,* à partir de la confrontation, du choc entre des éléments différents, tel ou tel type d'effets ; quelle que soit l'importance, parfois considérable dans certains films, de ce qui se joue *au moment* du montage (c'est-à-dire, de ce que la manipulation du matériau tourné peut apporter par rapport à la conception préalable du film) — le montage comme *principe* est, par nature, une technique de production (de significations, d'émotions,...). Autrement dit : le montage se définit toujours, aussi, par ses fonctions.

Venons-en donc à ces fonctions elles-mêmes. Nous en distinguerons trois grands types :

2.2.2. Des fonctions syntaxiques.

Le montage assure, entre les éléments qu'il assemble, des relations « formelles », repérables comme telles, plus ou moins indépendantes du sens. Ces relations sont essentiellement de deux sortes :

— Des effets de *liaison,* ou à l'inverse, de *disjonction,* et plus largement tous effets de ponctuation et de démarcation.

Pour donner un exemple très classique, on sait ainsi que la figure dite « fondu enchaîné » marque, précisément, la plupart du temps un enchaînement entre deux épisodes différents d'un film. Cette valeur démarcative est extrêmement stable, chose d'autant plus remarquable que la figure « fondu enchaîné » s'est vu accoler, au cours de l'histoire des films, des significations diverses (elle a par exemple été longtemps associée de façon quasi systématique à l'idée de flash-back — valeur qui aujourd'hui n'est plus du tout la seule).

La production d'une liaison formelle entre deux plans successifs (cas particulier de cette fonction syntaxique), en particulier, est ce qui définit le *raccord* au sens strict du terme, dans lequel cette liaison formelle vient renforcer une continuité de la représentation elle-même (nous le reverrons un peu plus loin).

— Des effets d'*alternance* (ou au contraire, de linéarité).

De même que les diverses formes historiquement avérées de liaison ou de démarcation, l'alternance de deux ou plusieurs motifs est une caractéristique formelle du discours filmique, qui n'engage pas, à elle seule, une signification univoque. On a remarqué depuis très longtemps (l'idée se trouve chez les premiers théoriciens du montage, de Poudovkine à Balázs) que, selon la nature du contenu des plans (ou des segments) concernés, l'alternance pouvait signifier la simultanéité (cas du « montage alterné » proprement dit), ou qu'elle pouvait exprimer une comparaison entre deux termes inégaux au regard de la diégèse (cas du « montage parallèle ») etc.

2.2.3. Des fonctions sémantiques.

Cette fonction est certainement la plus importante et la plus universelle (celle que le montage assure *toujours*) ; elle recouvre en fait des cas extrêmement nombreux et variés. De façon peut-être un peu artificielle, nous distinguerons :

— la production du sens dénoté — essentiellement spatio-temporel — qui recouvre, au fond, ce que décrivait la catégorie du montage « narratif » : le montage est l'un des grands moyens de production de l'espace filmique, et de façon générale, de toute la diégèse ;

— la production de sens connotés, eux-mêmes fort divers dans leur nature : à savoir, tous les cas où le montage met en rapport deux éléments différents pour produire un effet de causalité, de parallélisme, de comparaison, etc.

> Il est impossible ici de donner une typologie réelle de cette fonction du montage, en raison même de l'extension quasi indéfinie de la notion de connotation : le sens peut ici être produit par mise en rapport de n'importe quel élément avec n'importe quel autre élément, même de nature tout à fait différente.
>
> Bien entendu, les exemples classiques ne manquent pas pour illustrer, entre autres, l'idée de comparaison ou de métaphore : on se souvient des plans de Kérenski accolés à ceux d'un paon mécanique (symbole de vanité) dans *Octobre*, d'Eisenstein (1927) ; du troupeau de moutons succédant ironiquement à un plan de foule humaine dans *Les Temps modernes*, de Chaplin (1936) ; d'un plan de poules caquetantes, vivant commentaire des commérages dans *Fury*, de Fritz Lang (1936), etc. Mais ce n'est là qu'un cas très particulier, concernant le montage de deux plans successifs.

C'est à propos de ces fonctions sémantiques qu'ont eu lieu, nous le verrons, les polémiques sur la place et la valeur du montage au cinéma qui ont traversé toute la théorie du film.

2.2.4. Des fonctions rythmiques.

Cette fonction a également été reconnue, et revendiquée, très tôt — et parfois même *contre* la précédente (c'est notamment le cas des tenants du « cinéma pur » des années vingt). On a entre autres proposé de caractériser le cinéma comme « musique de l'image », véritable combinatoire de rythmes. En fait, comme l'a montré Jean Mitry, dans une analyse très fine à laquelle on ne peut que renvoyer, il n'y a pour ainsi dire rien de commun entre le rythme filmique et le rythme musical (essentiellement parce que la vue, si elle est excellement armée pour percevoir des proportions — c'est-à-dire des rythmes spatiaux — perçoit fort mal les rythmes de durée, auxquels l'oreille, elle, est très sensible). Le rythme filmique se présente donc comme la superposition et la combinaison de deux types de rythmes, tout à fait hétérogènes :

— des *rythmes temporels,* qui ont surtout trouvé à s'instaurer dans la bande sonore — encore qu'il ne faille pas absolument exclure la possibilité de jouer sur des durées de formes visuelles (le cinéma « expérimental » dans son ensemble est souvent tenté par la production de tels rythmes visuels) ;

— des *rythmes plastiques,* qui peuvent résulter de l'organisation des surfaces dans le cadre, ou de la répartition des intensités lumineuses, des couleurs, etc. (problème classique des théoriciens de la peinture du XXᵉ siècle comme Klee ou Kandinsky).

Naturellement, en distinguant ainsi trois grands types de fonctions, nous nous sommes éloignés d'une description immédiate des *figures* concrètes de montage, lesquelles se présentent en fait comme donnant lieu à plusieurs effets simultanés, comme un exemple suffira à le démontrer :

Soit une figure très banale, le « raccord sur un geste », consistant à raccorder deux plans tels que la fin du premier et le début du second montrent respectivement (et sous des points de vue différents) le début et la fin d'un même geste. Ce raccord produira (au moins) :

— un effet syntaxique de *liaison* entre les deux plans (par la continuité du mouvement apparent de part et d'autre de la collure),

— un effet sémantique (narratif), dans la mesure où cette figure fait partie de l'arsenal des conventions classiques destinées à traduire la continuité temporelle,

— d'éventuels effets de sens connotés (selon la grandeur de l'écart entre les deux cadrages et la nature du geste lui-même),

— un possible effet rythmique, lié à la césure introduite à l'intérieur d'un mouvement.

L'idée de décrire des « sortes de montage », et d'en dresser des typologies, est elle aussi très ancienne ; elle s'est traduite, durant longtemps, par la fabrication de « tables » (= grilles) de montage. Ces tables, souvent fondées plus ou moins directement sur la pratique même de leurs auteurs, sont toujours intéressantes ; mais leur visée, dans la plupart des cas, est quelque peu confuse, et il s'y agit autant d'un catalogue de « recettes » destinées à nourrir la pratique de fabrication de films, que d'un classement théorique des effets du montage. Par rapport à notre classification, elles définissent des *types complexes* de montage, par combinaison de divers traits élémentaires, aussi bien en ce qui concerne les objets que les modalités d'action et les effets recherchés. C'est dire que la notion même de « table » de montage, qui a certainement marqué une étape importante dans la formalisation de la réflexion sur le cinéma, est aujourd'hui largement dépassée.

Donnons rapidement, pour terminer, quelques exemples de ces « tables » :
Balázs, sans prétendre être systématique, énumère un certain nombre de types de montage : les montages « idéologique », métaphorique, poétique, allégorique, intellectuel, rythmique, formel et subjectif.
Poudovkine donne une nomenclature différente, sans doute plus rationnelle : antithèse, parallélisme, analogie, synchronisme, leitmotiv.

Eisenstein lui-même (dans une perspective il est vrai assez particulière) proposa la classification suivante : montage métrique, rythmique, tonal, harmonique, intellectuel.

3. IDÉOLOGIES DU MONTAGE

Quel qu'ait été notre souci de ne jamais perdre de vue la réalité concrète des phénomènes filmiques, la construction du concept de montage élargi à laquelle nous venons de nous livrer — construction qui impliquait que nous prenions un point de vue aussi général et « objectif » que possible — nous a masqué un fait historique essentiel : si la notion de montage est tellement importante pour la théorie du cinéma, c'est aussi (et peut-être essentiellement) parce qu'elle a été le lieu et l'enjeu d'affrontements extrêmement profonds et durables, entre deux conceptions radicalement opposées du cinéma.

L'histoire des films, dès la fin des années 10, et l'histoire des théories du cinéma, dès ses origines, manifestent en effet l'existence de deux grandes tendances qui, sous des noms d'auteurs et d'écoles divers, et sous des formes variables, n'ont guère cessé de s'opposer de façon souvent très polémique :

— une première tendance est celle de tous les cinéastes et théoriciens pour qui le montage, en tant que technique de production (de sens, d'affects, ...) est plus ou moins considéré comme l'élément dynamique essentiel du cinéma. Comme l'indique la locution « montage-roi », parfois utilisée pour désigner, parmi les films des années vingt, ceux (surtout les soviétiques) qui représentèrent cette tendance, celle-ci repose sur une valorisation très forte du principe de montage (voire, dans quelques cas extrêmes, d'une surévaluation de ses possibilités) ;

— à l'inverse, l'autre tendance est fondée sur une dévalorisation du montage en tant que tel, et la soumission stricte de ses effets à l'instance narrative ou à la représentation réaliste du monde, considérées comme la visée essentielle du cinéma. Cette tendance, d'ailleurs largement dominante dans la plus grande part de l'histoire des films, est fort bien décrite par la notion de « transparence » du discours filmique, que nous retrouverons dans un instant.

Redisons-le : si ces tendances ont été, selon les époques, incarnées et spécifiées de façons très diverses, il n'en reste pas moins que leur antagonisme a, jusqu'à nos jours encore, défini deux grandes *idéologies* du montage — et corrélativement, deux grandes approches idéologico-philosophiques du cinéma lui-même, comme art de la représentation et de la signification à vocation de masse.

Il est hors de question de présenter en quelques pages un tableau détaillé de toutes les attitudes adoptées en la matière depuis soixante ans. Aussi, parce qu'ils manifestent l'un et l'autre de façon radicale, et presque extrêmiste, respectivement chacune de ces deux positions, nous avons choisi d'exposer et d'opposer les systèmes théoriques d'André Bazin et de S. M. Eisenstein. Il ne s'agit pas de dire que l'un ou l'autre serait nécessairement un « chef de file » de l'une ou l'autre école (les types d'influence qu'ils ont pu respectivement exercer sont d'ailleurs très différents) : si nous les choisissons, c'est parce que tous deux ont élaboré un système esthétique, une théorie du cinéma, d'une certaine cohérence ; que, chez l'un comme chez l'autre, les présupposés idéologiques sont très nettement affirmés, et qu'enfin, l'un et l'autre accordent à la question du montage — dans des sens opposés — une place centrale dans leur système.

3.1. André Bazin et le cinéma de la « transparence ».

Le système de Bazin s'appuie sur un postulat idéologique de base, lui-même articulé en deux thèses complémentaires, que l'on pourrait formuler ainsi :

— dans la réalité, dans le monde réel, aucun événement n'est jamais doté d'un sens tout à fait déterminé *a priori* (c'est ce que Bazin désigne par l'idée d'une « ambiguïté immanente au réel ») ;

— le cinéma a pour vocation « ontologique » de reproduire le réel en respectant autant que possible cette caractéristique essentielle : le cinéma doit donc produire des représentations dotées de la même « ambiguïté » — ou s'y efforcer.

En particulier, cette exigence se traduit pour Bazin par la nécessité, pour le cinéma, de reproduire le monde réel dans sa continuité physique et événementielle. Ainsi, dans « Montage interdit », pose-t-il que :
« la spécificité cinématographique réside dans le simple respect photographique de l'unité de l'image » — thèse dont on mesurera tout ce qu'elle peut avoir de paradoxal et de provocateur, par rapport à d'autres conceptions de la « spécificité » du cinéma (notamment celle qui la cherche, justement, dans le jeu du montage). Bazin développe d'ailleurs, dans le même texte, cette assertion de la façon suivante :
« Il faut que l'imaginaire ait sur l'écran la densité spatiale du réel. Le montage ne peut y être utilisé que dans des limites précises, sous peine d'attenter à l'ontologie même de la fable cinématographique ».

L'essentiel, idéologiquement parlant, des conceptions baziniennes tient dans ces quelques principes, qui l'amènent à réduire considérablement la place concédée au montage.

Sans prétendre tout dire, nous décrirons ces conceptions relatives au montage selon les trois axes suivants :

3.1.1. Le « montage interdit ».

Il s'agit à vrai dire d'un cas qui, de l'aveu même d'André Bazin, est tout à fait particulier, mais qui, pour nous, sera justement précieux en tant que cas-limite (et donc en tant que manifestation particulièrement nette des principes en jeu). La définition de ce cas particulier est donnée ainsi par Bazin :

« Quand l'essentiel d'un événement est dépendant d'une présence simultanée de deux ou plusieurs facteurs de l'action, le montage est interdit. Il reprend ses droits chaque fois que le sens de l'action ne dépend plus de la contiguïté physique — même si celle-ci est impliquée ». André Bazin, « Montage interdit », in *Qu'est-ce que le cinéma ?*

Naturellement, cette définition n'a de signification que si l'on dit ce que l'on considère comme l'« essentiel » d'un « événement » (le « sens » de l'action). Nous avons vu que, pour Bazin, ce qui est premier, c'est, en effet, l'événement en tant qu'il appartient au monde réel, ou à un monde imaginaire analogue au réel, c'est-à-dire en tant que sa signification n'est pas « déterminée *a priori* ». Par conséquent, pour lui, « l'essentiel de l'événement » ne peut désigner, précisément, que cette fameuse « ambiguïté », cette absence de signification imposée, à laquelle il attache tant de prix. Le montage, pour lui, sera donc « interdit » (notons au passage la *normativité* caractéristique du système de Bazin) chaque fois que l'événement réel — ou plutôt, l'événement *référentiel* de l'événement diégétique en question — sera fortement « ambigu » : chaque fois, par exemple, que l'issue de l'événement sera imprévisible (au moins en principe).

> L'exemple privilégié sur lequel il insiste est celui qui met aux prises, dans la diégèse, deux antagonistes quelconques : par exemple, un chasseur et son gibier ; ce sont par excellence des événements dont l'issue est indéterminée (le chasseur peut ou non attraper le gibier ; dans certains cas, il peut même — et cela fascine Bazin — être dévoré par lui), et dès lors, aux yeux de Bazin, toute résolution de cet événement par le jeu du montage — par exemple d'un montage alterné, une série de plans sur le chasseur, une série de plans sur le gibier — est pure tricherie.

3.1.2. La transparence.

Naturellement, dans un très grand nombre (le plus grand nombre ?) des cas pratiques, le montage n'aura pas à être strictement « interdit » : l'événement pourra être représenté au moyen d'une succession d'unités filmiques (c'est-à-dire, pour Bazin, de plans) discontinues — mais à condition que cette discontinuité, précisément, soit aussi *masquée* que possible : c'est la fameuse notion de « transparence » du discours filmique, qui désigne une esthétique particulière (mais tout à fait répandue, voire dominante) du cinéma, selon laquelle le film a pour fonction essentielle de *donner à voir* les événements représentés et non de se donner à voir lui-même en tant que film. L'essentiel de cette conception est ainsi défini par Bazin :

> « Quel que soit le film, son but est de nous donner l'illusion d'assister à des événements réels se déroulant devant nous comme dans la réalité quotidienne. Mais cette illusion recèle une supercherie essentielle, car la réalité existe dans un espace continu, et l'écran nous présente en fait une succession de petits fragments appelés « plans » dont le choix, l'ordre et la durée constituent précisément ce qu'on nomme « découpage » du film. Si nous essayons, par un effort d'attention volontaire, de percevoir les ruptures imposées par la caméra au déroulement continu de l'événement représenté, et de bien comprendre pourquoi elles nous sont naturellement insensibles, nous voyons bien que nous les tolérons parce qu'elles laissent tout de même subsister en nous l'impression d'une réalité continue et homogène » (André Bazin, *Orson Welles,* © éd. du Cerf, 1972, pp. 66-67).

Nous voyons ainsi que dans ce système, et de façon fort cohérente, ce qui est considéré comme premier est toujours « un événement réel » dans sa « continuité » (et c'est évidemment sur ce présupposé que l'on pourra faire porter avec le plus de profit une critique de Bazin).

Concrètement, cette « impression de continuité et d'homogénéité » est obtenue par tout un travail formel, qui caractérise la période de l'histoire du cinéma que l'on appelle souvent « cinéma classique » — et dont la figure la plus représentative est la notion de *raccord*. Le raccord, dont l'existence concrète découle de l'expérience, durant des décennies, des monteurs du « cinéma classique », se définirait comme tout changement de plan *effacé en tant que tel,* c'est-à-dire comme toute figure de changement de plan où l'on s'efforce de préserver, de part et d'autre de la collure, des éléments de *continuité*.

Le montage et les raccords : quelques exemples dans *Muriel,* d'Alain Resnais (1963).

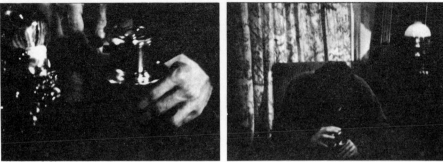

| plan 32 | plan 33 |

Raccord en continuité de mouvement sur le geste d'un personnage.

| plan 56 | plan 57 |

Raccord en champ contre-champ à effet.

| plan 489 | plan 490 |

Raccord en plan subjectif : Alphonse décroche le combiné téléphonique.

plan 497   **plan 498**

Raccord dans l'axe qui met en relief le mouvement d'un personnage :
Hélène se jette dans les bras d'Alphonse.

plan 623   **plan 624**

Raccord sur le geste d'un personnage : Bernard ouvre brutalement
un tiroir et redresse la tête vers Hélène hors-champ.

plan 633   **plan 634**

Raccord avec ellipse marquée accentuant le geste d'un personnage.

Le plan 633 montre les personnages préparant le repas. Le plan 634
enchaîne brusquement sur Bernard assis et buvant.

Le langage classique a mis au point un grand nombre de figures de raccords, que nous ne pouvons toutes citer. Les principales sont :

— le raccord sur un regard : un premier plan nous montre un personnage qui regarde quelque chose (généralement hors-champ) ; le plan suivant montre l'objet de ce regard (qui peut à son tour être un autre personnage regardant le premier : on a alors ce qu'on appelle un « champ/contre-champ ») ;

— le raccord de mouvement : un mouvement qui, dans le premier plan, est doté d'une vitesse et d'une direction données, se verra répété dans le second plan (sans que le support des deux mouvements soit forcément le même objet diégétique), avec une direction identique, et une vitesse apparente comparable ;

— le raccord sur un geste : un geste accompli par un personnage est commencé dans le premier plan, achevé dans le second (avec changement de point de vue) ;

— le raccord dans l'axe : deux moments successifs (éventuellement séparés par une légère ellipse temporelle) d'un même événement sont traités en deux plans, le second étant filmé selon la même direction, mais la caméra s'étant rapprochée ou éloignée par rapport au premier.

Cette liste est loin d'être exhaustive : elle permet cependant de constater que le « raccord » peut fonctionner aussi bien en mettant en jeu des éléments *purement formels* (mouvement — indépendamment de son support) que des éléments *pleinement diégétiques* (un « regard » représenté).

Notons que, sur ce point, le système de Bazin a été repris et amplifié par toute une tradition « classique » de l'esthétique du film. On trouvera par exemple chez Noël Burch une description fort détaillée des diverses fonctions du raccord, selon les divers écarts spatiaux et temporels qu'il marque.

3.1.3. Le refus du montage hors raccord.

Conséquence logique des considérations précédentes, Bazin refuse de prendre en considération l'existence de phénomènes de montage hors du passage d'un plan au suivant. La manifestation la plus spectaculaire de ce refus se lit sans doute dans la façon dont il valorise (chez Orson Welles notamment) l'utilisation du filmage en profondeur de champ et en plan-séquence, qui produit selon lui, de façon univoque, un « gain de réalisme ». En effet, si le montage, pour Bazin, ne peut que *réduire* l'ambiguïté du réel en la forçant à prendre un sens (en forçant le film à devenir discours), à l'inverse, le filmage en plans longs et profonds, qui montre « davantage » de réalité dans un seul et même morceau de film, et qui met tout ce qu'il montre sur un pied d'égalité devant le spectateur, doit logiquement être plus respectueux du « réel ».

« Contrairement à ce qu'on pourrait croire de prime abord, le « découpage » en profondeur est plus chargé de sens que le découpage analytique. Il n'est pas moins abstrait que l'autre, mais le supplément d'abstraction qu'il intègre au récit lui vient précisément d'un surcroît de réalisme. Réalisme en quelque sorte ontologique, qui restitue à l'objet et au décor leur densité d'être, leur poids de présence, réalisme dramatique qui se refuse à séparer l'acteur du décor, le premier plan des fonds, réalisme psychologique qui replace le spectateur dans les vraies conditions de la perception, laquelle n'est jamais tout à fait déterminée *a priori* » (André Bazin, *Orson Welles*, p. 70)

Là encore, nous pouvons noter que, si ces remarques sont tout à fait cohérentes avec la véritable obsession de la continuité qui définit le système-Bazin, elles procèdent d'un certain aveuglement envers ce qui, dans les films dont elles prennent prétexte (surtout *Citizen Kane),* viendrait les contredire très directement : ainsi, dans le film de Welles longuement analysé par Bazin, la profondeur de champ est utilisée au moins autant pour produire des effets de montage — par exemple en juxtaposant dans une même image deux scènes représentées sur des modes relativement hétérogènes — que pour présenter « à égalité » tous les éléments de la représentation ; de même, la longueur des plans y est souvent l'occasion de produire, grâce notamment à de très nombreux mouvements d'appareil, des transformations, voire des ruptures, à l'intérieur même des plans, qui s'apparentent de très près à des effets de montage.

3.2. S. M. Eisenstein et la « ciné-dialectique ».

Le système d'Eisenstein, moins monothématique peut-être que celui de Bazin, est tout aussi cohérent, dans un sens radicalement opposé. Le postulat idéologique de base qui le fonde exclut toute considération d'un supposé « réel » qui contiendrait en lui-même son propre sens, et auquel il ne faudrait pas toucher. Pour Eisenstein, on peut dire qu'à la limite le réel n'a aucun intérêt en dehors du sens qu'on lui donne, de la lecture qu'on en fait ; le cinéma, dès lors, est conçu comme un instrument (parmi d'autres) de cette lecture : le film n'a pas à charge de reproduire « le réel » sans intervenir sur lui, mais au contraire de refléter ce réel en donnant en même temps un certain jugement idéologique sur lui (en tenant un discours idéologique).

> Bien entendu, surgit ici un problème que la théorie bazinienne ne soulevait pas (ou plutôt qu'elle évacuait) : celui du *critère de vérité* d'un tel discours. Pour Eisenstein, le choix est net : ce qui garantit la vérité du discours proféré par le film, c'est sa conformité aux lois du matérialisme dialectique et du matérialisme historique (et parfois, de façon plus brutale : sa conformité aux thèses politiques du moment). S'il y a pour Bazin un critère de vérité, il est inclus dans le réel lui-même : c'est-à-dire qu'il se fonde, en dernière instance, sur l'existence de Dieu.

Aussi le film sera-t-il moins considéré, par Eisenstein, comme représentation que comme discours articulé — et sa réflexion sur le montage consiste précisément à définir cette « articulation ». Nous distinguerons là encore trois axes principaux.

3.2.1. Le fragment et le conflit.

La notion de « fragment », qui est absolument spécifique du système d'Eisenstein, désigne chez lui l'unité filmique, et la première chose que nous devons noter est que, à la différence de Bazin, et logiquement, Eisenstein ne considère jamais que cette unité est nécessairement assimilable au *plan ;* le « fragment » est un morceau unitaire de film, qui en pratique sera souvent confondu avec des plans (d'autant plus que le cinéma d'Eisenstein se caractérise par des plans en général très courts), mais qui peut, au moins théoriquement, être défini de toute autre manière (puisqu'il est unité, non de représentation, mais de discours).

Un exemple particulièrement révélateur des conceptions eisensteiniennes du montage dans *Octobre* (1927).

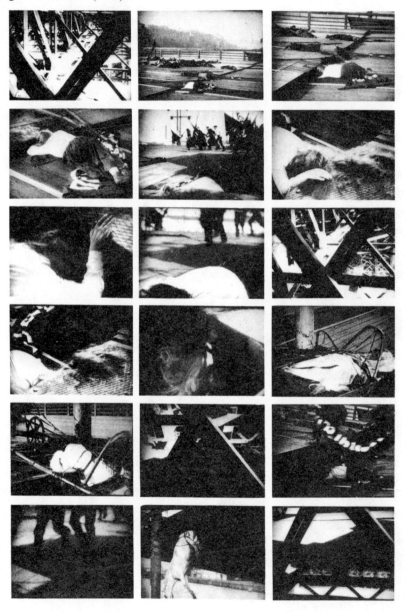

Octobre, de S.M. Eisenstein (1927).

Cette notion, de plus, est fortement polysémique, et elle reçoit chez Eisenstein au moins trois acceptions assez différentes (mais complémentaires) :

— le fragment est, d'abord, considéré comme élément de la chaîne syntagmatique du film : à ce titre, il se définit par les rapports, les articulations, qu'il présente avec les autres fragments qui l'entourent :

— ensuite, le fragment, en tant qu'image filmique, est conçu comme décomposable en un très grand nombre d'éléments matériels, correspondant aux divers paramètres de la représentation filmique (luminosité, contraste, « grain », « sonorité graphique », couleur, durée, grosseur de cadre, etc.) — cette décomposition étant envisagée comme moyen de « calcul », de maîtrise des éléments expressifs et signifiants du fragment. Les relations entre fragments seront par conséquent décrites comme articulant tels paramètres constitutifs d'un fragment donné avec tels autres paramètres constitutifs d'un ou plusieurs autres fragments, en un calcul complexe (et à vrai dire toujours incertain).

> Un exemple de ce « calcul », souvent cité par Eisenstein lui-même, est la séquence des « brouillards dans le port d'Odessa », dans *Le Cuirassé « Potemkine »* (1926) (juste avant l'enterrement de Vakoulintchouk, le matelot mort). Dans cette séquence, les fragments sont assemblés essentiellement en fonction de deux paramètres : l'« embrumement » (qui s'analyserait à son tour en telle gamme de gris, tel degré de flou, etc...) et la « luminosité ».

— enfin, la notion de fragment recouvre un certain type de rapport au référent : le fragment, prélevé sur le réel (un réel déjà organisé devant et pour la caméra), opère dans celui-ci comme une *coupure :* c'est, si l'on veut, l'exact opposé de la « fenêtre ouverte sur le monde » de Bazin. Ainsi le cadre, chez Eisenstein, a-t-il toujours plus ou moins valeur de césure franche entre deux univers hétérogènes, celui du champ, celui du *hors-cadre* — la notion de hors-champ n'étant, à quelques exceptions près, pratiquement jamais utilisée par lui. Bazin, qui, malgré la force normative de ses propres options, avait fort bien saisi le fond du problème, parlait à ce propos de deux conceptions opposées du cadre : soit comme « centrifuge » — c'est-à-dire ouvrant sur un extérieur supposé, un hors-champ ; soit comme « centripète » — c'est-à-dire ne renvoyant à nul dehors, se définissant seulement comme image ; c'est évidemment de cette seconde tendance que relève le fragment eisensteinien.

On voit donc comment cette notion de fragment, à tous les niveaux qui la définissent, manifeste une même conception du film comme *discours articulé* : la clôture du cadre focalise l'attention sur le sens qui y est isolé ; ce sens lui-même, construit analytiquement en tenant compte des caractéristiques matérielles de l'image, se combine, s'articule, de façon explicite et tendanciellement *univoque* (le cinéma eisensteinien « foudroie l'ambiguïté », selon la formule de Roland Barthes).

Corrélativement, la production de sens, dans l'enchaînement de fragments successifs, est pensée par Eisenstein sur le modèle du *conflit*. Si la notion de « conflit » n'est pas absolument originale (elle dérive très directement du concept de « contradiction », tel que posé dans la philosophie marxiste, le « matérialisme dialectique »), l'usage qu'en fait Eisenstein ne laisse pas d'être parfois assez surprenant par son extension et sa systématicité. Le conflit, pour lui, est en effet le mode canonique d'interaction entre deux unités *quelconques* du discours filmique : conflit de fragment à fragment, certes, mais aussi « à l'intérieur du fragment », et se spécifiant selon tel ou tel paramètre particulier. Citons seulement, parmi de nombreux autres textes, quelques extraits d'un article de 1929 :

> « De mon point de vue, le montage n'est pas une idée composée de fragments mis à la suite, mais une idée qui *naît* du choc entre deux fragments indépendants. (..) Comme exemples de conflits on pourrait donner :
> 1. Le conflit graphique.
> 2. Le conflit des surfaces.
> 3. Le conflit des volumes.
> 4. Le conflit spatial.
> 5. Le conflit des éclairages.
> 6. Le conflit des rythmes (...).
> 7. Le conflit entre le matériau et le cadrage (*déformation spatiale* par le point de vue de la caméra).
> 8. Le conflit entre le matériau et sa spatialité (*déformation optique* par l'objectif).
> 9. Le conflit entre le processus et sa temporalité (*ralenti, accéléré*).
> 10. Le conflit entre l'ensemble du complexe *optique* et un tout autre domaine ».
> « Dramaturgie de la forme filmique »

Naturellement, comme l'idée de décomposition analytique du fragment en tous ses paramètres constitutifs, une telle liste ne saurait viser à l'exhaustivité (même si parfois, utopiquement, il arrive à Eisenstein de le laisser entendre) : elle vaut surtout par la tendance qu'elle indique, qui est celle d'une productivité démultipliée du principe de montage : la notion de montage « productif », telle qu'on l'a évoquée plus haut, fonctionne ici à plein.

3.2.2. Extension de la notion de montage.

Conséquence immédiate de ce qui vient d'être dit, le montage sera donc, dans ce système, le principe unique et central qui régit toute production de signification, et qui organise toutes les significations partielles produites dans un film donné. Sur ce point, Eisenstein ne cesse de revenir, consacrant par exemple toute une partie de son important traité sur le montage de 1937-40 à démontrer que le *cadrage* n'est qu'un cas particulier relevant de la problématique générale du montage (en tant que le cadrage, et la *composition* du cadre, visent avant tout à *produire du sens*).

L'étape ultime de sa réflexion est, de ce point de vue, celle du « contrepoint audio-visuel », expression qui vise à décrire le cinéma sonore comme jeu contrapuntique généralisé entre *tous* les éléments, les paramètres filmiques : ceux de l'image, déjà envisagés dans la définition du fragment visuel, comme ceux du son. L'idée n'est, en soi, pas nouvelle par rapport à ses propres pratiques analytiques sur l'image — mais elle est historiquement fort importante, car elle est à peu près la seule tentative systématique pour penser les éléments sonores dans le film autrement que sur le mode de la redondance et de la soumission du son à l'instance scénique-visuelle. Dans la théorie eisensteinienne (sinon dans ses films — puisque le seul film où il poussait cette idée jusqu'au bout, *Le Pré de Béjine,* tourné en 1935-36, fut interdit, puis perdu), les divers éléments sonores, paroles, bruits, musiques, participent à l'égal de l'image, et de façon relativement autonome par rapport à elle, à la constitution du sens : ils pourront, selon les cas, la renforcer, la contredire, ou simplement tenir un discours « parallèle ».

3.2.3. L'influence sur le spectateur.

Enfin, détermination ultime de toutes les considérations sur la forme filmique, le fait que cette forme (qui, pour Eisenstein, s'analyse immédiatement comme véhicule d'un sens prédéterminé, voulu, maîtrisé) a à charge d'influencer, de « façonner » le spectateur. Sur ce point, le vocabulaire d'Eisenstein a énormément varié au cours des années — variations qui suivent celles des modèles du psychisme du spectateur qu'il adopte successivement — mais la préoccupation, elle, est toujours restée centrale, essentielle. L'important, au regard de la cohérence du système, est de relever que tous les modèles qu'il utilise pour décrire l'activité psychique du spectateur ont en commun, malgré leur grande diversité, de supposer une certaine analogie entre les processus formels dans le film et le fonctionnement de la pensée humaine.

Dans les années vingt, Eisenstein se réfère volontiers à la « réflexologie », pour laquelle tout comportement humain se ramène à la composition d'un très grand nombre de phénomènes élémentaires du type stimulus → réaction. De même qu'il ne craint pas d'envisager qu'on puisse calculer *tous* les paramètres définissant un fragment, Eisenstein est tenté par l'idée qu'on peut calculer l'effet élémentaire de tous ces *stimuli,* et donc maîtriser l'effet psychologique produit par le film.
Plus tard, il cherchera l'analogie fonctionnelle entre le film et la pensée dans des représentations plus globales, moins mécaniques, de cette dernière — ce qui le mènera à défendre l'idée d'une « extase » filmique, à laquelle répondrait, de façon « organique », une « sortie hors de soi » du spectateur qui emporterait son adhésion affective/intellectuelle au film.

Ainsi, tout oppose — et pas seulement sur la question du montage — les théoriciens Bazin et Eisenstein ; non pas d'ailleurs, on l'aura compris, qu'il y ait entre eux des antagonismes terme à terme, qui découleraient de prises de positions opposées sur des concepts communs : la contradiction est beaucoup plus radicale, puisqu'en fait, entre ces deux systèmes, il n'y a pratiquement rien de commun : non seulement leurs appréciations (sur la place du montage entre autres) sont divergentes, mais ils ne parlent littéralement pas de la même chose. Ce qui intéresse Bazin, c'est presque exclusivement la reproduction fidèle, « objective », d'une réalité qui emporte tout son sens en elle-même, alors qu'Eisenstein ne conçoit le film que comme discours articulé, assertif, qui ne fait que se soutenir d'une référence figurative au réel.

Ces deux attitudes idéologiques ne sont certainement pas les seules pensables : il n'en reste pas moins que, durant des décennies, elles ont été au centre d'une polémique parfois diffuse, toujours aiguë, entre « ceux qui croient à l'image » et « ceux qui croient à la réalité » (Bazin). Le système de Bazin, peut-être moins affiné conceptuellement que celui d'Eisenstein, possède en revanche une sorte de caractère d'« évidence » (dans notre société) qui explique l'influence très grande qu'il a exercée sur toute une génération de théoriciens (on trouve encore des thèmes et des raisonnements très « baziniens », par exemple, dans les textes, d'ailleurs passionnants, écrits par Pier Paolo Pasolini vers la fin des années 60). A l'inverse, le système d'Eisenstein, longtemps mal connu (les textes d'Eisenstein occupent des milliers de pages, pour une bonne part inédites), est resté jusqu'à ces dernières années une curiosité de musée, ou peu s'en faut, et sa redécouverte a accompagné, de bien significative manière, le grand mouvement idéologique qui, dans le champ du cinéma, s'est traduit vers le début des années 70 par une vive critique des thèses baziniennes (au nom d'un cinéma « matérialiste » opposé à celui de la « transparence »).

LECTURES SUGGÉRÉES :

1. La fonction narrative du montage :
   A. SOURIAU, « Succession et simultanéité dans le film », dans L'Univers filmique (sous la direction d'E. Souriau) Paris, 1953.
   D. CHATEAU, « Montage et récit », dans Cahiers du XXe siècle, no 9, 1978.
   M.-C. ROPARS-WUILLEUMIER, « Fonction du montage dans la constitution du récit au cinéma », dans Revue des Sciences humaines, janvier 1971.

2. Définitions extensives de la notion de montage :
   B. AMENGUAL, Clefs pour le cinéma, Paris, Ed. Seghers 1971, pp. 149-164.
   B. BALÁZS, L'Esprit du cinéma, Paris, 1977, chap. 5 et 6.
   Ch. METZ, « Montage et discours dans le film », dans Essais sur la signification au cinéma, tome 2, Paris, Ed. Klincksieck, 1972.

3. Le rythme :
   N. BURCH, « Plastique du montage », dans Praxis du cinéma, Paris, 1969.
   J. MITRY, Esthétique et psychologie du cinéma, tome 1, Paris, 1966, champ. 9 et 10

4. Les idéologies du montage :
   J. NARBONI, S. PIERRE, J. RIVETTE, « Montage », dans Cahiers du cinéma, no 210.
   A. BAZIN, « Montage interdit », dans Qu'est-ce que le cinéma ?
   S. M. EISENSTEIN, Au-delà des étoiles, Paris, 1974, passim.
   J. AUMONT, Montage Eisenstein, Paris, 1979, passim.

5. La fonction « expressive » du montage :
   V. I PUDOVKIN, Film technique, New York, 1958, pp. 66-78.

Pour l'histoire et la pratique du montage, dans une perspective très classique, la référence de base demeure :
   K. REISZ et G. MILLAR, The Technique of Film Editing, 2e édition, Londres, New York, Focal Press, 1968.

CHAPITRE 3

CINÉMA ET NARRATION

1. LE CINÉMA NARRATIF

1.1. La rencontre du cinéma et de la narration.

Dans la majorité des cas, aller au cinéma, c'est aller voir un film qui raconte une histoire. L'affirmation a toutes les apparences d'une lapalissade, tant cinéma et narration semblent consubstantiels, et pourtant elle ne va pas de soi.

Le couplage des deux n'était pas évident au départ : aux premiers jours de son existence, le cinéma n'était pas destiné à devenir massivement narratif. Il aurait pu n'être qu'un instrument d'investigation scientifique, un outil de reportage ou de documentaire, un prolongement de la peinture, voire un simple divertissement forain éphémère. Il avait été conçu comme un moyen d'enregistrement qui n'avait pas vocation de raconter des histoires par des procédés spécifiques.

Si ce n'était pas nécessairement une vocation, et si donc la rencontre du cinéma et de la narration garde quelque chose de fortuit, de l'ordre d'un fait de civilisation, il y avait pourtant quelques raisons à cette rencontre. Nous en retiendrons essentiellement trois, dont les deux premières tiennent à la matière de l'expression cinématographique elle-même : l'image mouvante figurative.

a. L'image mouvante figurative.

Moyen d'enregistrement, le cinéma offre une image figurative où, grâce à un certain nombre de conventions (sur ce point, voir ci-dessus « Le cinéma, représentation visuelle »), les objets photographiés sont reconnaissables. Mais le seul fait de représenter, de montrer un objet de telle sorte qu'il soit reconnu, est un acte d'ostension qui implique que l'on veut dire quelquechose à propos de cet objet. Ainsi l'image d'un revolver n'est-elle pas l'équivalent du seul terme « revolver » mais véhicule-t-elle implicitement un énoncé du type « voici un revolver » ou « ceci est un revolver » qui laisse transparaître l'ostension et la volonté de faire signifier l'objet par-delà sa simple représentation.

63

Par ailleurs, avant même sa reproduction, tout objet véhicule déjà, pour la société dans laquelle il est reconnaissable, tout un lot de valeurs dont il est le représentant et qu'il « raconte » : tout objet est déjà en lui-même un discours. C'est un échantillon social qui, par son statut, devient un embrayeur de discours, de fiction puisqu'il tend à recréer autour de lui (plus exactement, celui qui le regarde tend à le recréer) l'univers social auquel il appartient. Ainsi toute figuration, toute représentation appelle-t-elle la narration, fût-elle embryonnaire, par le poids du système social auquel le représenté appartient et par son ostension. Il suffit, pour s'en rendre compte, de regarder les premiers portraits photographiques qui deviennent instantanément pour nous de petits récits.

b. L'image mouvante.

Si l'on a souvent insisté sur la restitution cinématographique du mouvement pour souligner son réalisme, on s'attarde généralement moins sur le fait que l'image mouvante est une image en perpétuelle transformation, donnant à voir le passage d'un état de la chose représentée à un autre état, le mouvement requiérant le temps. Le représenté au cinéma est un représenté en devenir. Tout objet, tout paysage, aussi statique soit-il, se trouve, par le simple fait d'être filmé, inscrit dans la durée et offert à la transformation.

L'analyse structurale littéraire a mis en évidence que toute histoire, toute fiction peut se réduire au cheminement d'un état initial à un état terminal, et peut être schématisée par une série de transformations qui s'enchaînent à travers des successions du type : méfait à commettre — méfait commis— fait à punir — processus punitif — fait puni — bienfait accompli.

Il s'est donc trouvé que le cinéma offrait à la fiction, par le biais de l'image mouvante, la durée et la transformation : c'est en partie par ces points communs qu'a pu s'opérer la rencontre du cinéma et de la narration.

c. La recherche d'une légitimité.

La troisième raison que l'ont peut avancer tient à un fait plus historique : le statut du cinéma à ses débuts. « Invention sans avenir », comme le déclarait Lumière, c'était dans les premiers temps un spectacle un peu vil, une attraction foraine qui se justifiait essentiellement — mais pas seulement — par la nouveauté technique.

Sortir de ce relatif ghetto demandait que le cinéma se place sous les auspices des « arts nobles » que sont, à la charnière des XIXe et XXe siècles le théâtre et le roman, qu'il fasse en quelque sorte la preuve qu'il pouvait lui aussi raconter des histoires « dignes d'intérêt ». Non que les spectacles de Méliès ne fussent pas déjà de petites histoires, mais elles ne possédaient pas les formes développées et complexes d'une pièce de théâtre ou d'un roman.

C'est donc en partie pour être reconnu comme art que le cinéma s'est attaché à développer ses capacités de narration.

C'est ainsi qu'en 1908 fut créée en France la Société du Film d'Art dont l'ambition était de « réagir contre le côté populaire et mécanique des premiers films » en faisant appel à des acteurs de théâtre en renom pour adapter des sujets littéraires comme Le

Retour d'Ulysse, La Dame aux Camélias, Ruy Blas et *Macbeth.* Le film le plus connu de cette série est *L'Assassinat du Duc de Guise* (scénario de l'académicien Henri Lavedan, partition musicale de Camille Saint-Saëns) avec l'acteur Le Bargy, qui en signa la réalisation (1908).

1.2. Le cinéma non-narratif : difficultés d'une frontière.

1.2.1. Narratif/non-narratif.

Narrer consiste à relater un événement, réel ou imaginaire. Cela implique au moins deux choses : tout d'abord que le déroulement de l'histoire est à la discrétion de celui qui la raconte et qui peut ainsi user d'un certain nombre de ficelles pour ménager ses effets ; ensuite que l'histoire suit un déroulement réglé à la fois par le narrateur et par les modèles auxquels elle se conforme.

Le cinéma narratif est aujourd'hui dominant tout au moins sur le plan de la consommation. Au plan de la production, il ne faut en effet pas oublier l'importante place que prennent les films du domaine industriel, médical ou militaire. Il ne faut donc pas pour autant assimiler cinéma narratif et essence du cinéma, car on méconnaîtrait de plus la place qu'a tenue et que tient encore dans l'histoire du cinéma le cinéma d'« avant-garde », « underground »[1] ou « expérimental » qui se veut non-narratif.

La distinction communément admise entre un cinéma narratif et un cinéma non-narratif, si elle rend bien compte d'un certain nombre de différences entre des produits et des pratiques de production, ne semble pourtant pas pouvoir être maintenue en bloc. On ne peut en effet opposer frontalement le cinéma « NRI » (narratif-représentatif-industriel) au cinéma « expérimental » sans tomber dans la caricature. Et cela pour deux raisons inverses :

— Tout dans le cinéma narratif n'est pas forcément narratif-représentatif. Le cinéma narratif dispose en effet de tout un matériel visuel qui n'est pas représentatif : les fondus au noir, le panoramique filé, les jeux « esthétiques » de couleur et de composition.

Nombre d'analyses filmiques récentes ont fait ressortir chez un Lang, un Hitchcock ou un Eisenstein des moments qui, sporadiquement, échappent à la narration et à la représentation. C'est ainsi qu'on peut trouver du « film de scintillement » (ou « flicker-film », qui joue sur l'extrême brièveté d'apparition des images hors du noir et sur l'opposition « image très blanche — image très sombre ») chez Fritz Lang (fins de *Ministry of fear,* 1943, et de *Scarlet Street,* 1945) dans des films policiers noirs en pleine période classique.

— A l'inverse, le cinéma qui se proclame non-narratif parce qu'il évite de recourir à un ou à quelques traits du film narratif, en conserve toujours un certain nombre. D'un autre côté, il n'en diffère parfois que par la systématisation d'un procédé qui n'était qu'épisodiquement employé par les réalisateurs « classiques ».

---

1. Littéralement : « souterrain ». Le terme a désigné, dans les années 60, un ensemble de films produits « hors système » par des cinéastes comme Kenneth Anger, Jonas Mekas, Gregory Markopoulos, Andy Warhol et Stan Brakhage.

Des films comme ceux de Werner Nekes (*T.WO.MEN*, 1972, *Makimono*, 1974) ou de Norman Mc Laren (*Neighbours*, 1952, *Rhythmetic*, 1956, *Chairy Tale*, 1957), qui jouent sur la progressive multiplication d'éléments (pas d'intrigue, pas de personnage) et l'accélération du ou de leurs mouvements, reprennent en fait un principe traditionnel de la narration : donner au spectateur l'impression d'un déroulement logique devant nécessairement déboucher sur une fin, une résolution.

Enfin il faudrait, pour qu'un film soit pleinement non-narratif, qu'il soit non-représentatif, c'est-à-dire qu'on ne puisse à l'image rien reconnaître et qu'on ne puisse non plus percevoir de relations de temps, de succession, de cause ou de conséquence entre les plans ou les éléments. En effet, ces relations perçues embrayent inévitablement sur l'idée d'une transformation imaginaire, d'une évolution fictionnelle réglée par une instance narratrice.

Toutefois même si un tel film était possible, le spectateur, habitué à la présence de la fiction, aurait encore tendance à la réinjecter là où il n'y en a pas : n'importe quelle ligne, n'importe quelle couleur peut servir d'embrayeur de fiction.

1.2.2. Soubassements d'une polémique.

Les critiques adressées au cinéma narratif classique reposent souvent sur l'idée que le cinéma se serait fourvoyé en s'alignant sur le modèle hollywoodien. Celui-ci aurait trois torts : d'être américain et donc politiquement marqué, d'être narratif dans la stricte tradition dixneuviémiste, et d'être industriel, c'est-à-dire fournissant des produits calibrés.

Ces arguments sont partiellement fondés et justes, mais ils ne rendent pas compte en totalité du cinéma « classique ». Tout d'abord ils s'entendent comme si le cinéma narratif classique était un cinéma du signifié sans travail ou réflexion sur le signifiant, et comme si le cinéma non-narratif était un cinéma du signifiant sans signifié, sans contenu.

Que le cinéma américain soit un cinéma marqué, c'est une évidence, mais cela vaut pour toute production cinématographique. D'autre part, au cinéma, ce n'est pas le contenu seul qui est politique : le dispositif cinématographique lui-même l'est également en partie, que ce soit pour un film narratif ou pour un film non-narratif (sur ce point, voir chapitre 5).

L'idée d'une aliénation du cinéma narratif aux modèles romanesques et théâtraux repose sur un double malentendu :

— c'est d'abord supposer qu'il y aurait une nature, une « spécificité » du cinéma qu'il ne faudrait pas pervertir en la commettant avec des langages étrangers. Il y a là un retour à la croyance en une « pureté originelle » du cinéma qui est loin d'être attestée ;

— ensuite, c'est oublier que le cinéma a précisément forgé ses propres instruments, ses figures particulières en essayant de raconter des histoires, de les rendre perceptibles au spectateur.

Le montage alterné n'a pris forme que pour rendre sensible le fait que deux épisodes qui, dans le film, se suivent (on ne peut les faire figurer en même temps dans le cadre) se trouvent être, dans l'histoire, contemporains.

Le découpage et le système des mouvements de caméra n'ont de sens qu'en fonction d'effets narratifs et de leur intellection par le spectateur.

On peut certes objecter à cela que le cinéma non-narratif n'a plus recours à ces « moyens » cinématographiques dans la mesure où justement il n'est pas narratif. Mais, nous l'avons vu tout à l'heure, le cinéma expérimental garde toujours quelque chose du narratif dans la mesure où celui-ci ne se réduit pas à la seule intrigue. Enfin, cela n'empêche pas que ces « moyens » soient ceux auxquels on pense quand on parle ordinairement de cinéma.

Pour ce qui est de la production industrielle standard du cinéma, elle est certes quantitativement importante et même dominante. Mais il n'est pas certain que ce soit à elle qu'on fasse référence lorsqu'on parle d'étude du cinéma ou du langage cinématographique, étude qui puiserait plutôt ses exemples dans des films non-standard de la production industrielle.

La dénonciation de l'industrie cinématographique vaut en fait pour une valorisation de la création artistique artisanale, comme l'exprime d'ailleurs assez bien l'adjectif parfois accolé à ce cinéma différent : indépendant. Cette exaltation de l'artiste risque hélas de venir de ou de déboucher sur une conception très romantique du créateur, agissant isolément sous la dictée de l'inspiration dont il ne peut rien dire.

En conclusion, s'il n'est pas justifié de rejeter le cinéma expérimental hors des études sur le cinéma, il ne semble pas plus justifié de faire du cinéma narratif « classique » une vieille lune dont plus rien ne pourrait être dit parce qu'il répéterait toujours la même histoire, et de la même façon.

Cette répétition du même est d'ailleurs un des éléments importants de l'institution cinématographique, une de ses fonctions qui reste aujourd'hui encore à analyser, la seule soumission à l'idéologie ne permettant pas de rendre compte de façon satisfaisante du fait que les spectateurs vont au cinéma voir des histoires dont le schéma se répète de film en film (voir sur ce point le chapitre sur l'identification).

1.3. Cinéma narratif : objets et objectifs d'étude.

1.3.1. Objets d'étude.

Etudier le cinéma narratif demande que l'on fasse d'abord clairement la différence entre les deux termes, comme le montrent les points abordés au paragraphe précédent, de façon à ne pas prendre l'un pour l'autre : le narratif n'est pas le cinématographique, et inversement.

On définira le *cinématographique,* à la suite de Christian Metz, non pas comme tout ce qui apparaît dans les films, mais comme ce qui n'est susceptible d'apparaître qu'au cinéma, et qui constitue donc, de façon spécifique, le langage cinématographique au sens étroit du terme.

Les premiers « films d'art » qui se contentaient pour une large mesure d'enregistrer un spectacle théâtral ne comportaient que peu d'éléments spécifiquement cinématographiques, hormis l'image mouvante enregistrée mécaniquement. Le « matériel » enregistré n'avait, lui, rien ou presque de cinématographique.

Par contre, c'est se pencher sur le cinématographique que d'analyser les types de rapports entre le champ et le hors-champ dans *Nana*, de Jean Renoir (1926), comme le fait Noël Burch.

Le narratif est, par définition, extra-cinématographique puisqu'il concerne aussi bien le théâtre, le roman ou simplement la conversation de tous les jours : les systèmes de narration ont été élaborés hors du cinéma, et bien avant son apparition. Cela explique que les fonctions des personnages de films puissent être analysées avec les outils forgés pour la littérature par Vladimir Propp (interdiction, transgression, départ, retour, victoire...) ou par Algirdas-Julien Greimas (adjuvant, opposant...). Ces systèmes de narration opèrent avec d'autres dans les films, mais ne constituent pas à proprement parler le cinématographique : ils sont l'objet d'étude de la narratologie, dont le domaine est bien plus vaste que le seul récit cinématographique.

Cela dit, cette distinction, pour nécessaire qu'elle soit, ne doit pas faire oublier que les deux ne vont pas sans interactions et sans qu'il soit possible d'établir un modèle propre au narratif cinématographique, différent selon certains aspects d'un narratif théâtral ou romanesque (voir par exemple *Récit écrit – Récit filmique,* de Francis Vanoye).

D'une part, il existe des sujets de films, c'est-à-dire des intrigues, des thèmes qui, pour des raisons tenant au spectacle cinématographique et à ses dispositifs, sont traités préférentiellement par le cinéma. D'autre part, tel type d'action appelle, de façon plus ou moins impérative, tel type de traitement cinématographique. Inversement, la manière de filmer une scène en infléchit le sens.

Filmer la fonction « poursuite » (unité narrative) en montage alterné de plans « poursuivants-poursuivis » (figure signifiante cinématographique) aura un effet narratif différent d'un filmage, à partir d'un hélicoptère, en plan-séquence (autre figure cinématographique). Dans le film de Joseph Losey *Figures in A Landscape* (1970), cette deuxième forme de traitement met en évidence l'effort, la fatigue des poursuivis et le caractère dérisoire de leur tentative, alors que la première forme, dans un film comme *Intolérance,* de D.W. Griffith (1916), laissera plus ouvert le suspense.

1.3.2. Objectifs d'étude.

L'intérêt de l'étude du cinéma narratif réside d'abord dans le fait qu'il est encore aujourd'hui dominant et qu'à travers lui on peut saisir l'essentiel de l'institution cinématographique, sa place, ses fonctions et ses effets, pour les situer à l'intérieur de l'histoire du cinéma, des arts, et même de l'histoire tout court.

Il faut toutefois également tenir compte du fait que certains cinéastes indépendants comme Michael Snow, Stan Brakhage, Werner Nekes mènent à travers leurs films une réflexion critique sur les éléments du cinéma classique (fiction, dispositif...), et qu'on peut donc aussi saisir à travers eux certains points essentiels du fonctionnement cinématographique.

Le premier objectif est ou a été de mettre au jour les figures signifiantes (relations entre un ensemble signifiant et un ensemble signifié) proprement cinématographiques. C'est en particulier cet objectif que la « première » sémiologie (s'appuyant sur la linguistique structurale) s'était fixé, et qu'elle a partiellement atteint, notamment avec la *grande syntagmatique* où sont analysés les différents modes possibles d'arrangement des plans pour représenter une action (sur ce point, voir chapitre 4).

Cette grande syntagmatique, qui est le modèle d'une construction de code cinématographique, offre un exemple de la nécessaire interaction du cinématographique et du narratif (elle n'est d'ailleurs « applicable » qu'au cinéma narratif classique). Les unités cinématographiques y sont en effet isolées en fonction de leur forme, mais aussi en fonction des unités narratives qu'elles prennent en charge (cf. *Essais sur la signification au cinéma*, t. 1, de Christian Metz).

Le deuxième objectif est d'étudier les relations existant entre l'image mouvante narrative et le spectateur. C'est celui de la « seconde » sémiologie qui, par le biais de la *métapsychologie* (terme repris de Sigmund Freud et désignant les états et les opérations psychiques communs à tous les individus), s'est efforcée de montrer ce qui rapprochait et ce qui distinguait du rêve, du fantasme ou de l'hallucination l'*état filmique* dans lequel se trouve le spectateur d'un film de fiction. Cela permet, en usant de certains concepts psychanalytiques, de retracer quelques-unes des opérations psychiques nécessaires à la vision d'un film ou induites par elle.

Ce type d'étude, qui se poursuit aujourd'hui selon plusieurs axes, doit permettre de rendre compte des fonctionnements et des bénéfices psychiques propres au spectateur du film de fiction.

Ces questions étant abordées dans le chapitre 5, nous n'entrerons pas ici dans le détail. Notons toutefois que ce type d'analyse permet d'échapper au psychologisme qui imprègne trop souvent la critique cinématographique et de remettre en question, par exemple, des notions comme celle d'identification ou celle de bénéfice conçues sur le mode du « vivre par procuration » ou « se changer les idées ».

Le troisième objectif découle des précédents. Ce qui est en effet visé à travers eux est un fonctionnement social de l'institution cinématographique. On peut, à son propos, distinguer deux niveaux :

a. La représentation sociale.

Il s'agit ici d'un objectif à dimension presque anthropologique, où le cinéma est conçu comme le véhicule des représentations qu'une société donne d'elle-même. C'est en effet dans la mesure où le cinéma est apte à reproduire des systèmes de représentation ou d'articulation sociales qu'on a pu dire qu'il prenait la relève des grands récits mythiques. La typologie d'un personnage ou d'une série de personnages peut être tenue pour représentative non seulement d'une période du cinéma, mais aussi d'une période de la société. Ainsi la comédie musicale américaine des années 30 n'est-elle pas sans rapport avec la crise économique : à travers ses intrigues amoureuses situées dans des milieux aisés, elle présente des allusions très claires à la dépression et aux problèmes sociaux qui en découlent (voir par exemple les trois films réalisés en 1933, 1935, et 1937 sous le même titre de *Chercheuses d'or* par Busby Berkeley et Lloyd Bacon, et certaines comédies avec Fred Astaire et Ginger Rogers, telles *La Gaie Divorcée*, 1934 ou *Top Hat*, 1935). Un film comme *Tchapaiev,* de S. et G. Vassiliev (1934) n'est pas sans lien avec un moment du stalinisme puisqu'il promeut, à travers sa construction, l'image du *héros positif,* acteur social proposé en modèle.

> Il ne faut donc pas trop rapidement conclure à ce propos que le cinéma narratif est l'expression transparente de la réalité sociale, ni son exact contraire. C'est ainsi qu'on a pu prendre le néo-réalisme italien pour une tranche de vérité ou l'ambiance euphorique des comédies musicales pour du pur opium.
>
> Les choses ne sont pas aussi simples que cela, et la société ne se donne pas directement à lire dans les films. D'autre part, ce type d'analyse ne saurait se borner au seul cinéma : il demande au préalable une lecture approfondie de l'histoire sociale elle-même. Ce n'est qu'à travers le jeu complexe des correspondances, des inversions et des écarts entre d'une part l'organisation et la démarche de la représentation cinématographique et d'autre part la réalité sociale telle que l'historien peut la reconstituer, que cet objectif peut être atteint (voir à ce propos « Le « réel » et le « visible » dans *Sociologie du cinéma,* de Pierre Sorlin).

b. L'idéologie.

Son analyse découle des deux points précédents, dans la mesure où elle vise à la fois le réglage des jeux psychiques du spectateur et la mise en circulation d'une certaine représentation sociale. C'est ainsi par exemple que l'équipe des *Cahiers du Cinéma* avait abordé le film de John Ford *Young Mister Lincoln* (1939) en examinant les rapports existant entre une figure historique (Lincoln), une idéologie (le libéralisme américain) et une écriture filmique (la fiction montée par John Ford). Ce travail faisait d'ailleurs apparaître la complexité des phénomènes qui n'étaient perceptibles que dans l'entrelacs subtil de la fiction fordienne. Là encore, l'analyse du film doit être minutieuse pour être fructueuse ou tout simplement juste.

2. LE FILM DE FICTION

2.1. Tout film est un film de fiction.

Le propre du film de fiction est de représenter quelque chose d'imaginaire, une histoire. Si l'on décompose le processus, on s'aperçoit que le film de fiction consiste en une double représentation : le décor et les acteurs représentent une situation qui est la fiction, l'histoire racontée, et le film lui-même représente sous forme d'images juxtaposées cette première représentation. Le film de fiction est donc deux fois irréel : il est irréel par ce qu'il représente (la fiction) et par la façon dont il le représente (images d'objets ou d'acteurs).

Certes, la représentation filmique est plus réaliste, par la richesse perceptive, par la « fidélité » des détails, que les autres types de représentation (peinture, théâtre...), mais en même temps elle ne donne à voir que des effigies, des ombres enregistrées d'objets qui sont eux-mêmes absents. Le cinéma a en effet ce pouvoir d'« absenter » ce qu'il nous montre : il l'« absente » dans le temps et dans l'espace puisque la scène enregistrée est déjà passée et qu'elle s'est déroulée ailleurs que sur l'écran où elle vient s'inscrire. Au théâtre, ce qui représente, ce qui signifie (acteurs, décor, accessoires) est réel et existe bien quand ce qui est représenté est fictif. Au cinéma, représentant et représenté sont tous les deux fictifs. En ce sens, tout film est un film de fiction.

Le film industriel, le film scientifique, comme le documentaire, tombent sous cette loi qui veut que par ses matières de l'expression (image mouvante, son) tout film irréalise ce qu'il représente et le transforme en spectacle. Le spectateur d'un film de documentation scientifique ne se comporte d'ailleurs pas autrement qu'un spectateur de film de fiction : il suspend toute activité car le film n'est pas la réalité et à ce titre permet de surseoir à tout acte, à toute conduite. Comme son nom l'indique, il est lui aussi au spectacle.

A partir du moment où un phénomène se transforme en spectacle, la porte est ouverte à la rêverie (même si elle prend la forme sérieuse de la réflexion), puisqu'on ne requiert du spectateur que l'acte de recevoir des images et des sons. Le spectateur de film y est d'autant plus enclin que, par le dispositif cinématographique et par ses matériaux mêmes, le film se rapproche du rêve sans toutefois se confondre avec lui.

Mais outre le fait que tout film est un spectacle et présente toujours le caractère un peu fantastique d'une réalité qui ne saurait m'atteindre et devant laquelle je me trouve en position d'exempté, il est d'autres raisons pour lesquelles film scientifique ou documentaire ne peuvent pas totalement échapper à la fiction. Tout d'abord, tout objet est déjà signe d'autre chose, est déjà pris dans un imaginaire social et s'offre donc comme le support d'une petite fiction (sur ce point, voir en 1.2.1. à propos de l'opposition entre narratif et non-narratif).

D'autre part, l'intérêt du film scientifique ou du film documentaire réside souvent dans le fait qu'ils nous présentent des aspects inconnus de la réalité qui relèvent ainsi plus de l'imaginaire que du réel. Qu'il s'agisse de molécules invisibles à l'œil nu ou d'animaux exotiques aux mœurs étonnantes, le spectateur se trouve plongé dans le fabuleux, dans un ordre de phénomènes différent de celui auquel, par habitude, il confère le caractère de réalité.

> André Bazin a remarquablement analysé le paradoxe du documentaire dans deux articles : « Le cinéma et l'exploration » et « Le monde du silence ». Il note, à propos du film sur l'expédition du Kon Tiki : « Ce requin-baleine entrevu dans les reflets de l'eau nous intéresse-t-il par la rareté de l'animal et du spectacle — mais on ne le distingue qu'à peine — ou plutôt parce que l'image a été prise dans le même temps où un caprice du monstre pouvait anéantir le navire et envoyer la caméra et l'opérateur par 7 000 ou 8 000 mètres de fond ? La réponse est facile : ce n'est pas tant la photographie du requin que celle du danger ».

Par ailleurs, le souci esthétique n'est pas absent du film scientifique ou du documentaire, et il tend toujours à transformer l'objet brut en un objet de contemplation, en une « vision » qui le rapproche encore de l'imaginaire. On pourrait en trouver un exemple extrême dans les quelques plans « documentaires » de *Nosferatu*, de F.W. Murnau (1922), lorsque le professeur démontre à ses étudiants que le vampirisme existe dans la nature.

Enfin, le film scientifique et le film documentaire ont souvent recours à des procédés narratifs pour « soutenir l'intérêt ». Citons, parmi d'autres, la *dramatisation* qui fait d'un reportage un petit film à suspense (telle opération chirurgicale, dont l'issue nous est représentée comme incertaine, peut ainsi ressembler à une histoire dont les épisodes mèneront vers un dénouement heureux ou malheureux), le *voyage* ou l'*itinéraire,* fréquent dans le documentaire et qui d'emblée instaure, comme pour une histoire un déroulement obligé, une continuité et un terme. L'*historiette* sert souvent, dans le documentaire, par le biais d'un personnage dont on fera mine de raconter la vie ou les aventures, à donner aux informations hétérogènes recueillies un semblant de cohérence.

C'est donc à plusieurs titres (modes de représentation, contenu, procédés d'exposition...) que tout film, quel que soit son genre, peut relever de la fiction.

2.2. Le problème du référent.

En linguistique, on tient à distinguer entre le concept (ou signifié) qui fait partie du fonctionnement de la langue et qui lui est donc interne, et le référent auquel le signifiant et le signifié de la langue renvoient. A la différence du signifié, le référent est extérieur à la langue et peut s'assimiler en gros à la réalité ou au monde.

Sans vouloir entrer dans la discussion des différentes acceptions données en linguistique au terme de référent, il est nécessaire de préciser que le référent ne peut pas être entendu comme un objet singulier précis, mais plutôt comme une catégorie, une classe d'objets. Il consiste en des catégories abstraites qui s'appliquent à la réalité, mais qui peuvent aussi bien rester virtuelles que s'actualiser dans un objet particulier.

En ce qui concerne le langage cinématographique, la photo d'un chat (signifiant iconique + signifié « chat ») n'a pas pour référent le chat particulier qui a été choisi pour la photo, mais bien plutôt toute la catégorie des chats : il faut en effet distinguer entre l'acte de prise de vue, qui requiert un chat particulier, et l'attribution d'un référent à l'image vue par celui ou ceux qui la regardent. Si l'on excepte le cas de la photo de famille ou du film de vacances, un objet n'est pas photographié ou filmé qu'en tant qu'il est le représentant de la catégorie à laquelle il appartient : c'est à cette catégorie qu'il est renvoyé et non à l'objet-représentant qui a été utilisé pour la prise de vues.

Le référent d'un film de fiction n'est donc pas son tournage, c'est-à-dire les personnes, les objets, les décors placés réellement devant la caméra : dans *Crin Blanc,* d'Albert Lamorisse (1953), les images de cheval n'ont pas pour référent les cinq ou six chevaux qui ont été nécessaires à la réalisation du film, mais un type vraisemblable de cheval sauvage, du moins pour la majorité des spectateurs.

La distinction entre le film de fiction et le film de vacances nous permet de saisir qu'en fait il n'y a pas un seul référent, mais des degrés différents de référence, qui sont fonction des informations dont dispose le spectateur à partir de l'image et à partir de ses connaissances personnelles. Ces degrés mènent de catégories très générales à des catégories plus fines et plus complexes. Ces dernières ne sont

Quatre représentations de l'histoire au cinéma :

La Bandera, de Julien Duvivier (1935).

Autant en emporte le vent, de Victor Fleming (1939).

Ie n'ai pas tué Lincoln, de John Ford (1936).

Le Guépard, de Luchino Visconti (1963).

d'ailleurs pas plus « vraies » que les premières car elles peuvent aussi bien reposer sur un véritable savoir que sur une « vulgate », le sens commun ou un système de vraisemblable.

> Dans les films policiers américains des années 30, le référent n'est pas tant l'époque historique réelle de la prohibition, que l'univers imaginaire de la prohibition tel qu'il s'est constitué dans l'esprit du spectateur au fil des articles, des romans et des films qu'il a lus ou vus.

Ainsi, pour un film de fiction, une partie du référent peut fort bien être constituée par d'autres films par le biais des citations, des allusions ou des parodies.

> Pour naturaliser son travail et sa fonction, le film de fiction a souvent tendance à choisir comme thème des époques historiques et des points d'actualité au sujet desquels il existe déjà un « discours commun ». Il fait ainsi mine de se soumettre à la réalité alors qu'il ne tend qu'à rendre vraisemblable sa fiction. C'est par là d'ailleurs qu'il se transforme en véhicule pour l'idéologie.

2.3. Récit, narration, diégèse.

On distingue, dans le texte littéraire, trois instances différentes : le récit, la narration et l'histoire. Ces distinctions, qui sont d'une grande utilité pour l'analyse du cinéma narratif, appellent toutefois, pour ce domaine particulier, quelques précisions.

2.3.1. Le récit ou le texte narratif.

Le récit est l'énoncé dans sa matérialité, le texte narratif qui prend en charge l'histoire à raconter. Mais cet énoncé, qui n'est formé dans le roman que de langue, comprend au cinéma des images, des paroles, des mentions écrites, des bruits et de la musique, ce qui rend déjà l'organisation du récit filmique plus complexe. La musique, par exemple, qui n'a pas en elle-même de valeur narrative (elle ne signifie pas des événements) devient un élément narratif du texte par sa seule coprésence avec des éléments comme l'image mise en séquence ou les dialogues : il faudra donc prendre en compte sa participation à la structure du récit filmique.

> A l'avènement du cinéma sonore, s'est constituée une vaste polémique autour du rôle qui devait être attribué respectivement à la parole, aux bruits et à la musique dans le fonctionnement du récit : illustration, redondance ou contrepoint ? Il s'agissait, à l'intérieur d'un débat plus large sur la représentation cinématographique et sur sa spécificité (voir ci-dessus le chapitre « Le cinéma représentation sonore » p. 30), de préciser la place qu'il convenait d'accorder à ces nouveaux éléments dans la structure du récit.
> On notera par ailleurs que pour des raisons complexes, l'attention des analystes de récits filmiques s'est surtout portée, jusqu'à une période récente, sur la bande-image, au détriment de la bande-son, dont le rôle est pourtant fondamental dans l'organisation du récit.

Le récit filmique est un énoncé qui se présente comme un discours, puisqu'il implique à la fois un énonciateur (ou du moins un foyer d'énonciation) et un lecteur-spectateur. Ses éléments sont donc organisés et mis en ordre selon plusieurs exigences :

— tout d'abord, la simple lisibilité du film exige qu'une « grammaire » (il s'agit là d'une métaphore, car elle n'a rien à voir avec la grammaire de la langue — voir sur ce point la bibliographie en fin de chapitre et le chapitre 4) soit plus ou moins respectée, afin que le spectateur puisse comprendre à la fois l'ordre du récit et l'ordre de l'histoire. Cet ordonnancement doit établir le premier niveau de lecture du film, sa dénotation, c'est-à-dire permettre la reconnaissance des objets et des actions montrées à l'image ;

— ensuite, doit être établie une cohérence interne de l'ensemble du récit, elle-même fonction de facteurs très divers comme le style adopté par le réalisateur, les lois du genre dans lequel le récit vient s'insérer, l'époque historique à laquelle il est produit ;

> Ainsi l'emploi dans *Les Deux Anglaises et le continent* (François Truffaut, 1971) des ouvertures et des fermetures à l'iris pour les début et les fins de séquences est un emploi à la fois anachronique et nostalgique, ce procédé d'exposition, habituel dans le cinéma muet, ayant disparu depuis.
> Le recours au prégénérique (le récit commence avant même la présentation du générique), largement utilisé à la télévision pour accrocher d'entrée de jeu le spectateur, a eu son heure de gloire à la fin des années 60.
> L'usage assez systématique du faux-raccord (comme dans *A bout de souffle*, de Jean-Luc Godard, 1960) a marqué dans les années 60 une évolution de la conception et le statut du récit : celui-ci devenait moins transparent par rapport à l'histoire, il se signalait en tant que récit.

— enfin, l'ordre du récit et son rythme sont établis en fonction d'un cheminement de lecture qui est ainsi imposé au spectateur. Il est donc conçu également en vue d'effets narratifs (suspense, surprise, apaisement temporaire...). Cela concerne aussi bien l'agencement des parties du film (enchaînements de séquences, rapport entre la bande-image et la bande-son) que la mise en scène elle-même, entendue comme ordonnancement à l'intérieur du cadre.

> C'est à cet ordre de choses que se réfère Alfred Hitchcock lorsqu'il déclare : « Avec *Psycho* (1961), je faisais de la direction de spectateurs, exactement comme si je jouais de l'orgue... Dans *Psycho,* le sujet m'importe peu, les personnages m'importent peu ; ce qui m'importe, c'est que l'assemblage des morceaux de film, la photographie, la bande sonore et tout ce qui est purement technique pouvaient faire hurler le spectateur ».

Puisque la fiction ne se donne à lire qu'à travers l'ordre du récit qui la constitue peu à peu, une des premières tâches de l'analyste est de décrire cette construction. Mais l'ordre n'est pas simplement linéaire : il ne se laisse pas déchiffrer dans le seul défilement du film. Il est aussi fait d'annonces, de rappels, de correspondances, de décalages, de sauts qui font du récit, par-dessus son déroulement, un réseau signifiant, un tissu aux fils entrecroisés où un élément narratif peut appartenir à plusieurs circuits : c'est pour cette raison que nous préférons le terme de « texte narratif » à celui de récit qui, s'il précise bien de quel type d'énoncé on parle, met peut-être trop l'accent sur la linéarité du discours (pour la notion de « texte », voir la dernière partie du chapitre « Cinéma et langage » pp. 144-150).

Non seulement le texte narratif est un discours, mais c'est de plus un *discours clos* puisque inévitablement il comporte un début et une fin, qu'il est matériellement limité. Dans l'institution cinématographique, du moins dans sa forme actuelle, les récits filmiques n'excèdent guère deux heures, quelle que soit l'ampleur de l'histoire dont ils sont les véhicules. Cette clôture du récit est importante dans la mesure où d'une part elle joue comme un élément organisateur du texte qui est conçu en fonction de sa finitude, et où d'autre part elle permet d'élaborer le ou les systèmes textuels que le récit comprend.

On sera attentif à bien distinguer entre une *histoire* dite « ouverte », dont la fin est laissée en suspens ou qui peut donner lieu à plusieurs interprétations ou suites possibles, et le *récit* qui, lui, est toujours clos, fini.

Enfin, on notera qu'il suffit qu'un énoncé relate un événement, un acte réel ou fictif (et peu importe son intensité ou sa qualité), pour qu'il entre dans la catégorie du récit. De ce point de vue, un film comme *India Song,* de Marguerite Duras (1974) n'est ni plus ni moins un récit que *La Chevauchée fantastique,* de John Ford (1939). Ces deux récits ne relatent pas le même type d'événement, ils ne le « racontent » pas de la même façon : il n'en demeure pas moins que ce sont tous deux des récits (voir ci-dessus, p. 65, « Narratif/Non narratif »).

2.3.2. La narration.

La narration est « l'acte narratif producteur et, par extension, l'ensemble de la situation réelle ou fictive dans laquelle elle prend place ». Elle concerne les rapports existant entre l'énoncé et l'énonciation, tels qu'ils se donnent à lire dans le récit : ils ne sont donc analysables qu'en fonction des traces laissées dans le texte narratif.

Sans entrer dans le détail d'une typologie des rapports entre énoncé et énonciation (ce que Gérard Genette appelle la « voix »), il faut préciser quelques points en ce qui concerne le cinéma :

a. L'étude de la narration est assez récente en littérature : elle l'est encore plus au cinéma où l'on ne s'est posé qu'assez tard ce type de problème. Jusqu'ici, les analyses ont surtout porté sur les énoncés, sur les films eux-mêmes.

Cet ordre de démarche est d'ailleurs parallèle à celui suivi par la linguistique, qui ne s'est penchée que dans un deuxième temps sur les rapports énoncé-énonciation, sur les marques de la seconde dans le premier.

b. La narration regroupe à la fois l'acte de narrer et la situation dans laquelle s'inscrit cet acte. Cette définition implique au moins deux choses : la narration met en jeu des fonctionnements (des actes) et le cadre dans lequel ils ont lieu (la situation). Elle ne renvoie donc pas à des personnes physiques, à des individus.

On suppose donc, à travers cette définition, que la situation narrative peut comporter un certain nombre de déterminations qui modulent l'acte narratif.

Il convient alors de distinguer le plus clairement possible les notions d'*auteur,* de *narrateur,* d'*instance narrative* et de *personnage-narrateur.*

Auteur/narrateur : la critique a promu, aussi bien en littérature qu'au cinéma, la notion d'auteur. Les *Cahiers du Cinéma* ont par exemple, entre 1954 et 1964, tenté d'établir et de défendre une « politique des auteurs ».

> Cette « politique des auteurs » s'assignait un double but : faire sortir de l'ombre certains cinéastes (pour la plupart américains) tenus par l'ensemble de la critique pour des réalisateurs de second plan, et de leur faire reconnaître le statut d'artistes à part entière, et non celui de tâcherons, de techniciens sans invention à la solde de l'industrie hollywoodienne.
>
> Cette politique, outre la promotion d'un certain cinéma (qui n'était pas sans rapport avec ce qu'allait être la Nouvelle Vague), avait bien pour fondement cette idée d'un « auteur de cinéma » conçu, à l'égal de l'auteur littéraire, comme un artiste indépendant doté d'un génie propre.

Or l'idée d'« auteur » est trop entachée de psychologisme pour qu'on puisse encore aujourd'hui en conserver le terme à l'intérieur d'analyses dont la visée a radicalement changé. La notion implique en effet que l'auteur a un caractère, une personnalité, une vie réelle et une psychologie, voire même une « vision du monde » qui centrent sa fonction sur sa personne propre et sur sa « volonté d'expression personnelle ». La tentation est alors grande pour nombre de critiques de considérer que d'une part le réalisateur est le seul artisan, le seul créateur de son œuvre, et que d'autre part on peut (on doit) partir de ses intentions, déclarées ou supposées, pour analyser et expliquer son « œuvre ». Mais c'est enfermer dans le champ de la psychologie et du conscient le fonctionnement d'un langage.

Le narrateur « réel » n'est pas l'auteur, parce que sa fonction ne saurait se confondre avec sa personne propre. Le narrateur est toujours un rôle fictif puisqu'il fait comme si l'histoire était antérieure à son récit (alors que c'est le récit qui la construit), et comme si lui-même et son récit étaient neutres devant la « vérité » de l'histoire. Même dans l'autobiographie, le narrateur ne se confond pas avec la personne propre de l'auteur.

La fonction du narrateur n'est pas d'« exprimer ses préoccupations essentielles », mais de sélectionner, pour la conduite de son récit, parmi un certain nombre de procédures dont il n'est pas nécessairement le fondateur, mais bien plus souvent l'utilisateur. Pour nous, le narrateur sera donc le réalisateur, *en ce qu'il choisit* tel type d'enchaînement narratif, tel type de découpage, tel type de montage, *par opposition à d'autres possibilités* offertes par le langage cinématographique. La notion de narrateur, ainsi entendue, n'exclut pas pour autant l'idée de *production* et d'invention : le narrateur produit bel et bien à la fois un récit et une histoire, de même qu'il invente certaines procédures du récit ou certaines constructions d'intrigue. Mais cette production et cette invention ne naissent pas *ex nihilo* : elles se développent en fonction de figures déjà existantes, elles consistent avant tout en un travail sur le langage.

Narrateur et instance narrative : dans ces conditions peut-on parler au cinéma d'*un* narrateur, quand un film est toujours l'œuvre d'une équipe et qu'il requiert plusieurs séries de choix assumés par plusieurs techniciens (le producteur, le scénariste, le chef-opérateur, l'éclairagiste, le monteur...) ? Il nous semble préférable de parler d'*instance narrative* à propos d'un film pour désigner le lieu abstrait où s'élaborent les choix pour la conduite du récit et de l'histoire, d'où jouent ou sont joués les codes et d'où se définissent les paramètres de production du récit filmique.

Cette volonté de distinguer, dans la théorie, entre les personnes et les fonctions doit beaucoup au structuralisme et à la psychanalyse. Au structuralisme dans la mesure où ce dernier considère que l'individu est toujours fonction du système social dans lequel il vient s'inscrire. A la psychanalyse dans la mesure où celle-ci considère que le « sujet » est inconsciemment soumis aux systèmes symboliques qu'il utilise.

Ce lieu abstrait qu'est l'instance narrative, et dont le narrateur fait partie, regroupe donc à la fois les fonctions narratives des collaborateurs, mais aussi la situation dans lesquelles ces fonctions trouvent à s'exercer. Cette situation recouvre aussi bien, pour l'instance narrative « réelle » (voir ci-dessous), les données budgétaires, la période sociale où le film est produit, l'ensemble du langage cinématographique, que le genre du récit dans la mesure où il impose des choix et en interdit d'autres (dans le western, le héros ne peut commander un thé au lait ; dans la comédie musicale, l'héroïne ne peut tuer son amant pour lui voler son argent), voire le film lui-même en tant qu'il agit comme un système, comme une structure qui impose une forme aux éléments qu'elle comprend.

L'instance narrative « réelle » est ce qui généralement reste *hors-cadre* (pour cette notion, voir ci-dessus, p. 19) dans le film narratif classique. Dans ce type de film, elle tend en effet à effacer au maximum (mais elle n'y parvient jamais totalement) dans l'image et dans la bande-son toute marque de son existence : elle n'y est repérable que comme principe d'organisation.

Lorsqu'elle se signale dans le texte narratif de façon évidente, c'est pour un effet de distanciation qui vise à briser la transparence du récit et l'autonomie supposée de l'histoire. Cette présence peut prendre des formes très diverses. Cela va d'Alfred Hitchcock qui s'exhibe furtivement dans ses films au travers d'un plan anodin, à Jean-Luc Godard qui, dans *Tout va bien* (1972), montre par exemple les chèques qu'il a fallu signer pour réunir acteurs, techniciens et matériel.

L'instance narrative « fictive » est interne à l'histoire et elle est explicitement assumée par un ou plusieurs personnages.

On connait le célèbre exemple de *Rashomon,* d'Akira Kurosawa (1950), où le même événement est « raconté » par trois personnages différents. Mais cette technique est très fréquemment employée dans le film policier de série : *Assurance sur la mort,* de Billy Wilder (1944) se donne comme la confession du personnage principal ; dans *La Dame de Shanghaï,* d'Orson Welles (1948) et dans *Laura,* d'Otto Preminger (1944), le récit est attribué, dès les premières images, au héros qui annonce d'emblée qu'il va nous raconter une histoire à laquelle il a été mêlé. Dans *Eve,* de Joseph Mankiewicz (1950), ce rôle est attribué à un personnage secondaire placé en position d'observateur ironique.

La Dame du lac, de Robert Montgomery (1946), est l'exploitation extrême de ce procédé : le héros est le personnage-narrateur pour l'ensemble du film qui est presque entièrement tourné en caméra « subjective ».

D'une façon plus générale, à l'intérieur des films, les « flash-back » sont à référer à un personnage-narrateur.

2.3.3. L'histoire ou la diégèse.

On peut définir l'*histoire* comme « le signifié ou le contenu narratif (même si ce contenu se trouve être, en l'occurrence, d'une faible intensité dramatique ou teneur événementielle) ».

Cette définition a l'avantage de dégager la notion d'histoire des connotations de drame ou d'action mouvementée qui d'ordinaire l'accompagnent. L'action relatée peut fort bien être banale, voire raréfiée et morne, comme dans certains films d'Antonioni au début des années 60, sans qu'elle cesse pour autant de constituer une histoire. Certes le cinéma, et en particulier le cinéma américain, ont souvent présenté des fictions fondées sur des événements spectaculaires : *Autant en emporte le vent,* de Victor Fleming (1939) en est l'exemple canonique, auquel il faut adjoindre les superproductions hollywoodiennes qui tentaient à partir de 1955 de combattre l'influence grandissante de la télévision, les films de guerre ou encore, dans les années 70, les films-catastrophe ; mais il ne faut pas nécessairement voir là une sorte de connaturalité entre histoire mouvementée et cinéma : les films à grand spectacle se consacrent en fait plus au prestige de l'institution cinématographique elle-même qu'à la beauté ou la perfection de l'histoire.

Mais les films épurés de Yasujiro Ozu (*Voyage à Tokyo,* 1953, *Le Goût du saké,* 1962) ou de Chantal Akerman (*Jeanne Dielman,* 1975, *Les Rendez-vous d'Anna,* 1978) racontent eux aussi des histoires, à travers la vie quotidienne de la petite bourgeoisie.

La notion d'histoire ne présuppose donc pas l'agitation, elle implique que l'on a affaire à des éléments fictifs, relevant de l'imaginaire, qui s'ordonnent les uns par rapport aux autres à travers un développment, une expansion et une résolution finale, pour finir par former un tout cohérent et la plupart du temps bouclé. Il y a en quelque sorte un « phrasé » de l'histoire, dans la mesure où il s'organise en *séquences d'événements.*

> Parler du phrasé de l'histoire pour désigner la logique de son développement ne veut pas dire que l'on peut comparer l'histoire à une phrase ou qu'on puisse la résumer sous cette forme. Seule l'action, en tant que « brique » de l'histoire, peut se résumer ou se schématiser par une phrase, à l'égal du mythème des analyses de Claude Lévi-Strauss.

C'est cette complétude, cette cohérence (même relative) de l'histoire qui semblent la rendre autonome, indépendante du récit qui la construit. Elle apparaît ainsi douée d'une existence propre qui la constitue en simulacre du monde réel. C'est pour rendre compte de cette tendance de l'histoire à se présenter comme un univers, que l'on a substitué au terme d'histoire celui de *diégèse.*

> La *diegesis,* chez Aristote et chez Platon, était avec la *mimesis,* une des modalités de la *lexis,* c'est-à-dire une des façons, parmi d'autres, de présenter la fiction, une certaine technique de la narration. Le sens moderne de « diégèse » est donc légèrement différent de celui d'origine.

80

La diégèse est donc d'abord l'histoire comprise comme pseudo-monde, comme univers fictif dont les éléments s'accordent pour former une globalité. Il faut dès lors la comprendre comme le signifié ultime du récit : c'est la fiction au moment où non seulement celle-ci prend corps, mais aussi où elle fait corps. Son acception est donc plus large que celle d'histoire, qu'elle finit par englober : elle est aussi tout ce que l'histoire évoque ou provoque pour le spectateur. Aussi peut-on parler *d'univers diégétique* qui comprend aussi bien la série des actions, leur cadre supposé (qu'il soit géographique, historique ou social) que l'ambiance de sentiments et de motivations dans lesquelles elles surgissent. La diégèse de *La Rivière rouge*, d'Howard Hawks (1948) couvre son histoire (la conduite d'un troupeau de bovins jusqu'à une station ferroviaire et la rivalité entre un « père » et son fils adoptif) et l'univers fictif qui la sous-tend : la conquête de l'Ouest, le plaisir des grands espaces, le code moral supposé des personnages et leur style de vie.

Cet univers diégétique a un statut ambigu : il est à la fois ce qu'engendre l'histoire et ce sur quoi elle s'appuie, ce à quoi elle renvoie (c'est pourquoi nous disons que la diégèse est « plus large » que l'histoire). Toute histoire particulière crée son propre univers diégétique, mais à l'inverse, l'univers diégétique (délimité et créé par les histoires antérieures — comme c'est le cas dans un genre) aide à la constitution et à la compréhension de l'histoire.

Pour ces raisons, on trouvera parfois à la place d'univers diégétique, l'expression « référent diégétique » prise au sens de cadre fictionnel servant, explicitement ou implicitement, d'arrière-fond vraisemblable à l'histoire (pour la notion de référent, voir ci-dessus p. 72).

Enfin, nous serions pour notre part tentés d'entendre également par diégèse *l'histoire prise dans la dynamique de la lecture du récit,* c'est-à-dire telle qu'elle s'élabore dans l'esprit du spectateur dans la foulée du déroulement filmique. Il ne s'agit donc plus là de l'histoire telle qu'on peut la reconstituer une fois la lecture du récit (la vision du film) achevée, mais de l'histoire telle que je la forme, la construis à partir des éléments que le film me fournit « goutte à goutte » et telle aussi que mes phantasmes du moment ou les éléments retenus de films précédemment vus me permettent de l'imaginer. La diégèse serait donc ainsi l'histoire prise dans la plastique de la lecture, avec ses fausses pistes, ses dilatations temporaires ou au contraire ses effondrements imaginaires, avec ses démembrements et ses remembrements passagers, avant qu'elle ne se fige en une histoire que je peux raconter du début à la fin de façon logique.

Il faudrait donc distinguer entre histoire, diégèse, scénario et intrigue. On peut entendre par *scénario* la description de l'histoire dans l'ordre du récit, et par *intrigue* l'indication sommaire, dans l'ordre de l'histoire, du cadre, des rapports et des actes qui réunissent les différents personnages

Georges Sadoul, dans son fameux *Dictionnaire des films,* rend ainsi compte de l'intrigue de *Senso,* de Luchino Visconti (1953) : « En 1866, à Venise, une comtesse devient la maîtresse d'un officier autrichien. Elle le retrouve en pleine bataille menée contre les Italiens, paye pour le faire réformer. Il l'abandonne. Elle le dénonce comme déserteur. Il est fusillé ».

Notons qu'à travers ce résumé, Sadoul entend restituer à la fois l'intrigue et l'univers diégétique (1866, Venise, comtesse, officier).

Dernier point en forme d'incidente. On emploie parfois le terme d'*extra-diégétique,* non sans un certain nombre de flottements. On l'emploie en particulier à propos de la musique lorsque celle-ci intervient pour souligner ou pour exprimer les sentiments des personnages, sans que sa production soit localisable ou simplement imaginable dans l'univers diégétique. C'est le cas bien connu (parce que caricatural) des violons qui font irruption quand, dans un western, le héros va rejoindre nuitamment l'héroïne près de l'enclos à chevaux : cette musique joue un rôle dans la diégèse (elle signifie l'amour) sans en faire partie comme la nuit, la lune et le vent dans les feuilles.

2.3.4. Rapports entre récit, histoire et narration.

a. Rapports entre le récit et l'histoire.

On peut distinguer entre trois types de rapports, que nous nommerons, à la suite de Gérard Genette, *ordre, durée* et *mode.*

L'*ordre* comprend les différences entre le déroulement du récit et celui de l'histoire : il arrive fréquemment que l'ordre de présentation des événements à l'intérieur du récit ne soit pas, pour des raisons d'énigme, de suspense ou d'intérêt dramatique, celui dans lequel ils sont censés se dérouler. Il s'agit donc de procédés d'anachronie entre les deux séries. On peut ainsi mentionner après coup, dans le récit, un événement antérieur dans la diégèse : c'est le cas du flash-back, mais aussi de tout élément du récit qui oblige à réinterpréter un événement qui avait été présenté ou compris auparavant sous une autre forme. Ce procédé d'inversion est extrêmement fréquent dans le cas du film à énigme policière ou psychologique où l'on présente « à retardement » la scène qui constitue la raison des agissements de tel ou tel personnage.

> Dans *La Maison du Dr Edwardes,* d'Alfred Hitchcock (1945), ce n'est qu'après de multiples péripéties et de nombreux efforts que le docteur fou réussit à se souvenir du jour où, au cours d'un jeu d'enfants et par sa faute, son jeune frère s'était empalé sur une barrière.
> Dans *Les Tueurs,* de Robert Siodmak (1946), c'est presque tout le film qui est un flash-back, puisqu'on nous montre dans les premières minutes la mort du héros, avant de nous faire suivre l'enquête qui cherchera dans son passé les raisons de sa mort.

A l'inverse, on trouvera des éléments du récit tendant à évoquer par anticipation un événement futur de la diégèse. C'est bien sûr le cas du « flash-forward », mais aussi de tout type d'annonce ou d'indice qui permet au spectateur de devancer le déroulement du récit pour se figurer un développment diégétique futur.

> Le « flash-forward » ou « saut en avant » est un procédé rare dans les films. Au sens strict, il désigne l'apparition d'une image (ou même d'une suite d'images) dont la place dans la chronologie de l'histoire racontée est située *après.* Cette figure intervient surtout dans les films qui jouent avec la chronologie de la fiction comme *La Jetée,* de Chris Marker (1963) dans lequel le personnage principal prend conscience à la fin du film que l'image de la jetée qui l'obsède depuis le début est celle de sa propre mort, ou *Je t'aime, je t'aime,* d'Alain Resnais (1968), film de « science-

fiction » construit sur un principe très voisin. On la trouve également dans les films modernes de tendance « dys-narrative » : *L'Authentique Procès de Carl Emmanuel Jung*, de Marcel Hanoun (1967) au cours duquel le journaliste qui rend compte du procès d'un criminel de guerre nazi évoque des scènes d'intimité futures avec la femme qu'il aime ; *L'Immortelle*, d'Alain Robbe-Grillet (1962) présente un cas particulier de « flash-forward » sonore puisqu'on entend au début du film le son de l'accident qui intervient à la fin. Enfin ce procédé est également fréquent dans les films de genres qui font intervenir très fortement la structure du « suspense » ; (films fantastiques et policiers). Dans *Rosemary's Baby*, de Roman Polanski (1968) l'héroïne perçoit au cours de ses premiers cauchemars un tableau de ville en feu qu'elle découvrira dans l'appartement des Castevet à la fin du film. Le plan sur lequel se déroule le générique du *Grand Sommeil*, d'Howard Hawks (1946) représente deux cigarettes se consumant sur le rebord d'un cendrier et annonce l'évolution future des rapports amoureux du couple central du film, etc.

On voit donc que si le « saut en avant » est assez rare, la construction qu'il suppose est au contraire très fréquente et utilise la plupart du temps des objets fonctionnant comme annonce de ce qui va advenir.

Pour Jean Mitry, ce type d'annonce par le récit d'éléments diégétiques ultérieurs relève d'une *logique d'implication* qui est comprise et mise en œuvre par le spectateur au cours de la projection du film.

C'est ainsi que dans un western, un plan montrant du haut d'une montagne une diligence s'apprêtant à s'engager dans un défilé suffit à évoquer pour le spectateur, en l'absence de toute autre indication, une proche embuscade tendue par les Indiens. (Voir plus loin p. 102, « L'effet-genre »).

Rappels et annonces peuvent être, au sein du temps diégétique ou du temps filmique, de très grande amplitude (plus de vingt ans pour l'histoire de *La Maison du Docteur Edwardes*, 1945), ou de très faible amplitude lorsqu'il s'agit, par exemple, du chevauchement de la bande-son d'un plan sur le suivant ou sur le plan précédent.

Dans *Les Dames du Bois de Boulogne*, de Robert Bresson (1945), l'héroïne est allongée dans sa chambre silencieuse après une scène avec son ancien amant : on entend brusquement des castagnettes. Ce son appartient en fait à la séquence suivante qui a pour cadre une boite de nuit.

La *durée* concerne les rapports entre la durée supposée de l'action diégétique et celle du moment du récit qui lui est consacrée. Il est rare que la durée du récit concorde exactement avec celle de l'histoire comme c'est le cas dans *La Corde*, d'Alfred Hitchcock (1948), film « tourné en un seul plan ». Le récit est généralement plus court que l'histoire, mais il se peut que certaines parties du récit durent plus longtemps que les parties de l'histoire qu'elles relatent.

On en a un exemple involontaire dans certains films de Méliès, alors que la technique des raccords n'était pas encore établie : c'est ainsi qu'on peut voir des voyageurs descendre d'un train dans un plan filmé de l'intérieur du train, puis dans le plan suivant pris depuis le quai, les voir de nouveau descendre les mêmes marches. Plus fréquent est le cas du ralenti comme dans l'évocation de souvenir dans *Il était une fois dans l'Ouest*, de Sergio Leone (1969) ou la scène de l'accident dans *Les Choses de la vie* (1970), de Claude Sautet.

On classera également dans la catégorie de la durée les *ellipses* du récit : dans *Le Grand Sommeil,* d'Howard Hawks (1946), Philip Marlowe fait le guet dans sa voiture : un plan nous le montre s'installant pour une longue attente. Bref fondu au noir. Nous retrouvons exactement le même plan mais un léger changement d'attitude de Marlowe, la disparition de la cigarette qu'il fumait quelques secondes auparavant et le fait que la pluie ait brusquement cessé de tomber nous indiquent que quelques heures viennent de s'écouler.

Le *mode* est relatif au point de vue qui guide la relation des événements, qui régule la quantité d'information donnée sur l'histoire par le récit. Nous ne retiendrons ici, pour ce type de rapports entre les deux instances, que le phénomène de la focalisation. Il faut distinguer entre la focalisation *par* un personnage et la focalisation *sur* un personnage, tout en gardant présent à l'esprit que cette focalisation peut très bien ne pas être unique et varier, fluctuer considérablement dans le cours du récit. La focalisation sur un personnage est extrêmement fréquente puisqu'elle découle très normalement de l'organisation même de tout récit qui implique un héros et des personnages secondaires : le héros est celui que la caméra isole et suit. Au cinéma, ce procédé peut donner lieu à un certain nombre d'effets : pendant que le héros occupe l'image et, pour ainsi dire, monopolise l'écran, l'action peut se poursuivre ailleurs, réservant pour plus tard des surprises au spectateur.

La focalisation par un personnage est également fréquente et se manifeste le plus souvent sous la forme de ce qu'on appelle la caméra subjective, mais de façon très « papillonnante », très fluctuante à l'intérieur du film.

> Au début de *Dark Passage,* de Delmer Daves (1947), le spectateur ne voit que ce qui est dans le champ de vision d'un prisonnier en train de s'évader, pendant que se déclenche alentour l'alerte policière.
> Plus généralement, il est dans le régime normal du film narratif de présenter sporadiquement des plans qui sont attribués à la vison d'un des personnages. (Voir plus loin p. 174-176 « Identification primaire » et « Identification secondaire ».)

b. Rapports entre la narration et l'histoire.

Pour ce qui est de ce type de rapports, que Gérard Genette désigne du terme générique de *voix,* nous nous bornerons à remarquer que l'organisation du film narratif classique amène souvent à des phénomènes de *diégétisation* d'éléments qui n'appartiennent en fait qu'à la narration. Il arrive en effet que le spectateur soit amené à porter au compte de la diégèse ce qui est une intervention notable de l'instance narrative dans le déroulement du récit.

> On peut relever un exemple de ce phénomène dans *L'Enfant sauvage,* de François Truffaut (1970) : les changements de plans y sont, à plusieurs reprises, mis au compte des personnages. Ainsi, lorsque le docteur Itard s'apprête à recevoir l'enfant, on le voit s'approcher d'une fenêtre dans l'embrasure de laquelle il reste un temps rêveur. Le plan suivant nous montre l'enfant prisonnier dans une grange et tentant d'atteindre une lucarne où la lumière pleut. La mise en scène a été établie pour qu'on ait l'impression de suivre les pensées du docteur en changeant de plan.

2.3.5. L'efficace du cinéma classique.

Le phénomène de diégétisation, dont il est fait mention dans le paragraphe précédent, est l'effet d'un fonctionnement général de l'institution cinématographique qui cherche à effacer dans le spectacle filmique les traces de son travail, de sa présence même. Dans le cinéma classique, on tend à donner l'impression que l'histoire se raconte toute seule, d'elle-même, et que récit et narration sont neutres, transparents : l'univers diégétique fait mine de s'y offrir sans intermédiaire, sans que le spectateur ait le sentiment qu'il lui faut recourir à une instance tierce pour comprendre ce qu'il voit.

Le fait que la fiction cinématographique s'offre à la compréhension sans référence à son énonciation n'est pas sans homologie avec ce qu'Emile Benvéniste notait à propos des énoncés linguistiques, en proposant de distinguer parmi eux entre *histoire* et *discours*. Le discours est un récit qui ne peut se comprendre qu'en fonction de sa situation d'énonciation dont il garde un certain nombre de marques (pronoms je-tu qui renvoient aux interlocuteurs, verbes au présent, au futur...), alors que l'histoire est un récit sans marques d'énonciation, sans référence à la situation dans laquelle il est produit (pronom il, verbes au passé simple...).

> On voit qu'ici le terme *histoire* n'a pas le même sens chez Benvéniste, où il désigne un énoncé sans marques d'énonciation, et chez Genette, où il désigne le contenu narratif d'un énoncé.

Le film de fiction classique est un discours (puisqu'il est le fait d'une instance narrative) qui se déguise en histoire (puisqu'il fait comme si cette instance narrative n'existait pas). C'est en particulier par ce travestissement du discours filmique en histoire que l'on a pu expliquer la fameuse règle qui prescrit à l'acteur de ne pas regarder la caméra : l'éviter du regard, c'est faire comme si elle n'était pas là, c'est nier son existence et son intervention. Cela permet également de ne pas s'adresser directement au spectateur qui reste ainsi, dans la salle obscure, un voyeur dérobé, caché.

De se donner comme une histoire (au sens où l'entend Benvéniste), le film de fiction tire quelques avantages. Il nous présente en somme une histoire qui se raconte toute seule et qui, de ce fait, acquiert une valeur essentielle : être comme la réalité, imprévisible et surprenante. Elle semble en effet n'être que l'épellation d'un surgissement événementiel qui ne serait guidé par personne. Ce caractère de vérité lui permet de masquer l'arbitraire du récit et l'intervention constante de la narration, comme le caractère stéréotypé et réglé de l'enchaînement des actions.

Mais cette histoire que personne ne raconte, dont les événements surgissent comme les images qui se bousculent et se chassent l'une l'autre sur l'écran, est une histoire que personne ne garantit et qui se joue sans filet. On est devant elle soumis à la surprise, agréable ou désagréable, selon que ce qu'on va découvrir dans la suite sera merveilleux ou décevant. L'histoire est en effet toujours prise entre le « tout ou rien » : elle risque à tout instant de tourner court, de disparaître dans l'insignifiance, comme cette image labile sur l'écran peut sans crier gare fondre au noir ou au blanc, mettant un terme à ce que le spectateur avait cru pouvoir organiser en une fiction durable.

Ce caractère d'histoire du film de fiction, qui n'est pas sans rapport avec le peu de réalité du matériau filmique (pellicule oscillant entre la caisse au trésor et le déchet mat), lui permet de relancer sans cesse l'attention du spectateur qui, dans l'incertitude de ce qui va suivre, reste suspendu au mouvement des images.

Il est donc certain que le cinéma narratif tire une bonne partie de la fascination qu'il exerce de la faculté qu'il a de déguiser son discours en histoire. Il ne faudrait toutefois pas exagérer l'importance du phénomène car il reste vrai qu'en allant au cinéma, le spectateur va aussi y chercher de l'énonciation, de la narration. Le plaisir filmique n'est pas seulement fait des petites peurs que j'éprouve en ignorant la suite (ou en faisant mine de l'ignorer) : il tient aussi à l'appréciation des moyens mis en œuvre pour la conduite du récit et la constitution de la diégèse. Ainsi les cinéphiles (mais tout spectateur de film est déjà un cinéphile) se régalent-ils de tel découpage, de tel mouvement de caméra qui leur semble signé, et donc inégalable. Le plaisir que je prends au film de fiction tient donc à un mixte d'histoire et de discours, où le spectateur naïf (que l'on reste toujours) et le connaisseur trouvent en même temps, par un clivage maintenu, à se satisfaire. Le cinéma classique tire de là son efficace. Par un réglage à la fois très ténu et très fort, l'institution cinématographique gagne sur les deux tableaux : si le spectateur se laisse prendre par et dans l'histoire, elle s'impose en sous main, s'il est attentif au discours, elle se glorifie de son savoir-faire.

2.4. Codes narratifs, fonctions et personnages.

2.4.1. L'histoire programmée : intrigue de prédestination et phrase herméneutique.

Lorqu'on va voir un film de fiction, on va toujours dans le même temps voir le même film et un film différent. Cela tient à deux ordres de fait. D'une part, tous les films racontent, sous des apparences et avec des péripéties différentes, la même histoire : celle de l'affrontement du Désir et de la Loi, et de leur dialectique à surprises attendues. Toujours différente, l'histoire est toujours la même.

D'autre part, tout film de fiction, dans un même mouvement, doit donner l'impression d'un développement réglé et d'un surgissement qui n'est dû qu'au hasard, de telle sorte que le spectateur se trouve devant lui dans une position paradoxale : pouvoir prévoir et ne pas pouvoir prévoir la suite, vouloir la connaître et ne pas le vouloir. Or, développement programmé et surgissement inattendu sont réglés dans leur intrication par l'institution cinématographique, ils en font partie : ils relèvent de ce qu'on appelle les codes narratifs.

Par là, le film de fiction tient du rituel : il doit amener le spectateur au dévoilement d'une vérité ou d'une solution, à travers un certain nombre d'étapes obligées, de détours nécessaires. Une partie des codes narratifs vise donc à régler cette avancée ralentie vers la solution et la fin de l'histoire, avancée dans laquelle Roland Barthes voyait le paradoxe de tout récit : amener au dévoilement final tout en le repoussant toujours. L'avancée du film de fiction est modulée dans son ensemble par deux codes : l'*intrigue de prédestination* et la *phrase herméneutique*.

86

Deux exemples d'effets de prédestination extraits du générique du *Grand Sommeil*, d'Howard Hawks (1946) qui annoncent la formation ultérieure du couple.

Autres exemples de
prédestination ; deux
images des *Chasses du
Comte Zaroff* (1932)
annoncées dès le premier
carton du générique par la
photo du heurtoir ; une
image de la chasse finale.

L'intrigue de prédestination consiste à donner dans les premières minutes du film l'essentiel de l'intrigue et sa résolution, ou du moins sa résolution espérée. Thierry Kuntzel a relevé la parenté qui existe entre cette intrigue de prédestination et le rêve-prologue qui présente de façon très condensée et allusive ce qu'un deuxième rêve viendra développer.

Ce procédé narratif est, contrairement à ce que l'on croit généralement, très fréquent dans le film à énigme, car loin de « tuer » le suspens, il le renforce. Dans *Assurance sur la mort,* de Billy Wilder (1944), le héros donne d'emblée la solution de l'énigme : c'est lui qui a tué, il a tué pour une femme et de l'argent qui lui ont, en fin de compte, échappé tous les deux.

L'intrigue de prédestination, qui donne à l'histoire et au récit leur orientation, qui en fixe en quelque sorte la programmation, peut figurer explicitement (cas d'*Assurance sur la mort*), allusivement (sous la forme de quelques plans du générique), ou implicitement comme dans les films qui commencent par une « catastrophe » qui laisse entendre qu'on en saura les raisons et que le mal sera réparé (nous reviendrons sur ce point à propos des fonctions).

Une fois la solution annoncée, l'histoire tracée et le récit programmé, intervient alors tout l'arsenal des retards, à l'intérieur de ce que Roland Barthes appelle la « phrase herméneutique », qui consiste en une séquence d'étapes-relais qui nous mène de la mise en place de l'énigme à sa résolution au travers de fausses pistes, de leurres, de suspensions, de révélations, de détours et d'omissions.

Dans *Le Crime était presque parfait,* d'Alfred Hitchcock (1953) au moment où le tueur à gages occasionnel va pénétrer dans l'appartement de la victime, la suite des plans est établie pour qu'on ait le sentiment d'une parfaite concordance entre le temps diégétique et le temps du récit. Or le montage, qui suit ici les règles traditionnelles pour montrer un passage de porte, et qui donc instaure une continuité, « saute » un geste du meurtrier, geste qui sera plus tard la solution d'une partie de l'énigme.

Ces freins à l'avancée de l'histoire font partie d'une sorte de programme anti-programme. C'est un programme puisqu'il demande à être réglé dans son développement pour livrer peu à peu les informations nécessaires au dévoilement de la solution : l'échelonnement des freins constitue une sorte de syntaxe qui en règle la disposition (d'où le terme de « phrase » dans l'expression de Roland Barthes). C'est un anti-programme dans la mesure où sa fonction est de freiner l'avancée vers la solution fixée par l'intrigue de prédestination ou son tenant-lieu. Intrigue de prédestination et phrase herméneutique sont tous deux des programmes, mais ils sont l'anti-programme l'un de l'autre.

Par ce jeu de contraintes et de contraires, le film peut ainsi se donner l'apparence d'une progression qui n'est jamais assurée et qui est due au hasard, et faire mine de se soumettre à une réalité brute que rien ne commande, le travail de la narration étant de banaliser, de naturaliser, sous la forme du destin, ces à-coups programmés de l'intrigue. Le vraisemblable a aussi sa part dans cette construction : nous y reviendrons dans la partie consacrée à ce point.

Dans *Quai des brumes,* de Marcel Carné (1938), le déserteur Jean abandonne ses habits militaires (qui risquent de le faire repérer) à Panama, tenancier d'un bar où la discrétion est de règle. Panama, par mesure de prudence, les envoie au fond de l'eau. Ce geste vient s'inscrire dans un premier programme en train de se réaliser : la fuite de Jean sur un bateau.
Mais les habits sont dragués par la police en même temps qu'un cadavre, si bien qu'on accuse Jean du meurtre. Le premier programme est contrecarré et fait place à un second : la police arrêtera-t-elle Jean avant qu'il n'embarque ? Jean sera en fait abattu par un truand jaloux.

Au cinéma, l'impression de surgissement et de fragilité des « programmes » est accentuée par le signifiant cinématographique lui-même, puisqu'un plan chasse l'autre, comme une image chasse l'autre sans que la suivante puisse être à l'avance connue. Ténue et labile, l'image en mouvement se prête particulièrement bien à ce jeu des deux progammes.

Si le genre policier est un des genres les plus prolifiques au cinéma, ce n'est sans doute pas par hasard : c'est parce que l'énigme trouve à s'y appuyer sur une matière de l'expression qui lui convient particulièrement : l'image mouvante, c'est-à-dire l'image instable.
Signalons par ailleurs la relation qui existe entre le code narratif des retards et le fétichisme : tous deux s'articulent sur le « juste-avant », sur le retard du dévoilement de la vérité.

L'économie de ce système narratif (et il s'agit bien d'économie puisqu'il vise à réguler la livraison des informations) est remarquablement efficace dans la mesure où il est strictement ambivalent. Il permet de faire en sorte que le spectateur puisse dans le même temps craindre et espérer. Dans le western par exemple, si le héros se fait mettre à mal par les bandits, la scène est un frein par rapport à la ligne directrice de l'intrigue qui exige sa victoire : c'est un élément d'anti-programme. Mais en même temps, cette scène est pour le spectateur l'annonce logique de la scène inverse qui surviendra plus tard et où le héros se vengera de ses agresseurs : c'est un élément de programme positif.

Le système permet également le pathétique par le biais du principe de la « douche écossaise ». Un cinéaste comme John Ford a érigé en règle l'alternance des scènes de bonheur et des scènes de violence, de telle sorte que le spectateur soit d'une part soumis à des sentiments extrêmes (qui lui font perdre de vue l'arbitraire du récit) mais soit d'autre part impatient de connaître les images qui suivent et qui doivent confirmer ou infirmer ce qu'il est en train de voir. Au cinéma, le spectateur n'a pas, comme le lecteur de roman qui veut se rassurer, la ressource de sauter à la fin de l'épisode pour vérifier de quelle façon s'accomplit le programme.

2.4.2. Les fonctions.

Nous relevions précédemment que le film de fiction avait quelque chose du rituel dans la mesure où l'histoire qu'il véhicule obéit à des programmes. C'est également un rituel parce qu'il reconduit sans cesse la même histoire, ou que du moins les intrigues sur lesquelles il se construit peuvent être la plupart du temps schématisées en un nombre restreint de réseaux. Le film de fiction, comme le mythe ou le conte populaire, s'appuie sur des structures de base dont le nombre d'éléments est fini et dont le nombre de combinaisons est limité.

Il suffit pour s'en convaincre de prendre quatre films aussi différents les uns des autres (à l'intérieur du cinéma classique américain) que *La Prisonnière du désert, Le Grand Sommeil, Swing Time* et *La Maison du Dr Edwardes,* respectivement de John Ford (1956), Howard Hawks (1946), George Stevens (1936), Alfred Hitchcock (1945). Leur action se déroule dans des circonstances, dans des situations différentes, sur des thèmes différents avec des personnages très divers. Or, leur intrigue peut être résumée, schématisée selon un modèle commun aux quatre : le héros (ou l'héroïne) doit arracher un autre personnage à l'emprise d'un milieu hostile.

On peut alors considérer que le film de fiction, par-delà d'infinies variations, est constitué d'éléments invariants, sur le modèle des fonctions dégagées par Vladimir Propp pour le conte populaire russe, ou des mythèmes définis par Claude Lévi-Strauss pour les mythes. Vladimir Propp définit les fonctions de la façon suivante :

« Les éléments constants, permanents du conte sont les fonctions des personnages, quels que soient ces personnages et quelle que soit la manière dont ces fonctions sont remplies ».

Dans les exemples que nous prenions tout à l'heure, un personnage a été « enlevé » ou capté (par les Indiens, par les gangsters, par un rival amoureux ou par... l'inconscient). Le héros doit opérer un contre-enlèvement pour ramener l'autre personnage dans un milieu « normal » (en exterminant les Indiens, en démantelant le gang, en ridiculisant le rival ou...en rendant conscient l'inconscient). Les situations, les personnages ou les modalités d'action varient : les fonctions restent, quant à elles, identiques.
Cela ne veut pas dire que les fonctions du film de fiction soient strictement les mêmes que celles du conte merveilleux : elles ont les mêmes caractères et souvent s'en approchent beaucoup, mais elles ont été « sécularisées ».

Les fonctions se combinent entre elles à l'intérieur de séquences qui constituent des mini-programmes, puisque l'une entraîne l'autre (et ainsi de suite) jusqu'à la clôture que figure le retour à l'état initial ou l'accès à l'état désiré. Le « méfait » (meurtre, vol, séparation...) implique en effet en amont de l'histoire une « situation initiale » présentée comme normale et comme bonne, et en aval la «réparation du méfait». De même, la fonction « départ » appelle la fonction « retour ».

De ce point de vue, toute histoire est homéostatique : elle ne fait que retracer la réduction d'un désordre, elle remet en place. Plus fondamentalement, elle peut donc être analysée en termes de disjonctions et de conjonctions, de séparation et d'union. En fin de compte, une histoire n'est faite que de disjonctions « abusives » qui donnent lieu, par transformations, à des conjonctions « normales », et de conjonctions « abusives » qui appellent des disjonctions « normales ». Ce schéma structural, qui pourrait servir à analyser ou du moins à schématiser n'importe quel type d'intrigue, peut même fonctionner seul, de façon épurée, sans l'habillage de là fiction traditionnelle (sur ce point, voir p. 65 « Narratif/Non-narratif »).

On sent bien, à travers ce type d'analyse, tout le poids idéologique que représente ce type de fiction : il s'agit de mettre en scène un ordre social donné comme normal, et qui doit à tout prix être maintenu en l'état.

L'histoire du film de fiction est donc bâtie, comme celle du conte russe et comme celle du mythe, à partir de l'assemblage de séquences de fonctions.

Pour éviter la confusion avec le terme technique cinématographique de « séquence » qui désigne un ensemble de plans, nous préférons utiliser le terme de « séquence-programme » pour désigner ce que Vladimir Propp entendait en littérature par « séquence».

Ces séquences-programmes peuvent se suivre les unes les autres, chaque nouveau méfait, manque ou besoin entraînant une nouvelle séquence-programme : c'est le cas dans le feuilleton ou le film à sketches. Beaucoup plus fréquemment, une nouvelle séquence-programme commence avant que la précédente ne soit terminée. On a alors affaire à une emboîtement de ces unités qui ne connaît pas de limite assignée, sauf peut-être de boucler la boucle et de clore la première séquence-programme.

Ce procédé d'interruption d'un programme par un autre fait évidemment partie de la phrase herméneutique, et est particulièrement employé dans le film à suspense ou à mystère. Dans *La Femme à abattre,* de Raoul Walsh (1950) film qui joue sur trois temps diégétiques différents (présent, passé proche et passé lointain), l'enquête, les rapports de police et les aveux des gangsters ne cessent de s'interrompre les uns les autre, l'histoire décrochant ainsi de niveau en niveau avant de « remonter » jusqu'aux premières séquences-programmes.

Mais le procédé peut également servir au comique : on connaît ces gags, chers à Buster Keaton ou à Jerry Lewis où, pour réparer une bourde, on en commet une seconde que l'on veut réparer, et on en commet une troisième...

Enfin, deux séquences-programmes différentes peuvent avoir une fin commune : c'est ainsi que dans le film d'aventures, si le héros sort vainqueur des épreuves, il conquiert dans le même temps la femme.

L'histoire que raconte le film de fiction apparaît ainsi sous la forme d'un meccano : les pièces sont déterminées une fois pour toutes et ne sont qu'en nombre limité, mais elles peuvent entrer dans un assez grand nombre de combinaisons différentes, leur choix et leur agencement restant relativement libres.

Si l'instance narrative n'a qu'une liberté restreinte pour l'organisation interne et la succession des séquences-programmes, elle reste par contre entièrement libre de choisir la façon dont les fonctions sont remplies ou de fixer les attributs et les caractères des personnages. C'est cette liberté qui permet de revêtir d'habits toujours neufs le jeu réglé et limité du meccano.

2.4.3. Les personnages.

Vladimir Propp proposait d'appeler *actants* les personnages, qui pour lui ne se définissent pas par leur statut social ou par leur psychologie, mais par leur « sphère d'action », c'est-à-dire par le faisceau de fonctions qu'ils remplissent à l'intérieur de l'histoire. A sa suite, A.-J. Greimas propose d'appeler actant celui qui ne remplit qu'une fonction, et *acteur* celui qui, à travers toute l'histoire, en accomplit plusieurs. Propp remarquait en effet déjà qu'un personnage peut remplir plusieurs fonctions, et qu'une fonction peut être accomplie par plusieurs personnages.

Greimas aboutit ainsi à un *modèle actantiel* à six termes : on y trouve le Sujet (qui correspond au héros), l'Objet (qui peut être la personne en quête de laquelle part le héros), le Destinateur (celui qui fixe la mission, la tâche ou l'action à accomplir), le Destinataire (celui qui en recueillera le fruit), l'Opposant (qui vient entraver l'action du Sujet) et l'Adjuvant (qui, au contraire, lui vient en aide). Il est clair qu'un seul et même personnage peut être simultanément, ou alternativement Destinateur et Destinataire, Objet et Destinateur...

> Dans le film noir, le personnage de la garce est à la fois Objet (de la quête), Adjuvant (elle aide le héros dans sa tâche) et Opposant (puisque c'est elle qui a tout manigancé et qui a brouillé les pistes). D'un autre côté, dans *Rio Bravo,* de Howard Hawks (1959) le Sujet est représenté par quatre personnages différents : le shériff et ses trois aides. On peut d'ailleurs les considérer tous les quatre comme un seul personnage.

Si les actants sont en nombre fini et restent des invariants, les personnages sont eux en nombre pratiquement infini puisque leurs attributs et leur caractère peuvent varier sans que soit modifiée leur sphère d'action. Inversement, ils peuvent rester apparemment identiques quand leur sphère se modifie.

> Ainsi, le gangster (Opposant) peut-il être caractérisé comme issu des bas-fonds, brutal et grossier, ou comme distingué et raffiné.
> Le personnage de l'Indien, tout en gardant l'essentiel de ses attributs et de sa caractérisation, a vu sa sphère d'action relativement évoluer dans le western : simple machine à massacrer dans certains films, il a pu dans d'autres être un Sujet à fonctions positives. Particulièrement révélatrice en ce sens serait la comparaison entre la représentation des Indiens dans *La Chevauchée fantastique* (1939) et *Les Cheyennes* (1964), tous deux de John Ford.

Ce qu'on appelle d'ordinaire la richesse psychologique d'un personnage ne provient bien souvent que de la modification du faisceau de fonctions qu'il remplit. Cette modification ne s'opère pas en relation avec la réalité, mais par rapport à un modèle préexistant du personnage où certaines liaisons actantielles généralement admises se trouvent abandonnées au profit de combinaisons inédites.

Au niveau du modèle actantiel, le personnage de fiction est donc un opérateur, puisqu'il lui revient d'assumer, par le biais des fonctions qu'il remplit, les transformations nécessaires à l'avancée de l'histoire. Il en assure également l'unité, par-delà la diversité des fonctions et des pôles actantiels : le personnage du film de fiction est un peu un fil conducteur, il a un rôle d'homogénéisation et de continuité.

Si le modèle actantiel, élaboré à propos de la littérature, peut être appliqué au personnage du film de fiction, il est au moins un point sur lequel ce dernier se différencie du personnage de roman ou même du personnage de théâtre. Le personnage de roman n'est qu'un nom propre (un nom vide) sur lequel viennent se cristalliser des attributs, des traits de caractère, des sentiments et des actions. Le personnage de théâtre se situe entre le personnage de roman et le personnage de film : ce n'est qu'un être de papier de la pièce écrite, mais il se trouve épisodiquement incarné par tel ou tel comédien. Il arrive alors qu'un personnage de théâtre garde la marque d'un comédien : ainsi en France, le personnage du Cid a-t-il été infléchi par Gérard Philipe et celui d'Harpagon par Charles Dullin.

Au cinéma, la situation est différente, et pour plusieurs raisons. Tout d'abord, le scénario n'a pas, la plupart du temps d'existence pour le public : s'il lui arrive d'être connu, c'est après la projection du film : le personnage n'existe qu'à l'écran. Ensuite, le personnage n'existe qu'une fois, dans un film qui, une fois enregistré, ne connaît aucune variation, alors qu'au théâtre l'« incarnation » varie d'un comédien à un autre, ou, pour un seul comédien, d'une représentation à une autre. Aussi le personnage de film de fiction n'existe-t-il d'une part que sous les traits d'un comédien (sauf cas, relativement rare dans la production cinématographique, de *remake*), et d'autre part que par le biais d'une seule interprétation : celle de la prise de vues conservée dans le montage définitif du film distribué. S'il ne vient donc à l'esprit de personne de dire « Gérard Philipe » pour parler du Cid, il est très fréquent de nommer le comédien pour parler de tel personnage de film : je me souviens très bien que dans *Règlements de comptes,* de Fritz Lang (1953) c'est Lee Marvin qui jette le contenu bouillant d'une cafetière au visage de sa complice Gloria Grahame, mais j'ai totalement oublié les noms des personnages. Cela tient à ce que le personnage du film de fiction n'a pas d'existence en dehors des traits physiques du comédien qui l'interprète sauf dans le cas, généralement épisodique, où un personnage est nommé alors qu'il n'est pas encore apparu à l'image.

Le statut du personnage, au cinéma, tient enfin au *star-system,* lui-même propre au fonctionnement de l'institution cinématographique (voir l'ouvrage d'Edgar Morin, *Les Stars*). Le star-system, poussé à ses sommets dans le cinéma américain mais présent dans tout cinéma commercial, se définit doublement par son aspect économique et par son aspect mythologique, l'un entraînant l'autre. Le cinéma est une industrie qui engage de gros capitaux : il vise donc à rentabiliser au maximum ses investissements. Cela conduit à une double pratique : d'une part l'engagement sous contrat de comédiens ainsi attachés à une firme et à une seule, et d'autre part la réduction des risques en misant sur une image fixe des comédiens. Si l'acteur se révèle particulièrement efficace dans tel type de rôle ou de personnage, on tendra à reconduire l'opération dans les films suivants pour assurer la recette. D'où l'aspect mythologique : on forge pour le comédien une image de marque en l'érigeant en star. Cette image se nourrit à la fois des traits physiques du comédien, de ses performances filmiques antérieures ou potentielles, et de sa vie « réelle » ou supposée telle. Le star-system tend donc à faire du comédien déjà un personnage, en dehors même de toute réalisation filmique : le personnage de film ne vient à l'existence que par le biais de cet autre personnage qu'est la star.

> Si le personnage de fiction y gagne en effet de réel puisqu'il s'appuie à la fois sur le personnage de la star et sur ses rôles précédents, le comédien peut y perdre en réalité : sans parler de Marilyn Monroe, Bela Lugosi avait fini par se prendre pour le personnage satanique de ses films, et peut-être Johnny Weissmuller est-il entré à l'hopital psychiatrique sous les traits de Tarzan.

En conséquence, le star-system pousse à l'organisation de la fiction autour d'un personnage central ou d'un couple central, rejetant dans l'ombre les autres. Il est donc dans la cohérence du système que nombre de scénarios soient écrits pour un comédien, en fonction de lui : le personnage lui est alors « taillé sur mesure ». On sait aussi que certains contrats de comédiens stipulent non seulement le nombre de plans qui devront lui être consacrés dans le film, mais également certains caractères obligatoires des personnages qu'ils devront interpréter : on connaît l'histoire de Buster Keaton à qui, dit-on, il était interdit de rire, ou de Jean Gabin dont les contrats avant-guerre exigeaient qu'il meure à la fin du film. L'image de la star nourrit toujours la caractérisation du personnage, mais en retour, le personnage nourrit l'image de la star.

3. LE RÉALISME AU CINÉMA

Lorsqu'on aborde la question du réalisme au cinéma, il est nécessaire de distinguer entre le réalisme des matières de l'expression (images et sons) et le réalisme des sujets de films.

3.1. Le réalisme des matières de l'expression.

Parmi tous les arts ou les modes de représentation, le cinéma apparaît comme l'un des plus réalistes puisqu'il est à même de reproduire le mouvement et la durée, et de restituer l'ambiance sonore d'une action ou d'un lieu. Mais la seule formulation de ce « principe » fait apparaître que le réalisme cinématographique ne s'évalue que *par rapport à d'autres modes de représentation,* et non par rapport à la réalité. Il est aujourd'hui dépassé, le temps de la croyance en l'objectivité des mécanismes de reproduction cinématographiques et celui de l'enthousiasme d'un Bazin qui voyait dans l'image du modèle le modèle lui-même. Cette croyance en l'objectivité se fondait à la fois sur un vilain jeu de mots (à propos de l'objectif de la caméra) et sur l'assurance qu'un appareil scientifique comme la caméra est nécessairement neutre. Mais la question a été suffisamment examinée dans le chapitre « Le film comme représentation visuelle et sonore » (p. 11) pour qu'il soit inutile d'en reprendre ici tous les arguments.

Il suffit de rappeler que la représentation cinématographique (qui ne tient pas à la seule caméra) subit toute une série de contraintes, allant des nécessités techniques à des nécessités esthétiques. Elle est en effet subordonnée au type de pellicule employée, au type d'éclairage disponible, à la définition de l'objectif, à la nécessaire sélection et hiérarchisation des sons, comme elle est déterminée par le type de montage, l'enchaînement des séquences et la mise en scène. Tout cela requiert un vaste ensemble de codes assimilés par le public pour que simplement l'image que l'on présente soit estimée ressemblante par rapport à une perception du réel. Le « réalisme » des matières de l'expression cinématographique n'est que le résultat d'un très grand nombre de conventions et de règles, conventions et règles qui varient selon les époques et les cultures. Faut-il rappeler que le cinéma n'a pas toujours été sonore, n'a pas toujours été en couleurs, et que même lorsqu'il le fut, le réalisme des sons ou des couleurs s'est singulièrement modifié au fil des années : la couleur des films des années cinquante nous semble aujourd'hui bien outrée, mais celle des films de ce début des années quatre-vingt, avec son recours systématique au pastel, doit beaucoup à la mode. Or, à chaque étape (muet, noir et blanc, couleurs), le cinéma n'a cessé d'être jugé réaliste. Le réalisme apparaît alors comme un gain de réalité (voir, sur ce point, le chapitre « Le montage », p. 51), par rapport à un état antérieur du mode de représentation. Mais ce gain est infiniment reconductible, du fait des innovations techniques, mais aussi parce que la réalité, elle, n'est jamais atteinte.

3.2. Le réalisme des sujets de films.

Mais lorsqu'on parle de réalisme cinématographique, on entend également le réalisme des sujets et de leur traitement, et c'est à leur propos qu'on a qualifié de « réalisme poétique » un certain cinéma français d'avant-guerre, ou de « néoréalisme » certains films italiens de la Libération.

Le néo-réalisme est un exemple particulièrement frappant de l'ambiguïté du terme même de réalisme.

> Notons au passage que le néo-réalisme est, comme toute dénomination d'école, une création de la critique qui a érigé après coup en modèle théorique la convergence de quelques films, dont le nombre apparaît aujourd'hui bien limité. Entre des films comme ceux de Roberto Rossellini (*Rome, ville ouverte*, 1946, *Paisa*, 1946), de Vittorio De Sica (*Sciuscia*, 1946, *Le Voleur de bicyclette*, 1948), de Luchino Visconti (*La Terre tremble*, 1948, *Bellissima*, 1950), de Federico Fellini (*I Vitelloni*, 1953, *Il Bidone*, 1955), ce sont plutôt les différences stylistiques que l'on remarque à présent.

Pour André Bazin, qui en fut le défenseur et l'illustrateur, le néo-réalisme pouvait se définir par un faisceau de traits spécifiques, mais ces traits se rapportaient plus à l'ensemble de la production cinématographique traditionnelle qu'à la réalité elle-même. Selon lui, cette « école » se caractériserait par un tournage en extérieurs ou en décor naturel (par opposition à l'artifice du tournage en studio), par le recours à des acteurs non-professionnels (par opposition aux conventions « théâtrales » du jeu des comédiens professionnels), par un recours à des scénarios s'inspirant des techniques du roman américain, et se rapportant à des personnages simples (par opposition aux intrigues classiques trop bien « ficelées » et aux héros à statut extraordinaire) où l'action se raréfie (par opposition aux événements spectaculaires du film commercial traditionnel). Enfin, le cinéma néo-réaliste aurait été un cinéma sans grands moyens échappant ainsi aux règles de l'institution cinématographique, par opposition aux superproductions américaines ou italiennes d'avant-guerre.

C'est donc ce faisceau d'éléments qui, pour André Bazin, définit le néoréalisme, mais tous, séparément ou dans leur interaction, sont critiquables.

Le tournage en extérieur ou en décor naturel n'était, pour les films que Bazin prend en exemple, que partiel : bien des scènes étaient en fait tournées en studio, mais, mêlées à des scènes en décor naturel, elles passaient pour tournées sur des lieux réels. D'autre part, le tournage en extérieur ou en décor naturel n'est pas en lui-même un facteur de réalisme ; il faut ajouter un facteur social au décor pour qu'il le devienne : quartier pauvre, lieu déserté, village de pêcheurs, banlieue... Mais alors, les décors de studio de *Greed*, d'Eric von Stroheim (1924) sont aussi réalistes que les décors naturels de ces films italiens.

Le néo-réalisme et sa postérité.

Rome, ville ouverte,
de Roberto Rossellini
(1944-46).

Sciuscia,
de Vittorio de Sica (1946).

Le Voleur de bicyclette,
de Vittorio de Sica (1948).

Umberto D., de Vittorio de Sica (1952).

Salvatore Giuliano, de Francesco Rosi (1961).

Le recours à des acteurs non-professionnels, aussi « naturels » que le décor puisqu'ils sont censés y vivre, est lui aussi limité et passablement « trafiqué ». Qu'ils soient non-professionnels n'empêche pas qu'ils aient à jouer, c'est-à-dire à représenter une fiction, même si cette fiction ressemble à leur existence réelle, et que de ce fait ils soient contraints de se plier aux conventions de la représentation. Il faut d'ailleurs noter qu'ils étaient doublés, en studio, par des acteurs professionnels, ce qui tendrait à prouver que leur expression « réaliste »... ne l'était pas assez. D'autre part, les acteurs non-professionnels ne représentaient qu'une partie de la distribution puisque le film incluait également des acteurs professionnels. Enfin, leur sélection sur les lieux de tournage et les nombreuses répétitions ou prises successives qu'exigeait leur amateurisme élevaient singulièrement le coût de la production, ce qui contredit (avec d'autres éléments, en particulier le recours au studio pour le tournage et le doublage) le dernier point de la « définition » bazinienne touchant à l'économie des moyens techniques de ce type de films : ce n'est qu'une apparence, voulue, d'économie de moyens, comme ce n'était qu'une apparence de réel pour le studio. Il s'agissait en fait, pour le néo-réalisme, de gommer l'institution cinématographique en tant que telle, d'effacer les marques de l'énonciation. Procédé très « classique », dont nous avons déjà vu quelques exemples à propos du film de fiction traditionnel.

Quant à l'histoire non-dramatique, s'il est vrai que le film néo-réaliste abandonne un certain spectaculaire, et adopte un rythme d'action plus lent, il n'en a pas moins recours à une fiction, où les individus sont des personnages, ne serait-ce que par un certain typage qui relève d'une représentation sociale dont les fondements n'ont rien de proprement réaliste : marginal, ouvrier modèle, pêcheur sicilien... D'autre part, si la caractérisation des personnages a changé, leurs fonctions restent toujours les mêmes : que le héros parte à la recherche de sa bicyclette volée ou qu'il tente de récupérer le secret atomique qu'un espion s'apprête à livrer à l'étranger, on a toujours affaire à une « quête », faisant suite à un « méfait » ayant troublé une « situation initiale ». La fiction n'apparaît plus réaliste que dans la mesure où elle se veut moins « rose » (populisme, sujet social, fin déceptive ou pessimiste), et où d'autre part elle refuse certaines conventions. Mais cet abandon aboutit de fait à l'instauration de nouvelles conventions.

L'enthousiasme de Bazin pour cette « nouvelle » forme de cinéma le pousse à quelque outrance lorsqu'il s'exclame, à propos du *Voleur de bicyclette,* de Vittorio de Sica (1948) : « Plus d'acteurs, plus d'histoire, plus de mise en scène, c'est-à-dire enfin dans l'illusion esthétique parfaite de la réalité : plus de cinéma ». Il ne faut prendre ce « plus de cinéma » que dans l'acception péjorative de « c'est du cinéma », c'est-à-dire une représentation où les conventions sont devenues trop apparentes pour être acceptables et « naturalisées », où elles sont dénoncées en tant que telles. De ce point de vue, le temps allait assez vite venir où le néo-réalisme apparaîtrait lui aussi comme « du cinéma ».

Aussi cette autre déclaration de Bazin nous semble-t-elle plus juste : « On peut classer, sinon hiérarchiser, les styles cinématographiques en fonction du gain de réalité qu'ils représentent. Nous appelerons donc *réaliste* tout système d'expression, tout procédé de récit tendant à faire apparaître plus de réalité sur l'écran ». Cette définition exige toutefois qu'on précise que ce « plus de réalité » ne s'estime que par rapport à un système de conventions qu'on juge désormais caduc. Le « gain de réalité » ne tient qu'à la dénonciation de conventions, mais, comme nous l'indiquions plus haut, cette dénonciation va de pair avec l'instauration d'un nouveau système conventionnel.

3.3. Le vraisemblable.

Le vraisemblable concerne à la fois le rapport d'un texte avec l'opinion commune, son rapport à d'autres textes mais aussi le fonctionnement interne de l'histoire qu'il raconte.

3.3.1. Le vraisemblable et l'opinion commune.

Le vraisemblable peut d'abord se définir dans sa relation à l'opinion commune et aux bonnes mœurs : le système du vraisemblable se dessine toujours en fonction de la bienséance. C'est pourquoi on ne jugera vraisemblable qu'une action qui peut être rapportée à une maxime, c'est-à-dire à une de ces formes figées qui, sous l'apparence d'un impératif catégorique, exprime ce qu'est l'opinion commune. Ainsi, dans un western, on ne s'étonnera pas de voir le héros se consacrer exclusivement à la poursuite de celui qui a tué son père, parce que « l'honneur de la famille, c'est sacré », ou, dans un film policier le détective s'acharner contre vents et marées à découvrir le coupable parce qu' « il faut aller jusqu'au bout de ce qu'on a commencé ».

En conséquence, le vraisemblable constitue une *forme de censure* puisqu'il restreint, au nom de la bienséance, le nombre des possibles narratifs ou des situations diégétiques imaginables. C'est ainsi qu'une bonne partie de la critique et du public ont jugé deux films de Louis Malle invraisemblables parce qu'ils présentaient des personnages paradoxaux : une jeune mère équilibrée qui initiait son fils aux choses de l'amour (*Le Souffle au cœur,* 1971), et une toute jeune fille, à la fois naïve et rouée, qui se prostituait (*La Petite,* 1978).Le paradoxe est bien souvent invraisemblable parce qu'il va à l'encontre de l'opinion commune, de la *doxa.* Mais elle peut varier, et le vraisemblable avec elle.

3.3.2. Le système économique du vraisemblable.

Le vraisemblable consiste par ailleurs en un certain nombre de règles affectant les actions des personnages, en fonction des maximes auxquelles elles peuvent être rapportées. Ces règles, qui sont tacitement reconnues par le public, sont appliquées, mais ne sont jamais expliquées, si bien que le rapport d'une histoire au système de vraisemblable auquel elle se soumet est essentiellement un rapport muet. Le *gunfight* final des westerns répond à des règles très strictes qui doivent être respectées si l'on ne veut pas que le public juge la situation invraisemblable ou le metteur en scène bien désinvolte. Or, rien n'explique, ni dans le western ni dans la réalité, que le héros doive avancer seul au milieu de la grande rue et attendre que son adversaire dégaine.

D'autre part, est estimé vraisemblable ce qui est prévisible. On jugera par contre invraisemblable ce que le spectateur ne pouvait absolument pas prévoir, soit par le biais de l'histoire, soit par le biais des maximes, et l'action « invraisemblable » apparaîtra comme un coup de force de l'instance narrative pour parvenir à ses fins. Si, par exemple, on ne veut pas que l'arrivée salvatrice de la cavalerie à la ferme assiégée par les Indiens paraisse invraisemblable, on prendra soin d'introduire dans le récit quelques scènes indiquant que le fort n'est pas loin et que son commandant est au courant de ce qui s'y passe. Le vraisemblable est donc lié à la motivation à l'intérieur de l'histoire des actions entreprises. Aussi toute unité diégétique a-t-elle toujours une double fonction : une fonction immédiate et une fonction à terme. Sa fonction immédiate varie, mais sa fonction à terme est de préparer discrètement la venue d'une autre unité pour laquelle elle servira de motivation.

Dans *La Chienne,* de Jean Renoir (1931), Maurice veut avoir une grande explication calme avec la femme qu'il entretient mais qui le trompe. Pendant que Maurice raisonne, Lulu défait à l'aide d'un coupe-papier les pages d'un gros livre. Cette action est vraisemblable puisque Lulu a été présentée comme une oisive : autrement dit son oisiveté motive le fait de lire au lit et d'user d'un coupe-papier.

Mais Maurice, excédé, la tue à l'aide de ce coupe-papier ; le meurtre est vraisemblable dans la mesure où le personnage a des raisons « psychologiques » et morales et où d'autre part, l'arme du crime se trouvait « par hasard » et « naturellement » sur les lieux.

« Découper les pages d'un livre » a pour fonction immédiate de signifier la désinvolture et la futilité de Lulu, et pour fonction à terme d'amener « naturellement » le meurtre.

Si dans la diégèse, ce sont les causes qui semblent déterminer les effets, dans la construction du récit, ce sont les effets qui déterminent les causes. Dans l'exemple que nous prenions, Maurice ne tue pas Lulu avec un coupe-papier parce qu'elle s'en servait, mais elle s'en sert parce qu'elle va être tuée par Maurice. Par ce biais, le récit gagne en économie, et ce à plusieurs titres. Il y gagne d'abord par la double fonction de l'unité diégétique qui, en quelque sorte, sert deux fois au lieu d'une. Il y gagne aussi parce qu'une unité peut être surdéterminante ou surdéterminée : elle peut en effet soit servir de planche d'appel à plusieurs unités suivantes disséminées dans le récit, soit être elle-même appelée par plusieurs unités précédentes. Il y gagne par le renversement de la détermination narrative de la cause par l'effet en une motivation diégétique de l'effet par la cause. Il trouve ainsi à transformer le rapport artificiel et arbitraire établi par la narration en un rapport vraisemblable et naturel établi par les faits diégétiques. Dans cette optique, le vraisemblable n'est donc qu'un moyen de naturaliser l'arbitraire du récit, de le réaliser (au sens de faire passer pour réel). Pour reprendre une formule de Gérard Genette, si la *fonction* d'une unité diégétique est ce à quoi elle sert, sa *motivation* est ce qu'il lui faut pour dissimuler sa fonction. Dans les cas les plus réussis de récit « transparent » , « le vraisemblable est une motivation implicite et qui ne coûte rien » puisque, relevant de l'opinion commune et de maximes convenues, il n'a pas à être inscrit dans le récit.

3.3.3. Le vraisemblable comme effet de corpus.

Si le vraisemblable se définit par rapport à l'opinion commune ou à des maximes, il se définit également (mais cela va de pair) par rapport aux textes, dans la mesure où ceux-ci tendent toujours à sécréter une opinion commune par leur convergence. Le vraisemblable d'un film doit donc beaucoup aux films antérieurs déjà réalisés : sera jugé vraisemblable ce qu'on aura déjà vu dans une œuvre antérieure. Nous signalions précédemment que dans bien des cas, le paradoxe était invraisemblable, mais cela n'est vrai que lors de sa ou de ses premières apparitions dans les films : dès lors qu'il aura été repris plusieurs fois dans des films, il apparaîtra normal, vraisemblable.

Si l'on s'en tient par exemple au vraisemblable des personnages, nous avons déjà relevé que, dans le jeu d'interférence entre comédien et personnage, le vraisemblable du second devait beaucoup aux précédents emplois du premier, et à l'image de star qu'il s'est ainsi formée : le personnage tout à fait rocambolesque interprété par Jean-Paul Belmondo dans *Flic ou Voyou,* de Georges Lautner (1978), ne « tient », n'est vraisemblable que parce que Belmondo a interprété ce type de personnage dans de nombreux films antérieurs. Le personnage du jeune asocial qui prolifère dans les films français de la fin des années 70 tient en partie son succès et son vraisemblable de données sociologiques liées à une période de crise économique. Mais cet avatar cinématographique du jeune, de l'anarchiste, du chômeur, du raté et du gauchiste (avec un reste de hippie) est surtout vraisemblable grâce à sa récurrence dans un certain nombre de films de cette époque : son succès ne tient pas à son vraisemblable, c'est son vraisemblable qui tient à son succès, lequel peut sans doute être analysé en termes d'idéologie (et non en termes de réalité).

On peut donc dire que le vraisemblable s'établit non en fonction de la réalité, mais en fonction de textes (de films) déjà établis. Il tient plus au discours qu'au vrai : c'est un *effet de corpus.* Par là, il se fonde sur la réitération du discours, que ce soit au niveau de l'opinion commune ou à celui d'un ensemble de textes : c'est d'ailleurs pour cette raison qu'il est toujours une forme de censure.

En conséquence, il est clair que le contenu des œuvres se décide en fait beaucoup plus par rapport aux œuvres antérieures (à leur suite ou à leur encontre) que par rapport à une observation « plus fine » ou « plus vraie » de la réalité. Le vraisemblable doit alors être entendu comme une forme (c'est-à-dire une organisation) du contenu banalisée au fil des textes. Ses changements et son évolution sont donc fonction du système de vraisemblable antérieur : le personnage du « jeune asocial » n'est qu'un nouvel avatar du « voyou » des décennies précédentes, personnage dont l'importance cinématographique était sans commune mesure avec son importance sociologique. A l'intérieur de cette évolution du vraisemblable, le nouveau système n'apparaît « vrai » que parce que l'ancien est déclaré caduc et dénoncé comme conventionnel. Mais le nouveau système l'est évidemment tout autant.

3.4. L'effet-genre.

Si donc le vraisemblable est un *effet de corpus,* il sera d'autant plus solide à l'intérieur d'une longue série de films proches, par leur expression comme par leur contenu, les uns des autres, comme c'est le cas à l'intérieur d'un genre : il y a, en ce qui concerne le vraisemblable, un *effet-genre.* Cet effet-genre a une double inci-

L'effet-genre : trois aspects du film noir américain.

Scarface, d'Howard Hawks (1932).

High Sierra, de Raoul Walsh (1941).

La Femme à abattre, de Raoul Walsh et Bretaigne Windust (1950).

dence. Il permet d'abord, par la permanence d'un même référent diégétique et par la récurrence de scènes « typiques », de consolider de film en film le vraisemblable. Dans le western, le code de l'honneur du héros ou la façon d'agir des Indiens apparaissent vraisemblables d'une part parce qu'ils sont fixes (pendant une certaine période, les films de ce genre ne connaissent qu'un code de l'honneur et qu'un comportement pour les Indiens), et d'autre part parce qu'ils sont rituellement répétés, reconduits de film en film.

L'effet-genre permet ensuite d'établir un vraisemblable propre à un genre particulier. Chaque genre a son vraisemblable : celui du western n'est pas celui de la comédie musicale ou celui du film policier. Il serait invraisemblable que dans un western l'adversaire du héros s'avoue vaincu après avoir été ridiculisé en public (ce qui est tout à fait vraisemblable dans la comédie musicale), alors qu'il serait invraisemblable que, dans cette dernière, l'adversaire entreprenne de tuer celui qui l'a ridiculisé. Aussi les fameuses « lois du genre » ne sont-elles valables qu'à l'intérieur d'un genre, et ne tiennent-elles qu'au poids du vraisemblable en vigueur dans l'ensemble des films réalisés appartenant à ce genre.

Cette double incidence de l'effet-genre n'est effective que dans le cas du maintien du vraisemblable, maintien nécessaire à la cohésion du genre. Cela ne veut toutefois pas dire que le vraisemblable d'un genre est fixé une fois pour toutes et ne connaît pas de variation : il est susceptible d'évolution sur un certain nombre de points, à condition qu'un certain nombre d'autres soient respectés et maintenus. C'est ainsi que le western a vu son vraisemblable singulièrement remanié depuis ses origines. Mais ces remaniements (et ceci est valable pour n'importe quel genre) tendent plus à la survie du vraisemblable qu'à une approche plus juste de la réalité.

> Dans *Coups de feu dans la sierra,* de Sam Peckinpah (1962), les deux héros, chasseurs de prime, se font établir un contrat en bonne et due forme par leur employeur et sont obligés de chausser des lunettes pour le lire attentivement. Ce souci bureaucratique et ce vieillissement semblent plus réalistes, plus vraisemblables que le respect de la parole et l'éternelle jeunesse du héros « traditionnel », mais cela n'empêche pas les protagonistes du film de Peckinpah de se conduire selon les mêmes schémas (code de l'honneur, panache, poursuite de la justice...) que leurs prédécesseurs.

> Quelques années plus tard, le western italien viendra à son tour remettre en question les conventions du « surwestern » (auquel appartient *Coups de feu dans la sierra*) pour en établir de nouvelles.

4. L'IMPRESSION DE RÉALITÉ

Il a été très souvent remarqué que ce qui caractérisait le cinéma, parmi les modes de représentation, c'était l'impression de réalité qui se dégageait de la vision des films. Cette « impression de réalité », dont le prototype mythique est l'effroi dont auraient été saisis les premiers spectateurs du film de Lumière, *L'Arrivée d'un train en gare de la Ciotat* (1895), a été le centre de nombre de réflexions et de débats sur le cinéma, pour tenter d'en définir la spécificité (par opposition à la peinture, à la photographie...), ou pour définir les fondements techniques et psychologiques de l'impression elle-même et analyser ses conséquences dans l'attitude du spectateur face aux films.

L'impression de réalité éprouvée par le spectateur lors de la vision d'un film tient tout d'abord à la *richesse perceptive* des matériaux filmiques, de l'image et du son. En ce qui concerne l'image cinématographique, cette « richesse » est due à la fois à la très grande définition de l'image photographique (on sait qu'une photo est plus « fine », plus riche en informations qu'une image de télévision) qui présente au spectateur des effigies d'objets avec un luxe de détails, et à la restitution du mouvement qui donne à ces effigies une épaisseur, un volume qu'elles n'ont pas dans la photo fixe : chacun a fait l'expérience de cet aplatissement de l'image, de cet écrasement de la profondeur lorsqu'on procède à un arrêt sur l'image au cours de la projection d'un film.

La restitution du mouvement tient donc une place importante dans l'impression de réalité, et c'est pour cela qu'elle a été particulièrement étudiée par les psychologues de l'Institut de filmologie (A. Michotte van den Berck, Henri Wallon...). Elle est le fait d'un réglage technologique de l'appareil cinématographique qui permet le défilement d'un certain nombre d'images fixes (les photogrammes) en une seconde (18 au temps du muet, 24 pour le sonore) ; ce défilement permettant à certains phénomènes psycho-physiologiques de jouer pour donner l'impression de mouvement continu. L'effet *phi* est au premier rang de ces phénomènes : lorsque des spots lumineux, espacés les uns par rapport aux autres, sont allumés successivement mais alternativement, on « voit » un trajet lumineux continu et non une succession de points espacés : c'est le « phénomène du mouvement apparent ». Le spectateur a rétabli mentalement une continuité et un mouvement là où il n'y avait en fait que discontinuité et fixité : c'est ce qui se produit au cinéma entre deux photogrammes fixes où le spectateur comble l'écart existant entre les deux attitudes d'un personnage fixées par les deux images successives.

> Il ne faut pas confondre l'effet *phi* avec la persistance rétinienne. Le premier tient au comblement mental d'un écart réel, quand la seconde est due à la relative inertie des cellules de la rétine qui gardent, pendant un court temps, trace d'une impression lumineuse (comme c'est le cas lorsqu'on ferme les yeux après avoir regardé fixement un objet fortement éclairé ou lorsqu'on agite vivement dans le noir une cigarette allumée et qu'on « voit » une arabesque lumineuse).
>
> La persistance rétinienne ne joue pratiquement aucun rôle dans la perception cinématographique, contrairement à ce que l'on a souvent affirmé.

Il faut par ailleurs noter que reproduire l'apparence du mouvement, c'est en fait reproduire sa réalité : un mouvement reproduit est un mouvement « vrai », puisque la manifestation visuelle est dans les deux cas identique.

La richesse perceptive propre au cinéma tient également à la co-présence de l'image et du son, ce dernier restituant à la scène représentée son volume sonore (ce qui n'est pas le cas dans la peinture, le roman), donnant ainsi l'impression que l'ensemble des données perceptives de la scène originale a été respecté. L'impression est d'autant plus forte que la reproduction sonore a la même « fidélité phénoménale » que celle du mouvement.

Si la richesse perceptive des matériaux filmiques est un des fondements de cette impression de réalité que donne le cinéma, elle est de plus renforcée par la position psychique dans laquelle se trouve le spectateur au moment de la projection. Cette position peut être, en ce qui concerne l'impression de réalité, définie par deux de ses aspects. D'une part le spectateur connaît une baisse de son seuil de vigilance : conscient d'être dans une salle de spectacle il suspend toute action et renonce partiellement à toute épreuve de réalité. D'autre part, le film le bombarde d'impressions visuelles et sonores (c'est la richesse perceptive dont nous parlions) par un flot continu et pressé (sur ces points, voir plus loin, p. 184-200, les paragraphes consacrés à l'identification).

Mais il est encore d'autres facteurs de l'impression de réalité que les phénomènes de perception liés au matériau filmique et à l'état particulier dans lequel se trouve le spectateur. L'impression de réalité se fonde aussi sur la cohérence de l'univers diégétique construit par la fiction. Fortement sous-tendu par le système du vraisemblable, organisé de sorte que chaque élément de la fiction semble répondre à une nécessité organique et apparaisse obligatoire au regard d'une réalité supposée, l'univers diégétique prend la consistance d'un monde possible dont la construction, l'artifice et l'arbitraire sont gommés au bénéfice d'une apparente naturalité. Celle-ci, comme nous l'avons déjà noté, tient d'ailleurs beaucoup au mode de représentation cinématographique, au défilement de l'image à l'écran qui donne à la fiction l'apparence du surgissement événementiel, de la « spontanéité » du réel.

Le surgissement, dû en partie au défilement, n'est pas contradictoire avec la cohérence, la consistance de l'univers fictionnel : il est partie intégrante de la construction de la fiction. C'est parce qu'il semble surgir devant nous et être soumis au hasard que l'univers fictionnel devient consistant et donne l'impression de réalité. Trop prévisible et manifestement trop réglé, il n'apparaîtrait plus que comme une fiction, un artifice sans profondeur.

Il y a plus. Le système de représentation iconique, le dispositif scénique propre au cinéma et les phénomènes d'identification primaire et secondaire (à la caméra et aux personnages ; sur ce point voir plus loin p. 185-191, le chapitre consacré à ce problème, et en particulier le paragraphe « Identification et structure ») font que le spectateur se trouve inclus dans la scène représentée, et qu'il devient ainsi en quelque sorte partie prenante de la situation à laquelle il assiste. C'est cette inscription du spectateur dans la scène que Jean-Pierre Oudart définit comme *effet de réel,* en le distinguant de *l'effet de réalité.* Pour lui, l'effet de réalité tient au système de représentation, et plus particulièrement au système perspectif hérité par le cinéma de la peinture occidentale, alors que l'effet de réel tient, quant à lui, au fait que la place du sujet-spectateur est marquée, inscrite à l'intérieur même du système représentatif, comme s'il participait du même espace. Cette inclusion du spectateur fait qu'il ne perçoit plus les éléments de la représentation comme tels, mais qu'ils les perçoit comme étant les choses elles-mêmes.

Le renforcement mutuel des différents facteurs de l'impression de réalité a fait que cette dernière est longtemps apparue comme une donnée de base du cinéma qui en définissait la spécificité. Dès lors, certains théoriciens ou esthéticiens du cinéma, comme André Bazin ou Amédée Ayfre ont cru pouvoir l'ériger en une norme esthétique qu'on ne saurait transgresser sans trahir « l'ontologie de l'image cinématographique » ou la « vocation naturelle » du cinéma. C'est cette idéologie de la *transparence* (pour ce terme voir p. 52) qui a en particulier amené André Bazin à s'enthousiasmer pour le néo-réalisme, ou qui, plus généralement, fonde implicitement la majeure partie du discours critique traditionnel ou l'opinion selon laquelle les images et le langage cinématographiques offrent des doubles fidèles et naturels de la réalité, à quelques détails secondaires près.

C'est contre cette prégnance de l'impression de réalité et de la transparence supposée de la représentation cinématographique que s'est constitué, vers 1970 à partir de la revue *Cinéthique,* un courant critique en faveur de la *déconstruction.* L'enjeu en était de montrer d'une part l'artificialité de l'impression de la réalité et d'autre part l'importance idéologique, pour le cinéma de la transparence, de ce camouflage du travail de production et de ses présupposés, au profit d'une naturalité apparente. Ce courant critique appela de ses vœux un cinéma matérialiste qui, en opposition avec le cinéma réaliste-idéaliste, chercherait à contrecarrer les effets perspectifs produits par l'objectif en jouant des structures spatiales de l'image, et à casser, par des « raccords dans la texture », l'agencement linéaire des plans obtenu, dans le cinéma classique, par l'usage du raccord « invisible ».

Malgré ses limites (l'impression de réalité ne se réduit pas à la perspective et à la fluidité des changements de plans), le courant en faveur de la déconstruction aura eu le mérite de relancer la réflexion sur l'impression de réalité et une conception idéaliste du cinéma, en évitant d'ailleurs deux écueils : d'un côté celui de l'exclusivité du contenu (réduction du sens d'un film à ses thèmes idéologiques explicites) et d'un autre côté, celui du formalisme (autonomie du processus signifiant par rapport à tout contenu ou à toute idéologie).

La réflexion sur l'impression de réalité au cinéma, considérée dans toutes ses ramifications (déterminations technologiques, physiologiques et psychiques en relation avec un système de représentation et son idéologie sous-jacente) reste aujourd'hui encore d'actualité dans la mesure où d'une part elle permet de démonter l'idée toujours partagée d'une transparence et d'une neutralité du cinéma par rapport à la réalité, et où d'autre part elle demeure fondamentale pour saisir le fonctionnement et les réglages de l'institution cinématographique, conçue comme une machine sociale de représentation.

Cela dit, il faut noter que la réflexion sur l'impression de réalité au cinéma a quelque peu occulté un autre aspect fondamental (et qui n'est pas nécessairement contradictoire avec le précédent) de l'attention que porte le spectateur à l'image cinématographique : son « peu de réalité ». C'est en effet en partie parce qu'elle oscille entre un statut plein de représentation (représenter quelque chose de façon réaliste) et l'extrême évanescence de son matériau (des ombres et des ondes) que l'image de cinéma fascine et retient. Elle requiert du spectateur qu'il ne soit pas un simple témoin, mais aussi quelqu'un qui invoque très fortement le représenté parce qu'il est convaincu du peu de consistance de la représentation.

LECTURES SUGGÉRÉES :

1. LE CINÉMA NARRATIF.

1.1. La valeur sociale des objets représentés :
Christian METZ, « Images et pédagogie », « Au-delà de l'analogie, l'image », dans *Essais sur la signification au cinéma,* tome 2, Ed. Klincksieck, 1972.

1.2 La recherche d'une légitimité :
Jean MITRY, « En quête d'une dramaturgie » dans *Esthétique et psychologie du cinéma,* tome 2, Ed. Universitaires, 1965.

1.3. L'opposition « narratif/non-narratif » :
Christian METZ, « Cinéma moderne et narrativité », dans *Essais sur la signification au cinéma,* tome I, Ed. Klincksieck, 1968.
Dominique NOGUEZ, *Eloge du cinéma expérimental,* Centre Georges Pompidou, 1979.

1.4. « Narratif/cinématographique » :
Christian METZ, « A l'intérieur du fait filmique, le cinéma », dans *Langage et Cinéma.* Ed. Larousse, 1971, Ed. Albatros, 1978.
André BAZIN, « Pour un cinéma impur » dans *Qu'est-ce que le cinéma ?* Ed. du Cerf, 1975.
Vladimir PROPP, *Morphologie du conte russe,* Coll. « Points », Ed. du Seuil, 1970.
Francis VANOYE, *Récit écrit, récit filmique,* Ed. CEDIC, 1979.

1.5. La métapsychologie du spectateur :
Christian METZ, *Le Signifiant imaginaire,* Coll. « 10/18 », U.G.E. 1977.

1.6. La représentation sociale et l'idéologie :
Marc FERRO, *Cinéma et Histoire,* Coll « Médiations » Ed. Denoël-Gonthier, 1977.
Pierre SORLIN, *Sociologie du cinéma,* Ed. Aubier, 1977.
Collectif, « Young Mister Lincoln » dans les *Cahiers du Cinéma,* n° 223, août-septembre 1970.
Collectif, « Le cinéma de l'histoire », dans la revue *Cultures,* U.N.E.S.C.O., 1977.

2. LE FILM DE FICTION.

2.1. Le problème du référent :
Oswald DUCROT, Tzvetan TODOROV, « Référence », dans *Dictionnaire encyclopédique des sciences du langage*. Ed. du Seuil, 1972.

2.2. « Récit, narration, diégèse » :
Gérard GENETTE, « Frontières du récit », dans *Figures II,* Ed. du Seuil, 1969. « Discours du récit », dans *Figures III,* Ibid. 1972.

Christian METZ, « Remarques pour une phénoménologie du narratif », dans *Essais sur la signification au cinéma,* tome I , Ed. Klincksieck, 1968.

Raymond BELLOUR, « Enoncer », dans *L'Analyse du film,* Ed. Albatros, 1980.

2.3. « La politique des auteurs » :
Collectif, *La Politique des auteurs,* Ed. Champ libre, 1972.

2.4. La distinction « histoire/discours » :
Emile BENVENISTE, « Les relations de temps dans le verbe français », dans *Problèmes de linguistique générale,* tome 1, 1972.

Christian METZ, « Histoire/Discours (Note sur deux voyeurismes) », dans *Le Signifiant imaginaire,* Coll. « 10/18 », U.G.E., 1977.

2.5. La notion de programme :
Roland BARTHES, *S/Z,* Ed. du Seuil, 1970.

Thierry KUNTZEL, « Le travail du film II », dans *Communications,* n° 23, Ed. du Seuil, 1975.

Gérard GENETTE, « Discours du récit », dans *Figures III,* Ed. du Seuil, 1972.

Marc VERNET, « La transaction filmique », dans *Le Cinéma américain,* tome 2, Ed. Flammarion, 1980.

2.6. La notion de fonctions :
Vladimir PROPP, *Op. cit.*

Roland BARTHES, « Introduction à l'analyse structurale du récit » dans *Communications,* n° 8, 1966.

Claude LÉVI-STRAUSS, « La geste d'Asdiwal », dans *Anthropologie structurale,* tome 2, Ed. Plon, 1973.

2.7. Les personnages :
A.J. GREIMAS, « Réflexions sur les modèles actantiels », dans *Sémantique structurale,* Ed. Larousse, 1966.

Edgar MORIN, *Les Stars,* Coll. « Points », Ed. du Seuil, 2e édition, 1972.

3. LE RÉALISME .

3.1. Les matières de l'expression :
Christian METZ, « A propos de l'impression de réalité », dans *Essais sur la signification au cinéma,* tome I, Ed. Klincksieck, 1968.

3.2. Le vraisemblable :
Christian METZ, « Le dire et le dit » dans *Essais I,* Ed. Klincksieck.

3.3. Fonction et motivation :
Gérard GENETTE, « Vraisemblance et motivation », dans *Figures II,* Ed. du Seuil, 1969.

CHAPITRE 4

CINÉMA ET LANGAGE

1. LE LANGAGE CINÉMATOGRAPHIQUE

Les chapitres précédents ont très peu fait appel à la notion de « langage cinématographique ». Cela peut paraître paradoxal. En effet, cette notion est au carrefour de tous les problèmes que se pose l'esthétique du cinéma, et cela, depuis son origine. Elle a stratégiquement servi à postuler l'existence du cinéma comme moyen d'expression artistique. Afin de prouver que le cinéma était bien un art, il fallait le doter d'un langage spécifique, différent de la littérature et du théâtre.

Mais lui attribuer un langage, c'était risquer de figer ses structures, de glisser du niveau du langage à celui de la grammaire ; ainsi l'utilisation de « langage » à propos du cinéma, en raison du caractère très imprécis du mot, a donné lieu à de multiples malentendus. Ceux-ci jalonnent l'histoire de la théorie du cinéma jusqu'à aujourd'hui et trouvent leur formulation dans les notions de « ciné-langue », grammaire du cinéma, « ciné-stylistique », rhétorique filmique, etc.

L'enjeu théorique de ces débats n'a rien d'académique. Il s'agit de savoir comment le cinéma fonctionne comme moyen de signification par rapport aux autres langages et systèmes expressifs ; l'idée constante des théoriciens sera alors de s'opposer à toute tentative d'assimilation du langage cinématographique au langage verbal. Mais si le cinéma fonctionne très différemment du langage verbal, constatation admise par tous, est-il pour autant un « langage de la réalité », selon l'expression chère à Pier Paolo Pasolini ? En d'autres termes, le cinéma est-il dépourvu de toute instance langagière, et sinon, est-il possible de les préciser sans inéluctablement retomber dans les travers des grammaires normatives ?

1.1. Une notion ancienne.

L'expression « langage cinématographique » n'est pas apparue avec la sémiologie du cinéma, ni même avec le livre de Marcel Martin paru sous ce titre en 1955.

On la trouve sous la plume des tout premiers théoriciens du cinéma, Ricciotto Canudo et Louis Delluc, chez les formalistes russes également dans leurs écrits sur le cinéma.

Pour les esthéticiens français surtout, il s'agissait d'opposer le cinéma au langage verbal, de le définir comme un nouveau moyen d'expression. Cet antagonisme entre cinéma et langage verbal est au centre du manifeste d'Abel Gance « La musique de la lumière » :

> « Je ne cesse de le dire : les paroles dans notre société contemporaine ne renferment plus leur vérité. Les préjugés, la morale, les contingences, les tares physiologiques ont enlevé aux mots prononcés leur véritable signification (...) Il importait donc de se taire assez longtemps pour oublier les anciens mots usés, vieillis, dont les plus beaux même n'ont plus d'effigie et, laissant rentrer en soi l'afflux énorme des forces et connaissances modernes, de trouver le nouveau langage. Le cinéma est né de cette nécessité. (...) Comme à la tragédie formelle du XVIIIe siècle, il faudra en effet assigner au film de l'avenir des règles strictes, une grammaire internationale. Ce n'est qu'enserrés dans un corset de difficultés techniques que les génies éclateront. »

Le caractère essentiel de ce nouveau langage est son universalité ; il permet de contourner l'obstacle de la diversité des langues nationales. Il réalise le rêve ancien d'un « esperanto visuel » : « Le cinéma va partout », écrit Louis Delluc dans *Cinéma et Cie*, « c'est un grand moyen de converser pour les peuples ». Cette « musique de la lumière » n'a pas besoin d'être traduite, elle est comprise par tous et permet de retrouver une sorte d'état « naturel » du langage, antérieur à l'arbitraire des langues :

> « Le cinéma, multipliant le sens humain de l'*expression par l'image*, ce sens que la Peinture et la Sculpture avaient seules gardé jusqu'à nous, formera une langue vraiment universelle aux caractères encore insoupçonnables. Pour ce, il lui est nécessaire de ramener toute la « figuration » de la vie, c'est-à-dire l'art, vers les sources de toute émotion, cherchant la vie elle-même en elle-même, par le mouvement. (...) Neuf, jeune, tâtonnant, il cherche ses voix et ses mots. Et il nous ramène, avec toute notre complexité psychologique acquise, au grand langage vrai, primordial, synthétique, le langage visuel, hors l'analyse des sons. »
> Ricciotto Canudo, *L'Usine aux images*, 1927.

Canudo, Delluc, Gance sont avant tout des critiques ou des cinéastes. Leur perspective est promotionnelle ; ils veulent prouver la complexité du cinéma, le baptisent « septième art » et pratiquent une surenchère qualitative et une politique systématique de démarcation. Canudo proclame « Ne cherchons pas d'analogies entre le Cinéma et le Théâtre. Il n'y en a aucune. » Pour lui, le cinéma est l'art total vers lequel tous les autres ont depuis toujours tendu.

Pour Abel Gance, « le langage des images qui nous ramène à l'idéographie des écritures primitives, n'est pas encore au point parce que nos yeux ne sont pas faits pour elles. »

En un sens, il ne s'agit pas là d'une tentative réelle de théorisation du cinéma ; d'ailleurs, les allusions au langage, au-delà de leur caractère prophétique sont

Le langage des images dans le cinéma muet des années 20.

Le Dernier des hommes, de F.W. Murnau (1924).

Faust, de F.W. Murnau (1926).

L'Inhumaine, de Marcel L'Herbier (1924).

La Chute de la Maison Usher, de Jean Epstein (1927).

délibérément métaphoriques. C'est plutôt du côté de Béla Balázs et des théoriciens soviétiques qu'il faut aller chercher les premières bases d'une réflexion sur le cinéma en tant que langage.

Toutefois, si l'on demeure dans le domaine français, la volonté de théorisation est beaucoup plus manifeste chez Jean Epstein, auteur d'un grand nombre d'essais esthétiques où il ne cesse d'affirmer la nécessité d'une constitution d'une véritable « philosophie » du cinéma : « La philosophie du cinéma est toute à faire » s'écrie-t-il dans *Bonjour, cinéma* (1923).

Epstein reprend à Louis Delluc la notion de photogénie qu'il définit ainsi : « J'appellerai photogénique tout aspect des choses, des êtres et des âmes qui accroît sa qualité morale par la reproduction cinématographique. Et tout aspect qui n'est pas majoré par la reproduction cinématographique n'est pas photogénique, ne fait pas partie de l'art cinématographique. »

On voit ici que la perspective normative règne encore. La philosophie d'Epstein relève d'ailleurs plus d'une esthétique d'auteur, d'une poétique de la création filmique que d'une théorisation générale.

La naissance de l'esthétique du cinéma à une époque où celui-ci était *muet* n'est pas sans conséquences sur les conceptions les plus communément admises de l'expression filmique. Le cinéma reste avant tout un art de l'image et tout ce qui n'est pas elle (paroles, écriture, bruits, musique), doit accepter sa fonction prioritaire. Les films muets les plus « cinématographiques », selon ces critères, étaient ceux qui se passaient totalement de la langue donc des cartons comme par exemple, *Le Dernier des hommes*, de F.W. Murnau (1924). Les personnages devaient parler le moins possible, ce qui limitait le choix des sujets et des situations pour les films narratifs mais posait beaucoup moins de problèmes pour les « documentaires d'avant-garde ». On a parfois attribué l'étiquette de « cinéma pur » à ces films sans sous-titre pour bien marquer leur originalité.

L'apparition du parlant n'a pas peu ébranlé cette souveraineté sans partage de l'image. Mais sur le plan esthétique, la nouvelle venue a longtemps été perçue comme une intruse qu'il fallait domestiquer, tant par les cinéastes, Charlie Chaplin, S.M. Eisenstein et bien d'autres, que par les critiques.

1.2. Les premiers théoriciens.

Il n'y a pas lieu ici de développer une histoire des théories du cinéma, il y faudrait tout un volume. Avant d'aborder les essais de Béla Balázs et des Soviétiques qui eurent un rôle décisif dans la mise en place des conceptions fondatrices du langage cinématographique, il faut mentionner l'étude d'Hugo Münsterberg, *The Film : A Psychological Study*, parue dès 1916 à New York. Münsterberg y analyse les mécanismes psychologiques de la perception filmique (problèmes de la profondeur et du mouvement ; rôle de l'attention, de la mémoire, de l'imagination et des émotions) avec une acuité rare (voir chapitre 5 ci-dessous). Il s'efforce également de définir la spécificité du cinéma par laquelle le monde extérieur perd son poids, se libère de l'espace, du temps et de la causalité, se moule « dans les formes de notre propre conscience ».

Il appartient à l'esthéticien hongrois Béla Balázs d'avoir, dans son premier essai publié en 1924, *Der Sichtbare Mensch* (L'Homme visible), abordé frontalement l'étude du langage cinématographique.

Béla Balázs développe ses premières analyses dans deux livres ultérieurs, *L'Esprit du cinéma* (1930) et *Le Cinéma, nature et évolution d'un art nouveau* (1948). Dans un chapitre intitulé « La nouvelle forme de langage », Balázs part de la question suivante : « Comment et quand la cinématographie est-elle devenue un art particulier, employant des méthodes essentiellement différentes de celles du théâtre et parlant un autre langage formel que celui-ci ? » et répond en énonçant quatre principes caractérisant le langage cinématographique :

— au cinéma, il y a distance variable entre spectateur et scène représentée, d'où une dimension variable de la scène qui prend place dans le cadre et la composition de l'image ;

— l'image totale de la scène est subdivisée en une série de plans de détails (principe du découpage) ;

— il y a variation de cadrage (angle de vue, perspective) des plans de détail au cours de la même scène ;

— enfin, c'est l'opération du montage qui assure l'insertion des plans de détails dans une suite ordonnée dans laquelle non seulement des scènes entières se succèdent, mais aussi des prises de vues des détails les plus minimes d'une même scène. La scène dans son ensemble en résulte comme si l'on juxtaposait dans le temps les éléments d'une mosaïque temporelle.

Les théoriciens et cinéastes soviétiques rassemblés au sein du V.G.I.K. (première école du cinéma dirigée par Lev Koulechov) systématiseront cette fonction du montage décrite ainsi par Poudovkine :

« Par l'assemblage de morceaux séparés le réalisateur bâtit un espace filmique idéal qui est entièrement sa création. Il unit et soude des éléments séparés qui ont peut-être été enregistrés par lui en différents points de l'espace réel, de façon à créer un espace filmique. »

Certes, il y aura des divergences d'analyse et même des contradictions antagoniques entre Poudovkine, Eisenstein, Vertov mais ils resteront unanimes pour reconnaître au montage le rôle prépondérant car « montrer quelque chose comme chacun le voit, c'est n'avoir accompli strictement rien ». (Se reporter, p. 56-61 au chapitre 2 pour les conceptions eisensteiniennes du montage).

Mais c'est dans *Poetika Kino*, recueil de cinq essais publié en 1927 par six membres de l'OPOIAZ (société d'étude de la langue poétique), que l'hypothèse du « ciné-langage » est le plus explicitement formulée. Dans son article « Des fondements du cinéma », Youri Tynianov précise que « dans le cinéma, le monde visible est donné non en tant que tel, mais dans sa corrélation sémantique, sinon le cinéma ne serait qu'une photographie vivante. L'homme visible, la chose visible ne sont un élément du ciné-art que lorsqu'ils sont donnés en qualité de signe sémantique ».

Cette « corrélation sémantique » est donnée au moyen d'une transfiguration stylistique : « la corrélation des personnages et des choses dans l'image, la corrélation des personnages entre eux, du tout et de la partie, ce qu'il est convenu d'appeler la « composition de l'image », l'angle de prise de vue et la perspective dans lesquels ils sont pris, et enfin l'éclairage, ont une importance colossale. » C'est par la mobilisation de ces paramètres formels que le cinéma transforme son matériau de base, l'image du monde visible, en élément sémantique de son langage propre.

Tynianov annonce également la conception pasolinienne du ciné-langage lorsqu'il écrit qu' « aussi étrange que cela soit, si l'on établit une analogie entre le cinéma et les arts du verbe, la seule légitime sera non pas celle entre le cinéma et la prose, mais entre le cinéma et la poésie. »

Dans « Problèmes de ciné-stylistique », Boris Eichenbaum indique qu'il est « impossible de considérer le cinéma comme un art totalement non verbal. Ceux qui veulent défendre le cinéma contre la littérature oublient souvent qu'au cinéma, c'est le mot audible qui est exclu et non la pensée, c'est-à-dire le langage intérieur ». Selon cette hypothèse, la lecture du film nécessite un travail contemporain de la perception, ce travail étant la mise en fonction du langage intérieur qui caractérise toute pensée : « La perception cinématographique est un processus qui va de l'objet, du mouvement visible à son interprétation, à la construction du langage intérieur. (...) Le spectateur doit effectuer un travail complexe pour lier les plans (construction des ciné-phrases et des ciné-périodes) ». Cela l'amène à la définition suivante : « en fin de compte, le cinéma comme tous les autres arts est un système particulier de langage figuré » (puisqu'en général il est utilisé comme « langue »). Ceci suppose que le fait pour le cinéma d'être ou non un système significatif dépend des intentions de l'utilisateur.

Toutefois, pour les formalistes russes, il n'y a art et par conséquent « langue cinématographique » que lorsqu'il y a transformation stylistique du monde réel. Cette transformation ne peut intervenir qu'en liaison avec l'emploi de certains procédés expressifs qui résulte d'une intention de communiquer une signification.

« Ciné-phrase », « ciné-sémantique », « ciné-stylistique », « ciné-métaphore », tous ces termes indiquent le mouvement général d'extrapolation qui caractérise la démarche de ces théoriciens. Ce mouvement va s'amplifier avec les tentatives d'élaboration des « grammaires du cinéma ».

1.3. Les « grammaires » du cinéma.

Les « grammaires » du cinéma se sont développées essentiellement après la Libération alors que la promotion artistique du cinéma commençait à être plus globalement reconnue. Le cinéma était donc un art à part entière doué d'un langage. Pour mieux connaître ce langage, il paraissait nécessaire d'en explorer les principales figures.

Cette prolifération des manuels didactiques à l'image des manuels scolaires doit être directement reliée à l'expansion spectaculaire des ciné-clubs et des mouvements d'éducation populaire. Le cinéma, premier art véritablement populaire par l'ampleur de son audience devait être expliqué à son large public qui regardait des films en toute innocence, non sans toutefois avoir l'intuition d'un langage.

Ce mouvement caractérise surtout la France et l'Italie ; toutefois, son initiateur semble avoir été le britannique Raymond J. Spottiswoode, auteur d'une *Gram-*

maire du film parue à Londres en 1935. Spottiswoode systématise dans une perspective didactique les travaux récents d'Eisenstein et de Rudolf Arnheim (*Film als Kunst,* 1932).

Il dresse une table d'analyse des structures du film et une table de synthèse de ses effets, divise les éléments spécifiques en optiques et non optiques, ceux-ci en statiques et dynamiques, etc. Mais il s'agit pour lui de définir les principes esthétiques qui peuvent servir à un langage cinématographique correct.

Dans le domaine français, les deux auteurs assurément les plus connus sont André Berthomieu (*Essai de grammaire cinématographique,* 1946) et le docteur Robert Bataille (*Grammaire cinégraphique,* 1947). Roger Odin a bien montré que le modèle de ces grammaires cinématographiques est constitué par les grammaires normatives d'usage scolaire. Le langage cinématographique n'y est pas confronté à la langue mais à la littérature ; il s'agit de conformer le langage du film à l'usage des « bons auteurs ». Le but de la grammaire cinématographique est de permettre l'acquisition d'un « bon style cinématographique », ou bien d'un « style harmonieux » par la connaissance des lois fondamentales et des règles immuables qui régissent la construction du film. Ces grammaires donnent une liste d'incorrections et de fautes graves qu'il convient de pourchasser, à moins que le réalisateur ne cherche à créer un « effet stylistique » particulier :

> « Par exemple, sauter d'un ensemble à un gros plan peut constituer une faute volontaire qui attire l'attention du spectateur par l'inattendu et le choc visuel » (A. Berthomieu).

D'où cette définition : « La grammaire cinématographique étudie les règles qui président à l'art de transmettre correctement des idées par une succession d'images animées, formant un film » (Robert Bataille).

Ces grammaires fonctionnent donc sur le mode normatif des grammaires traditionnelles du langage verbal. Elles véhiculent une esthétique analogue, celle de la transparence (« la meilleure technique est celle qui ne se voit pas ») et du réalisme (« il faut que l'image donne la sensation de la vérité »), et l'on sait que cette esthétique de la transparence fondée sur la non-visibilité de la technique joue un rôle de premier plan au cinéma.

Les analyses du langage cinématographique proposées par ces grammaires s'inspirent assez étroitement des grammaires de langues naturelles. Elles en empruntent la terminologie et la démarche : elles partent des plans (= mots), en dressent la nomenclature (les échelles de plan), précisent la façon dont ils doivent être structurés en séquences (= « phrase cinématographique »), énumèrent les signes de ponctuation.

Mais les auteurs de ces grammaires sont toutefois bien conscients du caractère *analogique* de leurs analyses. Robert Bataille précise par exemple « qu'il n'y a pas nécessité de faire un parallélisme précis entre les signes de la ponctuation typographique et les liaisons optiques, le choix d'une de ces liaisons n'ayant pas un caractère d'obligation comme celui d'un signe de ponctuation. » Il se garde d'assimiler purement et simplement le plan au mot ; certes, il les rapproche : « De même que chaque mot évoque une idée, chaque plan montre une idée », mais il insiste également sur leurs différences : « Le mot est essentiellement intellectuel, le plan est par contre essentiellement matériel. » Ces oppositions sont souvent commentées en termes discutables mais Robert Bataille donne une définition du plan moins naïve qu'il pourrait le paraître : « Le plan est la représentation visuelle d'une idée simple », et il se place au niveau de l'effet produit sur le spectateur qui n'est conduit à percevoir qu'une seule idée pendant son temps de passage à l'écran. D'autre part, il insiste sur le fait qu'un plan ne saurait être étudié isolément, « son rôle dans le mécanisme de la pensée dépend essentiellement de la place qu'il occupera au milieu des autres plans. »

En définitive, comme le constate Roger Odin à la fin de son analyse, ces grammaires normatives ne sont ni meilleures ni pires que bien des grammaires scolaires du langage verbal. Il faut savoir que leur perspective est plus stylistique que proprement grammaticale. Tout en pratiquant une métaphorisation abusive des concepts, elles apportent par moments des éléments de description du langage cinématographique qui ont servi de base à de nombreuses analyses ultérieures.

Ces « grammaires du cinéma » ont longtemps servi de bouc émissaire à toute tentative d'approche formalisante du langage cinématographique pendant toute la période dominée par les thèses baziniennes de la « transparence ». Au moment où les présupposés arbitraires de ces conceptions elles aussi normatives apparaissent avec plus d'évidence, il est logique que certains chercheurs s'intéressent à nouveau à l'élaboration de modèles grammaticaux du langage cinématographique sur les bases de la « linguistique textuelle ».

1.4. La conception classique du langage.

Le refus des « grammaires du cinéma » implique une conception empirique du langage cinématographique ; il importe de préciser celle-ci avant d'aborder les mises au point théoriques formulées par Jean Mitry et Christian Metz. Le livre de Marcel Martin précisément intitulé *Le Langage cinématographique* dont la première édition date de 1955, plusieurs fois réédité et traduit, peut utilement servir de point de référence pour cerner cette conception « indigène » telle qu'elle s'explicite avant l'approche sémiologique de la question.

Curieusement, on ne trouve pas de définition unifiée de l'expression tant dans l'introduction que dans la conclusion de l'ouvrage où celle-ci est directement abordée.

Marcel Martin lie l'apparition du langage cinématographique à la découverte progressive des procédés d'expression filmique. Pour lui, comme d'ailleurs pour Jean Mitry et Christian Metz qui reprennent cette analyse sur ce point, le langage cinématographique s'est constitué historiquement grâce à l'apport artistique de cinéastes comme D.W. Griffith et S.M. Eisenstein. Le cinéma n'était donc pas au départ doué d'un langage, c'était seulement l'enregistrement d'un spectacle antérieur, ou bien la simple reproduction du réel. C'est parce qu'il a voulu raconter des histoires et véhiculer des idées que le cinéma a dû mettre au point toute une série de procédés expressifs ; c'est l'ensemble de ces procédés que recouvre le terme de langage (voir p. 125).

Le langage cinématographique est doublement déterminé, par l'histoire d'abord, par la narrativité, ensuite. Cela revient à postuler que les films « primitifs » n'ont pas de langage et que les films non-narratifs n'en ont pas non plus, ou bien que s'ils en ont, celui-ci est structurellement identique à celui des films narratifs. Dans ses premiers textes, Christian Metz partage cette hypothèse lorsqu'il écrit par exemple : « Un film de Fellini diffère d'un film de la marine américaine (destiné à enseigner aux recrues l'art de faire des nœuds) par le talent et par le but, non par ce qu'il y a de plus intime dans son mécanisme sémiologique. Les films purement véhiculaires sont faits comme les autres. » (*Essais* 1, p. 85). Nous verrons plus loin que cette position est tout à fait déplacée dans *Langage et Cinéma*.

Cette conception classique du langage présuppose également deux autres hypothèses, l'une qui assimile langage à « langage filmique traditionnel » (c'est l'interprétation figeante), l'autre qui dilue totalement l'instance langagière faisant du cinéma le lieu de l'appréhension directe du réel (c'est l'interprétation laxiste).

1.4.1. Le langage cinématographique traditionnel.

Si l'affirmation de l'existence du langage cinématographique a pu paraître stratégiquement décisive aux pionniers de la théorie, elle a toujours par la suite engendré des réticences. Marcel Martin ne peut s'empêcher de noter qu'« appliqué au cinéma, le concept de langage est assez ambigu. Faut-il y voir ce que j'ai appelé l'arsenal grammatical et linguistique, essentiellement lié à la technique des divers procédés d'expression filmique ? » (*Le Langage cinématographique*, p. 278). Auparavant, il constate que le cinéma-langage, lorsqu'il se borne à être un simple véhicule d'idées ou de sentiments recèle en lui-même les ferments de sa propre destruction comme art car il tend à devenir un moyen qui ne porte plus sa fin en lui-même. C'est là qu'apparaît cette notion de langage cinématographique traditionnel susceptible de recouvrir toute instance de langage : « Le langage cinématographique traditionnel apparaît trop souvent comme une sorte de maladie infantile du cinéma lorsqu'il se borne à être un ensemble de recettes, de procédés, de trucs utilisables par tous et qui garantiraient automatiquement la clarté et l'efficacité du récit et son existence artistique », ce qui amène l'auteur à parler de films « impeccablement efficaces sur le plan de l'utilisation du langage mais d'une totale nullité du point de vue esthétique, du point de vue de l'être filmique ».

Il est clair que s'opère à travers cette acception du terme langage un glissement du niveau proprement langagier au niveau stylistique, parfaitement évident lorsque Marcel Martin en appelle au « dépassement du *cinéma-langage* vers le *cinéma-être* ». Certes, il est tout à fait juste de remarquer que la plupart des grands réalisateurs contemporains ont pratiquement abandonné tout l'arsenal grammatical et linguistique énuméré et analysé par Marcel Martin dans son livre, mais il est erroné d'en conclure que c'est le langage qui vieillit et se démode le plus. Ce qui évolue, ce sont les choix stylistiques des réalisateurs, les conventions dominantes de

Vers une disparition du langage ?

L'Eclipse, de Michelangelo Antonioni (1962).

Le Désert rouge, de Michelangelo Antonioni (1964).

tournage qui caractérisent telle époque du cinéma par exemple. Marcel Martin le formule d'ailleurs lui-même un peu plus loin lorsqu'il écrit : « Il faudrait donc, pour éviter toute ambiguïté, préférer au concept de langage celui de *style* » (p. 279).

1.4.2. Vers une disparition du langage ?

Réduire le langage cinématographique à la nomenclature des procédés narratifs et expressifs et le figer dans celle-ci engendre le risque d'en nier purement l'existence, ou tout au moins, d'en relativiser la nécessité. Le progressif dépassement du langage (au sens traditionnel) vers « la sublimation de l'écriture » a pour conséquence d'entériner la théorie bazinienne de la transparence (voir plus haut chapitre 2) puisque le film, cessant d'être langage et spectacle devient style et contemplation, et ce qui apparaît sur l'écran redevient semblable à ce qui a été filmé, « car découpage et montage jouent de moins en moins leur rôle habituel d'analyse et de reconstruction du réel ». Le spectateur n'étant plus prisonnier de ce découpage et montage analytique se retrouve alors en quelque sorte « devant une fenêtre par laquelle il assiste à des événements qui ont toutes les apparences de la réalité et de l'objectivité et dont l'existence paraît être absolument indépendante de la sienne. »

Il devient évident que la définition classique du langage avec ses distorsions et ses réticences internes ne peut qu'entraver toute réflexion réelle sur le statut de cette instance au sein du film. Il faudra mobiliser l'éclairage sémiologico-linguistique, élargir la notion de langage et la confronter le plus précisément possible à ce qu'elle n'est pas pour apporter toutes les clarifications souhaitables dans ce débat traditionnel.

1.5. Un langage sans signes.

Il appartient à Jean Mitry dans le troisième chapitre de son *Esthétique et Psychologie du cinéma* d'avoir réaffirmé l'existence du langage cinématographique en en élargissant les bases.

Jean Mitry part d'abord de la conception traditionnelle du cinéma comme moyen d'expression pour ajouter aussitôt qu'un moyen d'expression, comme l'est le cinéma « susceptible d'organiser, de construire et de communiquer des pensées, pouvant développer des idées qui se modifient, se forment et se transforment, devient alors un langage, *est* ce qu'on appelle un langage ». Ce qui l'amène à définir le cinéma comme étant une forme esthétique (tout comme la littérature), utilisant l'*image* qui est (en elle-même et par elle-même) un moyen d'expression dont la suite (c'est-à-dire l'organisation logique et dialectique) est un *langage* (p. 48).

Cette définition a le mérite de mettre l'accent sur la matière signifiante du cinéma (l'image au sens large) ainsi que sur la mise en séquence, deux traits qui caractérisent un langage.

Le langage, pour Jean Mitry, c'est un système de signes ou de symboles (définition très saussurienne) qui permet de désigner les choses en les nommant, de signifier des idées, de traduire des pensées. Il précise plus loin qu'il ne faut pas réduire le langage au seul moyen permettant les échanges de la conversation, c'est-à-dire au langage verbal, que ce dernier n'est qu'une forme particulière d'un phénomène plus général. Il y a bien langage cinématographique, même si celui-ci élabore ses significations non pas à partir de figures abstraites plus ou moins conventionnelles mais au moyen de « la reproduction du réel concret », c'est-à-dire de la reproduction analogique du réel visuel et sonore.

Jean Mitry a bien vu que l'erreur des théoriciens antérieurs, celle qui sous-tend la conception dominante du langage cinématographique, réside dans le fait que ceux-ci posent *a priori* le langage verbal comme étant la forme exclusive du langage, et puisque le langage filmique est nécessairement différent, ils en concluent que celui-ci *n'est pas* un langage.

> Un passage de l'auteur résume avec clarté la dialectique propre à l'élaboration du langage filmique à partir de la représentation, de l'image des choses :
> « Il est évident qu'un film est tout autre chose qu'un système de signes et de symboles. Du moins ne se présente-t-il pas comme étant cela *seulement*. Un film, ce sont *d'abord* des images et des images *de quelque chose*. C'est un système d'images ayant pour objet de décrire, de développer, de narrer un événement ou une suite d'événements quelconques. Mais ces images, selon la narration choisie, s'organisent en un système de signes et de symboles ; elles deviennent symboles ou peuvent le devenir de surcroît. Elles ne sont pas uniquement signes comme les mots, mais d'abord objets, réalité concrète : un objet qui se charge (ou que l'on charge) d'une signification déterminée. C'est en cela que le cinéma est un langage ; il *devient* langage dans la mesure où il est *d'abord* représentation et à la faveur de cette représentation ; c'est, si l'on veut, un langage au second degré. » (pp. 53-54)

Les perspectives théoriques de Jean Mitry permettent ainsi d'éviter un double écueil. Elles manifestent clairement le niveau d'existence du langage cinématographique en insistant sur le fait que le cinéma, tout en étant une représentation du réel n'en est pas un simple décalque ; la liberté du cinéaste, la création d'un pseudo-monde, d'un univers semblable à celui de la réalité ne s'opposent pas à l'instance du langage ; c'est au contraire celui-ci qui permet l'exercice de la création filmique.

Tout film suppose également une composition et un agencement ; ces deux activités n'impliquent aucunement l'alignement sur des structures conventionnelles. L'importance du cinéma provient précisément de ce qu'il suggère avec insistance l'idée d'un langage de type nouveau, différent du langage verbal. Le langage cinématographique s'écarte notablement du langage articulé. L'entreprise sémiologique inaugurée par Christian Metz s'est efforcée de mesurer ces écarts et les zones de recouvrement possible, et cela avec un niveau de précision encore inusité dans le champ de la théorie du cinéma.

2. LE CINÉMA, LANGUE OU LANGAGE ?

Comme nous l'avons précédemment noté, on trouve parfois sous la plume de certains esthéticiens du cinéma le terme de « ciné-langue ». Le cinéaste et essayiste Jean Epstein parle ainsi du cinéma comme d'une « langue universelle ». L'usage empirique de la notion de langage amène la confusion entre les niveaux langagiers, grammaticaux et stylistiques, c'est la conclusion principale que l'on peut tirer de notre parcours historique précédent : la plupart des traités consacrés au langage cinématographique sont en fait des répertoires des figures dominantes d'un type d' « écriture filmique » (voir plus loin) propre à une époque.

De nombreux auteurs jusqu'à Jean Mitry ont essayé de confronter les termes de « moyen d'expression », « langage », parfois de « langue », à propos du film mais sans jamais faire appel directement à l'étude de la langue elle-même, c'est-à-dire à la linguistique.

Le point de départ de la démarche de Christian Metz part du constat suivant : le cinéma est postulé comme un langage, mais il est aussitôt étudié grammaticalement comme une langue. S'inspirant de la tripartition fondatrice de la linguistique saussurienne (« le langage comme somme de la langue et de la parole »), Metz va préciser le statut du langage cinématographique en l'opposant aux traits qui caractérisent une langue. C'est une tentative d'élucidation négative qui explicite tout ce que le langage cinématographique n'est pas.

Cette confrontation se trouve essentiellement dans l'article « Le cinéma, langue ou langage ? » paru initialement dans le n° 4 de la revue *Communications*, en 1964, réédité dans les *Essais*, I. Ce numéro comprend également les « Eléments de sémiologie », de Roland Barthes qui lancent le programme de recherches sémiologiques de la décennie ultérieure.

La sémiologie, que Ferdinand de Saussure définissait comme « l'étude des systèmes de signes au sein de la vie sociale » (donc des différents langages) ne s'est véritablement développée, tout au moins en France, qu'à partir de cette date. On peut la caractériser comme la généralisation des procédures d'analyse d'inspiration linguistique à d'autres langages ; d'où les multiples contestations qu'elle a pu provoquer. Pendant sa période initiale (1964-1970), elle s'est principalement préoccupée des aspects narratifs des langages (travaux de Claude Brémond, Gérard Genette, Tzvetan Todorov) pour se déplacer ensuite vers l'étude de l'énonciation et du discours. Ainsi les *Essais* de Christian Metz sont-ils d'abord centrés sur des problèmes de narration filmique. *Langage et Cinéma*, paru en 1971, marque une radicalisation méthodologique de l'inspiration linguistique par l'usage direct des concepts des *Prolégomènes à une théorie du langage*, de Louis Hjelmslev. Ce n'est que progressivement, à partir de l'étude des trucages, puis du spectateur que l'héritage linguistique est complété par un éclairage psychanalytique de plus en plus déterminant dans *Le Signifiant imaginaire*.

En fait, il n'est pas possible de dresser un tableau unifié de la sémiologie, celle-ci s'adaptant à chaque domaine d'études. Si dans le champ littéraire, on peut lui reconnaître une certaine homogénéité, par contre, la sémiologie de la peinture, de Louis Marin et celle de la musique, de Jean-Jacques Nattiez, n'ont de commun avec celle de Chritian Metz qu'un corps de références initiales largement retravaillées par la suite.

2.1. Langage cinématographique et langue.

Dans son *Cours de linguistique générale*, Saussure distingue d'abord la langue du langage. La première n'est qu'une partie déterminée du second : « elle est à la fois un produit social de la faculté de langage et un ensemble de conventions nécessaires.

Pris dans son tout, le langage est multiforme et hétéroclite ; la langue au contraire est un tout en soi et un principe de classification. (...) La parole est au contraire un acte individuel de volonté et d'intelligence... »

2.1.1. Multiplicité des langues, unicité du langage cinématographique.

Le fait de la langue est multiple par définition : il existe un grand nombre de langues différentes. Si les films peuvent varier considérablement d'un pays à l'autre en fonction des différences socio-culturelles de représentation, il n'existe toutefois pas de langage cinématographique propre à une communauté culturelle. C'est la raison pour laquelle le thème de « l'espéranto visuel » a pu se développer, surtout à l'époque du cinéma muet.

Bien entendu, le cinéma parlant enregistre à travers les paroles des personnages chaque langue particulière, mais au niveau du langage cinématographique considéré globalement, on ne retrouve pas des systèmes organisés et très différents des autres comme le sont ceux de chaque langue.

Lorsque le cinéma était muet, la langue écrite était présente sur les cartons souvent très nombreux dans les films. Dans les films sans intertitres, l'écriture intervenait au sein même de l'image. Ainsi dans *Le Dernier des hommes,* de F.W. Murnau (1924), lorsque le portier de l'hôtel est congédié, le directeur lui tend une lettre de licenciement cadrée en insert. *L'Homme à la caméra,* de Dziga Vertov (1929), autre film sans intertitre, fourmille de textes d'affiches, slogans, enseignes. Dans les films de Jean-Luc Godard, on peut constater la même profusion de lettres écrites, des affiches publicitaires aux vignettes de bande dessinée, jusqu'aux très gros plans du journal de Ferdinand dans *Pierrot le Fou* (1965).

2.1.2. Langage, communication et permutation des pôles.

La langue permet *à tout instant* la permutation des pôles du locuteur et de l'interlocuteur. Le cinéma ne le permet pas, on ne peut directement dialoguer avec un film si ce n'est dans un sens très métaphorique. Pour lui « répondre », il faut produire une autre unité de discours et cette production sera toujours postérieure à la manifestation du premier message. En cela, le cinéma se différencie radicalement de la communication verbale, ce qui n'est pas sans conséquence sur certains de ses usages sociaux qui nécessitent un échange communicatif immédiat (par exemple la propagande, l'enseignement, etc.)

Au cinéma, l'espace de l'énonciation est toujours radicalement hétérogène à celui du spectateur ; c'est pourquoi les adresses directes à celui-ci ne peuvent être que mimétiques et illusoires, le spectateur ne pouvant jamais répondre au personnage, même s'il s'agit d'un commentateur qui lui parle directement sans relais fictionnel. Le dispositif télévisuel fonctionne différemment dans le cas du « direct » puisqu'il y a alors simultanéité entre émission et réception et possibilité d'échange communicatif par intervention du récepteur.
Au théâtre, les acteurs et le public sont dans le même espace-temps, seulement séparés par une frontière conventionnelle. La frontière de l'écran est, elle, totalement hermétique : « La pièce de théâtre peut mimer une fable ou non, il reste que son *action,* au besoin mimétique, est prise en charge par des personnes réelles évoluant dans un espace et un temps réel sur la « scène » même où se trouve le

L'écriture au sein de l'image filmique

Le Cabinet du Docteur Caligari, de Robert Wiene (1920).

Octobre, de S.M. Eisenstein (1927). →

L'Ange bleu, de Josef von Sternberg (1927).

Hôtel du Nord, de Marcel Carné (1938).

Citizen Kane, d'Orson Welles (1940).

Le Faucon maltais, de John Huston (1942).

public. (...) Au théâtre, Sarah Bernhardt peut me dire qu'elle est Phèdre ou bien, si la pièce était d'une autre époque et récusait le régime figuratif elle me dirait, comme dans certain théâtre moderne, qu'elle est Sarah Bernhardt. Mais de toute façon, je verrais Sarah Bernhardt. Au cinéma, elle pourrait aussi me tenir ces deux sortes de discours, mais ce serait son ombre qui me les tiendrait (ou encore, elle me les tiendrait en son absence). » Christian Metz, *Le Signifiant imaginaire.*

2.1.3. Le niveau analogique du langage cinématographique.

Lorsque Jean Mitry insiste sur le fait qu'un film, « ce sont d'abord des images », il met l'accent sur le niveau « analogique » du langage cinématographique. En effet, le matériel signifiant de base du cinéma, l'image certes mais aussi le son enregistré, se présentent comme des « doubles » du réel, de véritables duplications mécaniques. En termes plus linguistiques, le lien entre le signifiant et le signifié de l'image visuelle et sonore est fortement *motivé* par la ressemblance.

Par contre, il n'y a aucun lien analogique entre le signifiant acoustique et son signifié, entre le son phonique de la langue et ce qu'il signifie dans le cadre d'une langue donnée, en dehors du cas particulier que constitue l'onomatopée.

C'est évidemment ce lien analogique entre signifiant et signifié qui permet toutes les théories du cinéma comme reproduction directe de la réalité sans l'intermédiaire d'un langage ou d'un codage arbitraire. L'analogie n'est cependant pas le contraire de l'arbitraire mais une forme particulière de motivation même si, dans le cas de l'image cinématographique, elle est particulièrement « fidèle » (se reporter au chapitre 1) :
« Or qui ne serait frappé de la force avec laquelle le cinéma s'impose à ce stade de la recherche du langage parfait. Avec le cinéma en effet, ce sont les êtres et les choses mêmes qui paraissent et qui parlent : point de moyen terme entre eux et nous, la confrontation est directe. Le signe et la chose signifiée sont un seul et même être. » Marcel Martin, *Le Langage cinématographique,* (pour l'analyse critique de ce thème, se reporter au chapitre 3, p. 95).

2.1.4. Linéarité et existence des unités discrètes.

Ce qui caractérise la perception du film, c'est la linéarité du défilement ; l'impression de continuité créée par ce défilement linéaire est à la base de l'emprise que le film exerce sur le spectateur. Celui-ci n'aura par conséquent jamais l'impression de percevoir des unités discontinues ou différentielles. Pourtant, comme l'a montré Christian Metz, il existe au sein du langage cinématographique un certain nombre d'unités différentielles, c'est-à-dire au sens linguistique *discrètes*. Ces unités « ont pour propriété de ne valoir que par leur présence ou leur absence, d'être forcément ou semblables ou différentes » (c'est leur définition linguistique classique). Ces unités discrètes au sein du langage cinématographique ne sont évidemment pas comparables à celles de la langue.

Une unité discrète est toujours différentielle au sein d'un code particulier (nous reviendrons plus loin sur le concept de code) et ne l'est qu'au sein de ce code. Dans le cas du cinéma, ce qui caractérise ces unités différentielles, c'est qu'elles sont intimement mêlées au premier niveau de la signification filmique, celui qui est créé par l'analogie photographique, et que par conséquent, elles n'ont pas l'air d'être ce qu'elles sont, c'est-à-dire des unités discontinues, discrètes :

> « Même pour ce qui est des *unités significatives,* le cinéma, au premier abord, est dépourvu d'éléments discrets. Il procède par « blocs de réalité » complets. C'est ce que l'on appelle les « plans » (Christian Metz).
> On a souvent cherché à définir l'unité minimale du langage cinématographique à partir du plan. Cette recherche repose sur la confusion entre langage et code. Une unité distinctive n'est jamais propre à un langage mais à un code : le plan peut ainsi être considéré comme l'unité du code du montage, le photogramme sera celui du code technologique de la reproduction du mouvement. La plupart des unités distinctives cinématographiques interviennent indépendamment des « frontières » du plan, soit en deçà (unités plus petites), soit au-delà (unités plus grandes) par exemple pour les codes narratifs.
> Les recherches des unités distinctives du langage cinématographique passent par la double critique de la notion de « signe cinématographique », et du plan comme unité du langage. (Cette question est traitée en détail pages 65-76 et 117-121 des *Essais,* I et dans la totalité du chapitre IX de *Langage et Cinéma* : « Le problème des unités pertinentes ».)

2.1.5. Problème des articulations au sein du film.

La différence la plus radicale entre langage cinématographique et langue réside dans le fait qu'il ne présente rien qui ressemble à la double articulation linguistique. Cette double articulation est au contraire centrale dans le mécanisme de la langue.

> La double articulation linguistique, par laquelle s'instaure l'arbitraire de la langue et qui structure la relation de signification, indique que la chaîne phonique peut être segmentée en unités de deux rangs : les premières ont un signifié qui leur est propre, ce sont les *unités significatives.* Les secondes n'ont pas de signifié propre mais servent à distinguer les unes des autres les unités significatives, ce sont les *unités distinctives.*

On ne trouve pas de segmentation à deux rangs du même type au sein du langage cinématographique. Cela ne veut toutefois pas dire que celui-ci soit dépourvu de toute articulation. Christian Metz formule l'hypothèse dans une note de ses *Essais* (note 2, p. 67) selon laquelle le « message cinématographique total » met en jeu cinq grands niveaux de codification dont chacun est une sorte d'articulation.

> Ces cinq niveaux seraient les suivants :
> — la perception elle-même, dans la mesure où elle constitue déjà un système d'intelligibilité acquis, et variable selon les cultures ;
> — la reconnaissance et l'identification des objets visuels et sonores qui apparaissent à l'écran ;
> — l'ensemble des « symbolismes » et des connotations de divers ordres qui s'attachent aux objets (ou aux rapports d'objets) en dehors même des films. c'est-à-dire dans la culture ;
> — l'ensemble des grandes structures narratives ;

— l'ensemble des systèmes proprement cinématographiques qui viennent organiser en un discours de type spécifique les divers éléments fournis au spectateur par les quatre instances précédentes (et qui constituent au sens strict le « langage cinématographique »).

Dans une section de *La Structure absente* consacrée aux codes visuels, Umberto Eco formule pour sa part l'hypothèse d'une triple articulation propre au langage cinématographique :

> « Des *figures iconiques* présumées (déduites des codes perceptifs) — niveau 1 — constituent un paradigme dont on sélectionne des unités à composer en *signes iconiques* — niveau 2 — combinables en *énoncés iconiques* combinables en photogrammes — niveau 3 — (...)
> Dans un code à trois articulations, on aurait donc : des figures qui se combinent en signes, mais ne sont pas une partie de leur signifié ; des signes qui se combinent éventuellement en syntagmes ; des éléments X qui naissent de la combinaison des signes, lesquels ne font pas partie du signifié de X. »

L'articulation est en fait un concept très général, certes forgé par la linguistique, mais dont seule la forme spécifiquement linguistique de double articulation en morphèmes et phonèmes est liée au code de la langue. Il en existe bien d'autres types.

2.2. L'intelligibilité du film.

Si la langue est l'un des codes internes du langage, le plus structuré sans doute, et celui qui instaure le rapport de signification par la double articulation, on peut également considérer qu'il existe certains aspects de la perception cinématographique qui permettent au spectateur de comprendre et de lire le film. Ce sont précisément ces caractères qui justifient l'utilisation du terme langage.

> « Le cinéma n'est à coup sûr pas une *langue,* contrairement à ce que beaucoup de théoriciens du cinéma muet ont dit ou laissé entendre (...) mais on peut le considérer comme un *langage,* dans la mesure où il ordonne des éléments significatifs au sein d'arrangements réglés différents de ceux que pratiquent nos idiomes, et qui ne décalquent pas non plus les ensembles perceptifs que nous offre la réalité (...). La manipulation filmique transforme en un discours ce qui aurait pu n'être que le décalque visuel de la réalité. » Christian Metz, *Essais,* I, p. 108.
> « ... A partir du moment où des substituts des choses, plus mobiles et plus maniables que les choses elles-mêmes, et en quelque sorte *plus proches de la pensée,* sont délibérément organisés en une continuité discursive, il y a fait de langage, par-delà toutes les différences que l'on voudra avec le langage verbal. » *Essais,* II, p. 18.

« L'intelligibilité » du film passe à travers trois instances principales :
— l'analogie perceptive ;
— les « codes de nomination iconique », ceux qui servent à nommer les objets et les sons ;
— enfin, les figures signifiantes proprement cinématographiques (ou « codes spécialisés » qui constituent le langage cinématographique au sens strict) ; ces

figures structurent les deux groupes de codes précédents en fonctionnant « par-dessus » l'analogie photographique et phonographique.

Cette articulation complexe et imbriquée entre codes culturels et codes spécia-lisés a une fonction homologue à celle de la langue sans être, bien entendu, analogue à elle. Elle en est une sorte d'« équivalent fonctionnel ».

2.2.1. L'analogie perceptive.

La vision et l'audition n'identifient pas un « objet » à partir de la totalité de son aspect sensible. On reconnaît une photographie en noir et blanc d'une fleur parce que la couleur ne constitue pas un trait pertinent d'identification. On comprend son interlocuteur au téléphone malgré la sélection auditive opérée par le mode de transmission. Tous les objets visuels reproduits au cinéma le sont en l'absence de troisième dimension, ils ne posent pourtant pas de problèmes d'identification majeurs. C'est que la reconnaissance visuelle et sonore se fonde sur certains traits sensibles de l'objet ou de son image, à l'exclusion des autres. C'est ce phénomène qui explique que la représentation schématisée des objets où la majeure partie des caractères sensibles ont été délibérément supprimés soit aussi reconnaissable que des représentations beaucoup plus complètes sur le plan de leur réalité physique. Les traits que retient par exemple le dessin schématisé correspondent exactement à ce que Umberto Eco appelle les traits pertinents des codes de reconnaissance. Il existe des degrés de schématisation, c'est-à-dire des dosages différents des traits pertinents de reconnaissance et inversement des degrés de ressemblance ou d' « iconicité ». Ainsi l'image cinématographique possède un degré supérieur d'ico-nicité par rapport à l'image télévisuelle.

> Certains contre-exemples peuvent attester ce mécanisme. Une reproduction photo-graphique en noir et blanc d'un objet (un légume, un animal) dont la couleur est un des critères d'identification peut mettre en défaut le code de reconnaissance. L'ab-sence de troisième dimension peut rendre difficile la perception de la taille réelle des objets au cinéma, par exemple, celle d'une colline.

En dehors même de toute schématisation, c'est parce que certains traits sensibles importent seuls à l'identification que des manifestations visuelles diffé-rant par tous les autres traits peuvent être perçues comme des exemplaires multi-ples d'un même objet et non comme des objets distincts. Comme on l'a dit à propos du référent : « La photo d'un chat n'a pas pour référent le chat particulier qui a été pris en photo, mais bien plutôt toute la catégorie des chats » dont celui-ci constitue un élément. (Voir ci-dessus, p. 72).

> Le spectateur aura sélectionné d'emblée les traits pertinents de reconnaissance : taille, pelage, forme des oreilles, etc. et n'aura pas tenu compte de la couleur du poil.

On voit par conséquent que le « schématisme » est un principe mental percep-tif qui déborde de beaucoup le champ du seul schéma au sens courant du terme. La vision la plus concrète est en fait un processus classificatoire. L'image cinémato-graphique ou photographique n'est *lisible,* c'est-à-dire intelligible que si on reconnaît des objets et reconnaître, c'est ranger dans une classe, de telle sorte que le chat comme concept, qui ne figure pas explicitement dans l'image, s'y trouve réintroduit par le regard du spectateur.

Cette question de l'analogie visuelle et de la ressemblance est classique en théorie des arts plastiques et en sociologie de la peinture. Elle a été particulièrement étudiée par Pierre Francastel qui a montré que ce ne sont pas exactement les mêmes images que les hommes jugent ressemblantes selon les époques et les lieux. L'image est informée par des systèmes très divers dont certains sont proprement iconiques et d'autres apparaissent aussi bien dans des messages non visuels comme le montre l' « iconologie » d'Erwin Panofsky.

Dans le champ sémiologique, c'est surtout Umberto Eco qui a analysé ce phénomène. Nous citerons l'exemple classique du zèbre. « Nous sélectionnons les aspects fondamentaux du perçu d'après des *codes de reconnaissance* : quand, au jardin zoologique, nous voyons de loin un zèbre, les éléments que nous reconnaissons immédiatement (et que notre mémoire retient) sont les rayures, et non la silhouette qui ressemble vaguement à celle de l'âne ou du mulet (...) Mais supposons qu'il existe une communauté africaine où les seuls quadrupèdes connus soient le zèbre et l'hyène et où soient inconnus chevaux, ânes, mulets : pour reconnaître le zèbre, il ne sera pas nécessaire de percevoir des rayures (...) et pour dessiner un zèbre, il sera plus important d'insister sur la forme du museau et la longueur des pattes, pour distinguer le quadrupède représenté de l'hyène (qui elle aussi a des rayures : les rayures ne constituent donc pas un facteur de différenciation). » *La Structure absente*, Ed. Mercure de France.

Il en résulte qu'au cinéma, malgré le degré très élevé d'iconicité propre à son signifiant, la compréhension première des données audio-visuelles est également assurée par l'ensemble de ces codes constitutifs de l'analogie. Ceux-ci permettent de reconnaître les objets visibles et audibles qui apparaissent dans les films grâce à la ressemblance dont ils sont responsables.

2.2.2. Les « codes de nomination iconique ».

Ces codes nommés ainsi par Christian Metz à la suite des analyses iconiques d'Umberto Eco et des analyses sémantiques de A.J. Greimas concernent l'opération de « nomination », l'acte de donner un nom à des objets visuels.

La vision sélectionne donc dans l'objet des traits pertinents et l'intègre par ce fait dans une classification sociale. Chaque objet visuel reconnu est alors nommé à l'aide d'une unité lexicale, un mot, la plupart du temps.

Cette « nomination » qui semble fonctionner par correspondance entre objets et mots qui servent à les désigner (comme des étiquettes) est en fait une opération complexe qui met en rapport les traits pertinents visuels et les traits pertinents sémantiques. La nomination est une opération de transcodage entre ces traits et une sélection de ceux qui sont considérés comme pertinents et l'élimination des autres, considérés comme « irrelevants ». Le trait pertinent sémantique correspond à la notion de « sémème » telle que le définit Greimas (= le signifié d'une seule acception d'un lexème).

« Chaque sémème (unité spécifique du plan du signifié) dessine une classe d'occurrences et non une occurrence singulière. Il existe des milliers de « trains », même dans la seule acception de « convoi ferroviaire », et ils diffèrent beaucoup les uns des autres par leur couleur, leur hauteur, le nombre de leurs wagons, etc. Mais la taxinomie culturelle que porte en elle la langue a décidé de tenir ces variations pour irrelevantes, et de considérer qu'il s'agit toujours d'un même objet (= d'une même classe d'objets) ; elle a décidé aussi que d'autres variations étaient pertinentes et suffisaient pour « changer d'objet », comme par exemple celles qui séparent le « train » de la « micheline ». Christian Metz, « Le perçu et le nommé » dans *Essais sémiotiques.*

Cette opération de transcodage s'accompagne d'une autre relation en raison du caractère particulier de la langue, relation que Christian Metz qualifie de « métacodique ». Un métacode est un code qui est utilisé pour étudier un autre code, comme le métalangage est le langage qui sert à étudier les autres langages. La langue est le seul langage qui soit en position de métalangage universel puisqu'il faut nécessairement l'utiliser pour analyser tous les autres langages. La langue occupe donc une position privilégiée puisqu'elle seule peut dire, même si c'est parfois approximativement, ce que disent tous les autres codes.

Il en résulte que la langue fait beaucoup plus que transcoder la vision, que la traduire en un autre signifiant du même rang, que la « verbaliser ».

La nomination achève la perception autant qu'elle la traduit et une perception insuffisamment verbalisée n'est pas pleinement une perception au sens social du mot.

Si je pense par exemple à un objet que je connais et que je n'arrive pas à le dessiner sur une feuille de papier, on pensera que je suis maladroit. Si ce même objet est dessiné sur une feuille et que je ne trouve pas le mot qui serve à le nommer, on pensera alors que je n'ai pas compris le dessin, que j'ignore réellement ce qu'il est. Dans *L'Enfant sauvage,* de François Truffaut (1970), le docteur Itard s'efforce d'apprendre au jeune garçon à nommer les objets quotidiens qu'il manipule : une paire de ciseaux, une clef, etc. L'enfant ne possède pas le code de la langue, sa capacité d'identification visuelle est alors mise à l'épreuve.

Ces codes montrent le lien d'interdépendance très étroit qui unit la perception visuelle et l'usage du lexique verbal : voilà qui relativise un peu plus l'opposition langage visuel - langue en explicitant le rôle de la langue *à l'intérieur* de la perception.

2.2.3. Les figures signifiantes proprement cinématographiques.

L'opération de reconnaissance dont il a été question jusqu'ici ne concerne qu'un seul niveau de sens, celui qu'on appelle le sens littéral ou sens dénoté. Mais les codes de nomination iconique ne rendent pas compte à eux seuls de tous les sens qu'une image figurative peut produire.

Le sens littéral est également produit par d'autres codes, par exemple le montage au sens le plus général du mot, montage qui englobe à la fois les rapports entre objets et la composition interne d'une image, même unique. Comprendre

Plan 37

Plan 42

Plan 38

Plan 43

Plan 39

Plan 44

Plan 40

Plan 45

Plan 41

Plan 46

Un exemple de montage alternant le regard d'un personnage (Mélanie Daniels dans *Les Oiseaux*, d'Hitchcok, 1963) et l'objet regardé.

Plan 64

Plan 69

Plan 65

Plan 70

Plan 66

Plan 71

Plan 67

Plan 72

Plan 68

Plan 73

qu'un objet apparaît dans un film quelques instants après un autre, ou qu'au contraire, ils interviennent constamment ensemble, ou que l'un est toujours à gauche de l'autre, c'est déjà autre chose qu'identifier visuellement chacun des objets.

> Dans *Some Came Running,* de Vincente Minnelli (1959), le personnage du joueur incarné par Dean Martin ne se sépare jamais de son chapeau qu'il garde constamment sur sa tête. Il ne se découvrira qu'au dernier plan sur la tombe de la jeune prostituée. Cette co-présence systématique du chapeau et du personnage ne sert pas qu'à identifier l'un et l'autre.

Le sens dénoté produit par l'analogie figurative est donc le matériau de base du langage cinématographique, celui sur lequel il vient superposer ses agencements, son organisation propre. Ceux-ci peuvent être internes à l'image : cadrages, mouvements d'appareils, effets d'éclairage, ou bien peuvent concerner des rapports d'image à image, donc le montage.

On pourrait croire que ces organisations signifiantes viennent ajouter des sens seconds par rapport à la dénotation, c'est-à-dire des effets de connotation, or il n'en est rien ; ils participent aussi et très directement à la production du sens littéral.

> Le film est la plupart du temps composé d'une succession de plans qui ne livrent que des aspects partiels du référent fictionnel qu'ils sont censés représenter.
> L' « Hôtel du Nord » dans le film homonyme de Marcel Carné (1938), ce sera une façade extérieure, un plan d'ensemble de la salle du rez-de-chaussée, une plongée sur un escalier, une chambre vue de l'intérieur, un plan rapproché de fenêtre cadré de l'extérieur.
> C'est par cette articulation filmique que la dénotation est construite, organisée. Cette organisation n'obéit pas à des règles fixes mais elle répond à des usages dominants en matière d'intelligibilité filmique, usages qui varient suivant les périodes et qui définissent les modalités historiques de découpage.

On remarquera également que ces principales configurations signifiantes, avant de se stabiliser pendant plusieurs décennies, se sont mises en place à la fin des années 1900 (vers 1906-1908) lorsque les cinéastes ont voulu développer un projet narratif.

> « Les pionniers du langage cinématographique, hommes de la dénotation, voulaient avant tout raconter des histoires. Ils n'eurent de cesse qu'ils aient plié aux articulations — même rudimentaires — d'un *discours* narratif le matériau analogique et continu de la duplication photographique. » Christian Metz, *Essais,* I, p. 98.
> (Se reporter au paragraphe « La rencontre du cinéma et de la narration » p. 63.)

Le montage alterné ne s'est ainsi constitué que progressivement de Porter à Griffith : il s'agissait de produire la notion de simultanéité de deux actions par la reprise alternée de deux séries d'images. Le projet narratif a engendré un schéma d'intelligibilité de la dénotation puisque les spectateurs savaient désormais qu'une alternance d'images sur l'écran était susceptible de signifier que dans la temporalité littérale de la fiction, les événements présentés étaient simultanés, ce qui n'était pas le cas pour les premiers spectateurs de Méliès.

3. L'HÉTÉROGÉNÉITÉ DU LANGAGE CINÉMATOGRAPHIQUE

Les pionniers de l'esthétique du cinéma n'avaient de cesse de revendiquer l'originalité du cinéma et sa totale autonomie en tant que moyen d'expression. Nous avons déjà insisté sur le rôle de l'analogie visuelle et sonore, sur celui de la langue dans la lecture des films ; les configurations proprement cinématographiques n'interviennent jamais seules. L'image n'est pas non plus le tout de ce langage. Depuis que le cinéma est sonore, il lui faut compter avec la bande sonore où n'intervient pas que la parole, mais aussi les bruits et la musique.

La notion de matière de l'expression telle que la définit Louis Hjelmslev va nous permettre de préciser le caractère composite du langage cinématographique, du point de vue du signifiant. Mais ce n'est pas seulement sur le plan des instances « matérielles » que le cinéma est hétérogène, il l'est aussi à un autre niveau, celui de la rencontre au sein du film, des éléments propres au cinéma et de ceux qui ne le sont pas.

3.1. Les matières de l'expression.

Pour Louis Hjelmslev, chaque langage se caractérise par un type (ou une combinaison spécifique) de matières de l'expression.

> La matière de l'expression, comme son nom l'indique, est la nature matérielle (physique, sensorielle) du signifiant, ou plus exactement du « tissu » dans lequel sont découpés les signifiants (le terme de signifiant étant réservé à la *forme* signifiante).

Il y a donc des langages à matière de l'expression unique et d'autres qui combinent plusieurs matières. Les premiers sont homogènes selon ce critère ; les seconds, hétérogènes.

La matière de l'expression de la musique est le son non phonique, d'origine instrumentale dans la plupart des cas ; l'opéra est déjà moins homogène puisqu'il y ajoute les sons phoniques (la voix des chanteurs) ; la matière de l'expression de la peinture est composée de signifiants visuels et colorés d'origine physique diverse, elle peut y intégrer des signifiants graphiques.

Le langage cinématographique sonore présente un degré d'hétérogénéité particulièrement important puisqu'il combine cinq matières différentes :

La bande image comprend les images photographiques mouvantes, multiples et mises en série, et accessoirement des notations graphiques qui peuvent soit se substituer aux images analogiques (intertitres sur cartons), soit s'y superposer (sous-titres et mentions graphiques internes à l'image).

> Certains films muets accordent un rôle important aux textes écrits : *Octobre,* d'Eisenstein (1927) comprend 270 intertitres pour un total de 3 225 plans et présente un très grand nombre de mentions écrites à l'intérieur des images : banderoles des manifestations, pancartes, enseignes, tracts, inserts en très gros plans de journaux, messages écrits, etc. *La Passion de Jeanne d'Arc,* de Carl-Theodor Dreyer (1928) alterne systématiquement des gros plans de visages et des intertitres consa-

crés aux répliques du procès. C'est aussi le cas de certains films sonores, comme *Citizen Kane*, d'Orson Welles (1940) où l'on cadre un très grand nombre d'inserts avec des titres de journaux, des affiches électorales, des textes manuscrits ou dactylographiés par Kane.
D'autres films muets, au contraire, s'efforcent d'éliminer toute trace de l'écriture.

La bande sonore est venue ajouter trois nouvelles matières de l'expression : le son phonique, le son musical et le son analogique (les bruits). Ces trois matières interviennent simultanément à l'image, c'est cette simultanéité qui les intègre au langage cinématographique dans la mesure où, intervenant seules, elles constituent un autre langage, le langage radiophonique.

Une seule de ces matières est spécifique au langage cinématographique, il s'agit, bien entendu, de l'image mouvante. C'est pour cette raison qu'on a souvent tenté de définir l'essence du cinéma à travers elle.

Cette définition du cinéma à partir des critères physico-sensoriels relève d'une constatation empirique simple à la portée théorique limitée, mais elle comporte le risque d'un glissement vers une conception du cinéma comme d'un système unique capable de rendre compte à lui seul de toutes les significations repérables dans les films.

Le cinéma est également hétérogène dans un autre sens, dont les conséquences théoriques sont nettement plus décisives ; il y intervient des configurations signifiantes qui nécessitent le recours au signifiant cinématographique et bien d'autres configurations qui n'ont rien de spécifiquement cinématographiques. Ce sont ces configurations signifiantes que Christian Metz, à la suite de Louis Hjelmslev, A.J. Greimas, Roland Barthes et de bien d'autres, appelle des *codes,* terme qui n'a pas manqué de provoquer d'innombrables discussions et qu'il importe maintenant de préciser avant d'aborder la question de la spécificité au sein des messages filmiques.

3.2. La notion de code en sémiologie.

Tout au long de *Langage et Cinéma,* Christian Metz mobilise une opposition qu'il emprunte à Louis Hjelmslev entre ensembles concrets (= les messages filmiques) et ensembles systématiques, entités abstraites, que sont les codes.

Les codes ne sont pas de véritables modèles formels, comme il peut en exister en logique, mais des unités d'aspiration à la formalisation. Leur homogénéité n'est pas d'ordre sensoriel ou matériel mais de l'ordre de la cohérence logique, du pouvoir explicatif, de l'éclairement. Un code est conçu en sémiologie comme un champ de commutations, un domaine au sein duquel des variations du signifiant correspondent à des variations du signifié, et où un certain nombre d'unités prennent leur sens les unes par rapport aux autres.

Dans l'un de ces champs d'origine, la théorie de l'information (car le terme est largement utilisé en droit : le code civil), code sert à désigner un système de correspondances et d'écarts. En linguistique il désigne la *langue* en tant que système interne au langage. En sociologie et en anthropologie, il désigne des systèmes de comportement (le code de la politesse, par exemple), des représentations collectives. Dans le langage courant, il désigne toujours des systèmes à manifestations multiples et à réutilisations courantes (code de la route, code postal, etc.).

Le code est donc un *champ associatif* construit par l'analyste, il révèle toute organisation logique et symbolique sous-jacente à un texte. Il ne faut donc absolument pas y voir une *règle* ou un principe obligatoire.

La notion linguistique de code a été généralisée à l'étude des structures narratives par A.J. Greimas et Roland Barthes. Dans son étude textuelle de *Sarrasine,* de Balzac, Barthes distingue le code culturel, le code herméneutique, le code symbolique, le code des actions, tout en précisant qu'il ne doit pas être entendu « au sens rigoureux, scientifique du terme puisqu'il désigne des champs associatifs, une organisation supratextuelle de notations qui imposent une certaine idée de structure ; l'instance du code est essentiellement culturelle ». (« Analyse textuelle d'un conte d'Edgar Poe », dans *Sémiotique narrative et textuelle.)*

Le code n'est pas non plus une notion purement formelle. Il faut le considérer d'un double point de vue : celui de l'analyste qui le construit, qui le déploie dans le travail de structuration du texte, et celui de l'histoire des formes et des représentations, dans la mesure où le code est l'instance par laquelle les configurations signifiantes antérieures à un texte ou un film donné viennent s'y impliciter. Dans ces deux points de vue, il ne s'agit pas du même « moment » du code, l'un précède l'autre. Cette entité abstraite est également transformée par le travail du texte et ira s'impliciter dans un texte ultérieur où il faudra à nouveau l'expliciter, et ainsi de suite.

3.3. Les codes spécifiques au cinéma.

Un certain nombre de configurations signifiantes que l'on appellera donc des *codes* sont directement liées à un type de matière de l'expression : pour qu'elles puissent intervenir, il est nécessaire que le langage d'accueil présente certains traits matériels. Prenons comme exemple le code du rythme, soit l'ensemble des figures fondées sur des rapports de durée : il est évident que ce code ne pourra littéralement intervenir que dans un langage qui possède une matière de l'expression temporalisée. Certes, on pourra toujours commenter le « rythme » de la composition visuelle dans un tableau, mais ce sera dans un sens très métaphorique.

Il en résulte que les configurations signifiantes qui ne peuvent intervenir qu'au cinéma sont en fait en nombre assez limité ; elles sont liées à la matière de l'expression propre au cinéma, c'est-à-dire à l'image photographique mouvante et à certaines formes de structuration propre au cinéma, comme le montage au sens le plus restreint du terme.

Un exemple traditionnel de code spécifique est celui des mouvements de caméra. Celui-ci concerne la totalité du champ associatif lié aux rapports de fixité et de mobilité qui peuvent intervenir dans un plan cinématographique : à tout instant, la caméra peut rester fixe ou bien produire une trajectoire donnée (verticale, horizon-

140

tale, circulaire). Chacun des plans explicite un choix, c'est-à-dire l'élimination de toutes les figures qui ne sont pas présentes.

Ce code est spécifique parce qu'il nécessite concrètement la mobilisation de la technologie cinématographique comme cela apparaît avec une particulière clarté dans la plupart des films du hongrois Miklos Jancso (*Sirocco d'hiver*, 1969, *Psaume rouge*, 1971, etc), composés de très longs plans-séquences avec d'immenses travellings.

Le code des échelles de plan qui constitue souvent le b.a.ba des grammaires cinématographiques n'est pourtant pas spécifique au cinéma puisqu'il concerne également la photographie fixe.

Une opposition tranchée entre codes spécifiques et codes non spécificiques est difficilement tenable ; l'hypothèse centrée sur des degrés de spécificité est beaucoup plus productive. Il y aurait deux pôles, l'un constitué de codes totalement non spécifiques (dont nous parlerons en 3.4.), l'autre de codes spécifiques, en nombre beaucoup plus réduit ; et entre ces deux pôles une hiérarchie dans la spécificité fondée sur la plus ou moins grande zone d'extension des codes considérés.

La matière de l'expression qui est propre au cinéma est l'image mécanique mouvante, multiple et mise en séquence. Au fur et à mesure que l'on avance dans les traits particuliers de ce langage, on accentue le degré de spécificité du code.

Les codes de l'analogie visuelle concernent par exemple toutes les images figuratives ; ils ne seront que faiblement spécifiques au cinéma tout en y jouant un rôle de premier plan.

Les codes « photographiques » liés à l'incidence angulaire (cadrages), le code des échelles de plan, celui de la netteté de l'image ne concernent plus que l'image « mécanique » obtenue par une technologie physico-chimique ; ils sont donc plus spécifiques que ceux de l'analogie visuelle.

Tous les codes qui concernent la mise en séquence de l'image sont encore plus nettement spécifiques quoiqu'ils concernent également le roman-photo et la bande dessinée.

Les seuls codes exclusivement cinématographiques (et télévisuels, mais les deux langages sont largement communs) sont liés à la mouvance de l'image : codes des mouvements de caméra, codes des raccords dynamiques : une figure comme le raccord dans l'axe est propre au cinéma, elle s'oppose aux autres types de raccords et ne trouve des équivalents en photo-roman que par approximation.

Remarquons toutefois que certains codes peu spécifiques ont pourtant été massivement exploités par le cinéma ; ainsi l'opposition entre « plongée » et « contre-plongée », si souvent utilisée pour accentuer certains traits des personnages représentés.

Des exemples classiques seraient *M le Maudit,* de Fritz Lang (1931), ou *Citizen Kane,* d'Orson Welles (1940) ; plus récemment, *Il était une fois dans l'Ouest,* de Sergio Leone (1969), *Pulsions,* de Brian de Palma (1980), *La Cité des femmes*, de Federico Fellini (1980), etc.

Un autre phénomène sur lequel il est intéressant d'insister est celui des conséquences de l'intégration d'un code non-spécifique dans un langage, et des transformations qu'il y subit.

Le code des couleurs intervient dans tous les langages où le signifiant est susceptible d'être « coloré » : le code du vêtement, la photographie, etc. Dans un film donné, ce code est cependant soumis aux caractéristiques des spectres et des valeurs de la pellicule utilisée : ceux du technicolor des années cinquante et de l'eastmancolor des années soixante-dix sont largement différents.

La voix d'un personnage de film n'est pas au départ très spécifique (code des timbres de voix) puisqu'on peut également l'entendre au théâtre, à la radio, sur disque, sur magnétophone. On peut alors déjà distinguer la voix enregistrée de celle qui ne l'est pas, puis la technique d'enregistrement (direct ou post-synchronisation), enfin sa simultanéité de manifestation avec l'image mouvante : en ce cas, elle devient totalement spécifique. Il ne serait d'ailleurs pas étonnant qu'une telle particularité de manifestation engendre des codes propres au cinéma : certains timbres qui lui seraient propres.

Mais un code plus spécifique qu'un autre au sein d'un langage n'est pas pour cela plus important que celui-ci ; il caractérise davantage ce langage mais peut y jouer un rôle modeste. C'est pour cela que prétendre qu'un film est plus cinématographique qu'un autre parce qu'il fait appel à un plus grand nombre de codes spécifiques au cinéma est une attitude qui n'a aucun fondement sérieux. Un film qui comprend beaucoup de mouvements de caméra, de raccords rythmiques, de surimpressions, n'est pas plus cinématographique qu'un film composé de plans exclusivement fixes où la narration est prise en charge par une voix off, comme *La Femme du Gange*, de Marguerite Duras (1972), par exemple. Ce que l'on peut simplement constater, c'est que dans le premier cas, la matérialité signifiante du cinéma s'affiche plus ostensiblement.

3.4. Les codes non-spécifiques.

Le langage cinématographique fait partie des langages non spécialisés ; aucune zone de sens ne lui est répartie en propre, sa « matière du contenu » est indéfinie. Il peut en quelque sorte tout dire, surtout lorsqu'il fait appel à la parole. Il existe par contre des langages consacrés à des zones sémantiques beaucoup plus étroites, par exemple, le langage des signaux maritimes : sa fonction exclusive est de donner des indications utiles à la navigation, d'où l'adaptation de sa matière de l'expression à cette finalité.

Certains langages, au contraire, ont, comme le note Louis Hjelmslev, qui pense surtout à la langue, une matière de contenu coextensive à la totalité du tissu sémantique, à l'univers social du sens ; ils sont constitués de codes à manifestation universelle.

D'autres codes peuvent avoir une spécificité multiple, ce qui veut dire qu'ils peuvent intervenir dans tous les langages dont la matière de l'expression comprend le trait pertinent qui leur correspond : ainsi le code du rythme cité précédemment.

Si le cinéma est un langage non spécialisé, capable de tout dire, il n'en demeure pas moins qu'en raison de la spécificité de sa matière de l'expression, donc des codes qui le constituent, il peut avoir une sorte de parenté privilégiée avec certaines zones de sens ; ainsi tous les sémantismes liés à la visualité ou à la mobilité pourront s'y déployer sans limite.

Au sein des films narratifs, on peut remarquer l'abondance des thématiques liées à la vision : d'innombrables mélodrames cinématographiques mettent en scène des aveugles ou des personnages qui perdent subitement la vue (multiples versions des *Deux Orphelines*).

142

Le film est donc le lieu de rencontre entre un très grand nombre de codes non-spécifiques et un nombre beaucoup plus réduit de codes spécifiques. Outre l'analogie visuelle, les codes photographiques déjà évoqués, on peut citer pour les films narratifs tous les codes propres au récit envisagés au niveau où ils sont indépendants des véhicules narratifs. Il en est de même de tous les codes du « contenu ». Etudier un film, ce sera étudier une très grand nombre de configurations signifiantes qui n'ont rien de spécifiquement cinématographique, d'où l'ampleur de l'entreprise et l'appel à des disciplines dont relèvent ces codes non-spécifiques.

S'il n'est pas possible de donner une liste précise des codes spécifiquement cinématographiques parce que leur étude est encore insuffisamment approfondie, cette tentative devient absurde pour les codes non-spécifiques puisqu'il y faudrait un dictionnaire encyclopédique.

4. L'ANALYSE TEXTUELLE DU FILM

A propos de la notion de code (paragraphe 3.2., p. 139), nous avons indiqué que Christian Metz opposait dans *Langage et Cinéma* deux types d'ensembles, les ensembles concrets ou messages filmiques, et les ensembles systématiques construits par l'analyste, les codes ; les messages filmiques sont également appelés « textes ».

Ce terme a aussitôt donné lieu à une nouvelle catégorie d'analyse de films, l'analyse textuelle du film. Ces analyses ont connu une certaine fortune dans la décennie qui a suivi la publication en 1971 de *Langage et Cinéma*. Roger Odin qui en a dressé une bibliographie systématique en 1977 recensait plus de cinquante analyses de ce type.

La filiation immédiate entre le travail théorique à l'œuvre dans *Langage et Cinéma* et ces nouvelles analyses n'est cependant pas aussi nette. Certaines sont antérieures, comme l'analyse d'une séquence des *Oiseaux*, d'Alfred Hitchcock publiée en 1969 dans les *Cahiers du Cinéma* par Raymond Bellour. Celles qui se réfèrent explicitement à la définition du « texte » propre à Christian Metz sont en nombre réduit. Toujours est-il qu'elles entretiennent toutes un rapport conceptuel plus ou moins affirmé avec le courant sémiologique au sens large du terme dont le livre de Metz constitue la pièce maîtresse. Il faut aussi signaler l'environnement sémiologique général (extérieur au cinéma) tout aussi déterminant dans la genèse de celles-ci. La publication de *S/Z*, de Roland Barthes, les analyses mythologiques de Lévi-Strauss, l'étude narrative des récits littéraires, sans parler de la mode structuraliste, ont toutes contribué à modifier le regard que l'on portait sur le film dans le sens d'une plus grande attention à la *littéralité* de la signification.

Nous préciserons d'abord l'acception de « texte » telle qu'on la trouve dans *Langage et Cinéma ;* nous étudierons ensuite son origine sémiologique et son sens dans le champ extérieur au cinéma, celui de l'analyse littéraire avec ses retombées méthodologiques sur certaines des analyses filmiques ; enfin nous caractériserons ce qui nous semble constituer l'originalité et l'intérêt principal de cette démarche en insistant sur les problèmes spécifiques qui se posent à une analyse de *film* (comment constituer un film en texte ?).

4.1. La notion de texte filmique dans *Langage et Cinéma*.

La notion de texte apparaît d'abord pour préciser le *principe de pertinence* à propos duquel la sémiologie se propose d'aborder l'étude du film : elle le considère en tant qu' « objet signifiant », comme « unité de discours ».

Le film (comme d'ailleurs l'ensemble du phénomène « cinéma » dont il ne constitue qu'un élément) est en effet susceptible de multiples approches qui correspondent toutes à une acception différente de l'objet, donc à un principe de pertinence différent. Il peut être considéré d'un point de vue technologique, en tant que support physico-chimique (« un *film* d'une grande sensibilité à la lumière naturelle ») ; d'un point de vue économique, comme ensemble de copies (« ce *film* pulvérise les records de recette ») ; d'un point de vue thématique relevant d'une analyse de contenu (« en dehors de la prostitution et de la domesticité, les femmes n'ont aucune activité professionnelle dans les *films* français des années trente ») ; comme document relevant de la sociologie de la réception (« ce *film* de Bergman a provoqué une série de suicides au Pakistan oriental »).

Parler de « texte filmique », c'est donc envisager le film comme discours signifiant, analyser son (ou ses) système(s) interne(s), étudier toutes les configurations signifiantes que l'on peut y observer.

Toutefois, l'approche sémiologique peut recouvrir deux démarches différentes :

— La premières étudie le film comme *message* d'un ou de plusieurs codes cinématographiques. Il s'agit de l'étude du langage cinématographique ou de l'une de ses figures ; par exemple : le montage morcelé dans *Muriel,* d'Alain Resnais (1963). Cette étude doit mettre en relation la pratique du montage dans un film donné avec celle d'autres films présentant des configuration voisines.

— La deuxième démarche proprement *textuelle* étudie le système propre à un film ; par exemple le rôle du montage morcelé dans *Muriel,* non plus en tant que figure du langage cinématographique mais en relation aux autres configurations signifiantes à l'œuvre dans le même film et au sens que celles-ci engendrent : « impression de cassure existentielle, de schizophrénie quotidienne, presque phénoménologique, de profonde « distraction » perceptive ».

Christian Metz renvoie à la définition hjelmslevienne de *texte* pour indiquer que le terme sert à nommer tout *déroulement* signifiant, tout « procès », que ce déroulement soit linguistique, non linguistique ou mixte, le film parlant correspondant à ce dernier cas. *Texte* peut donc désigner une suite d'images, une suite de notes musicales, un tableau dans la mesure où celui-ci développe ses signifiants dans l'espace, etc.

Texte filmique correspond au niveau filmophanique tel que le définissaient Etienne Souriau et Gilbert Cohen-Séat dans le vocabulaire de la filmologie, c'est-à-dire au « film fonctionnant comme objet perçu par des spectateurs durant le temps de sa projection. »

Texte filmique s'oppose à système : le *système* du film, c'est son principe de cohérence, sa logique interne, c'est l'intelligibilité du texte construite par l'analyste. Ce système n'a pas d'existence concrète alors que le texte en a une, puisqu'il est déroulement manifeste, ce qui préexiste à l'intervention de l'analyste.

Dans tout film, il y a deux instances abstraites relevant de l'ordre du systématique : le système propre à ce film et les codes, eux aussi systématiques, construits par l'analyste mais ceux-ci ne sont pas spécifiques, singuliers. Certains codes peuvent être généraux parce qu'ils concernent l'ensemble virtuel de tous les films (ainsi le code du montage), d'autres ne sont que particuliers dans la mesure où ils n'interviennent que dans une catégorie plus étroite de films, une seule « classe » de films (ainsi le code de la ponctuation filmique, très usité dans les films des années trente à cinquante : fondus au noir, enchaînés, volets de toutes sortes...). Même s'ils sont particuliers, ces codes ne sont jamais singuliers, ils concernent toujours plus d'un seul film. Seuls les textes sont singuliers.

4.2. Un exemple : le système textuel d'*Intolérance,* de D.W. Griffith.

Intolérance (1916) est composé de quatre récits différents présentés d'abord séparément, puis les uns à la suite des autres selon un rythme de plus en plus rapide : il s'agit de la chute de Babylone, de la Passion du Christ en Palestine, de la Saint Barthélémy en France au XVIᵉ siècle et d'un épisode « moderne » se déroulant dans l'Amérique contemporaine de la réalisation du film.

Le film est donc structuré d'une manière originale : par un montage parallèle généralisé à sa construction d'ensemble.

Ce montage parallèle est un type particulier de construction séquentielle qui appartient à un code spécifiquement cinématographique, celui du montage au sens d'agencement syntagmatique des segments de films. Certes, cette construction peut également intervenir dans un récit littéraire, théâtral, mais elle est ici spécifiquement cinématographique dans la mesure où elle nécessite, pour produire un effet visuel et émotionnel aussi particulier et intense, la mobilisation du signifiant cinématographique : une succession dynamique d'images en mouvement. Le montage parallèle est l'une des figures de montage possible, il s'oppose à d'autres types d'agencement séquentiel : le montage alterné qui instaure une relation de simultanéité entre les séries, le montage simplement linéaire où les séquences s'enchaînent selon une progression chronologique.

Dans *La Civilisation à travers les âges* (1908), Méliès se contentait de juxtaposer une série de tableaux selon un axe chronologique.
Le montage alterné, figure de montage précisément « mise au point » par Griffith dans ses courts métrages de la Biograph, intervient également dans *Intolérance,* mais à l'intérieur des épisodes, notamment dans la dernière partie du récit moderne lors de la poursuite entre l'automobile et le train, poursuite dont dépend la vie d'un innocent, celle du héros injustement condamné à la pendaison.

Le langage cinématographique, système relationnel abstrait constitué par l'ensemble de la production cinématographique *antérieure* à *Intolérance,* offre donc à Griffith une configuration signifiante, le montage parallèle, que le système textuel du film va utiliser, travailler, transformer. Il va l'étendre à la totalité du film puis l'accélérer en passant d'un parallélisme entre groupes de séquences (début du film) à un parallélisme entre séquences (centre du film) pour enfin aboutir à un parallélisme entre fragments de séquence, entre plans où l'unité séquentielle est totalement pulvérisée, passée au « hachoir » du montage (c'est une métaphore eisensteinienne). L'accélération finale n'est produite que par ce jeu du parallélisme sur lui-même, mouvement qui transforme totalement la configuration initiale de cette forme de montage jusqu'à la détruire : le système filmique est un travail du film sur le langage.

Ce montage parallèle généralisé est inséparable de la thématique propre au film, thématique fondée sur des configurations signifiantes extra-cinématographiques, ici une configuration idéologique qui oppose radicalement l' « Intolérance », comme son titre l'indique, à travers la diversité de ses manifestations historiques, à l'image allégorique de la bonté et de la tolérance incarnée par une figure toujours semblable : celle d'une mère berçant son enfant. La dynamique textuelle du film est fondée sur une séparation nettement affirmée au départ de chacun des épisodes consacrés au fanatisme, séparation niée puis transformée en fusion chargée de matérialiser visuellement l'identité de l'intolérance au-delà de la diversité de ses visages contingents.

Cette mise en relation antagonique provoque un nouveau palier dans le parallélisme, palier qui cette fois-ci est fondé non plus sur un rapport d'identité mais sur un rapport de contradiction.

La thématique idéologique mobilisée dans *Intolérance* est à mettre en relation avec des déterminations extérieures au film. Elle s'intègre au phénomène général concrétisé par l'idéologie réconciliatrice qui caractérise la société américaine d'après la Guerre de Sécession ; mais celle-ci informe une figure spécifiquement cinématographique (qui à son tour lui donne une forme, la matérialise) : le montage parallèle.

Le système filmique est par conséquent profondément mixte ; c'est le lieu de rencontre entre le cinématographique et l'extra-cinématographique, entre le langage et le texte, rencontre conflictuelle qui métamorphose le « métabolisme » initial de chacun des deux partenaires.

4.3. La notion de texte en sémiotique littéraire.

« Texte » est également utilisé dans les analyses filmiques en référence à une conception différente, si ce n'est pas contradictoire, avec celle de Louis Hjelmslev. Cette autre conception reste la plupart du temps très implicite. Il nous a semblé indispensable en raison de la fréquence de cet usage implicite d'élucider cet écart.

> Comme nous allons être amenés à le préciser un peu plus loin, ce sens particulier du mot « texte » est lié aux interventions théoriques de Julia Kristeva, de l'ensemble de la revue *Tel Quel* et du courant critique que celle-ci suscita au début des années 70.

Cette stratégie théorique entendait promouvoir parallèlement un nouveau type de lecture et de production littéraire. En partant d'une relecture de Lautréamont, Mallarmé, Artaud, et dans le sillage des travaux critiques de Georges Bataille et de Maurice Blanchot, il s'agissait de provoquer un climat favorable à l'accueil des productions « textuelles » (de théorie comme de fiction dans la mesure où le propre de ce courant est de nier ce clivage) des auteurs membres de la revue ou soutenus par elle ; ainsi Philippe Sollers, Jean Ricardou, Jean Thibaudeau, Pierre Guyotat.

Si nous rappelons ici cet épisode de la chronique littéraire parisienne, c'est qu'il influença certaines revues de cinéma, très perméables à la nouveauté théorique comme les *Cahiers du Cinéma* de 1970 à 1973 et provoqua même la naissance d'une nouvelle revue : *Cinéthique*. Comme dans le champ littéraire, cette théorie prônait le soutien de certains films de « rupture » (*Méditerranée*, de Jean Daniel Pollet (1963), par exemple) ; elle joua même un certain rôle dans la conception de films nouveaux : les films « expérimentaux » du « groupe Dziga Vertov » autour de Jean-Luc Godard et Jean-Pierre Gorin, *La Fin des Pyrénées*, de J.P. Lajournade (1971), etc.

Il n'est pas facile d'exposer de manière synthétique une telle notion puisqu'elle ne s'entend qu'à travers une « dissémination » du sens. Roland Barthes a pourtant réussi le tour de force d'en présenter une version très claire, sans la trahir, dans deux articles auxquels nous allons nous reporter dans la mesure où ils ont fortement marqué certaines analyses textuelles du film : « De l'œuvre au texte », dans *Revue d'esthétique*, 3, 1971 et « Théorie du Texte », dans *Encyclopaedia Universalis*, volume 15.

C'est Raymond Bellour qui, dans un article de réflexion méthodologique sur l'analyse de films, « Le texte introuvable », a explicité, de la manière la plus nette, l'origine de cette autre acception. Il y rattache la notion de texte à l'opposition formulée par Roland Barthes entre « œuvre » et « texte ».

Dans cette conception, l'œuvre est définie comme un fragment de substance, un objet qui se tient dans la main (Roland Barthes pense à l'œuvre littéraire), sa surface est « phénoménale ». C'est un objet fini, computable, qui peut occuper un espace physique. Si l'œuvre peut se tenir dans la main, le « texte » se tient dans le langage, c'est un champ méthodologique, une production, une traversée.

Ainsi, il n'est pas possible de dénombrer des textes ; on peut seulement dire que dans telle ou telle œuvre, il y a *du* texte. L'œuvre peut être définie en termes hétérogènes au langage ; on peut parler de sa matérialité physique, des déterminations socio-historiques qui ont amené sa production matérielle ; par contre, le texte reste de part en part homogène au langage. Il n'est que langage et ne peut exister à travers un autre langage. Il ne peut s'éprouver que dans un travail, une production.

On voit donc que cette autre conception du texte est largement homologique à ce que Christian Metz appelle le « système du texte », et que l'œuvre, objet concret à partir duquel s'élabore le texte, correspond précisément au « texte » metzien puisque celui-ci était déroulement attesté, discours manifeste.

Cette homologie est particulièrement manifeste lorsque Christian Metz définit le « système du texte » comme déplacement en soulignant la relation antagonique qui s'établit entre l'instance codique et l'instance textuelle : « Chaque film s'édifie sur la destruction de ses codes (...) le propre du système filmique est de repousser activement dans l'irrelevance chacun de ses codes, dans le mouvement même où il affirme sa propre logique, et *parce qu'*il l'affirme : affirmation qui, forcément, passe par la négation de ce qui n'est pas elle, et donc des codes. Dans chaque film, les codes sont présents et absents à la fois : présents parce que le système se construit *sur* eux, absents parce que le système n'est tel que pour autant qu'il est autre chose que le message d'un code, parce qu'il ne commence à exister que lorsque ces codes commencent à ne plus exister sous forme de codes, parce qu'il *est* ce mouvement même de repoussement, de destruction-construction. A cet égard, certaines notions avancées par Julia Kristeva dans un autre domaine sont applicables au film. » (*Langage et Cinéma,* p. 77).

On prendra donc bien garde d'observer dans l'usage de ce terme les deux acceptions qu'il recouvre. Deux notions sont à peu près synonymes « système textuel » et « texte » au sens Kristevo-Barthésien. Ce chassé-croisé notionnel provient du fait que l'un des membres du couple, « œuvre », n'intervient pratiquement jamais dans *Langage et Cinéma.*

Chez Christian Metz, la notion de texte filmique est valable pour tous les films ; elle n'est jamais restrictive ni sélective, ce qui n'est pas le cas dans la seconde acception que nous tentons de cerner.

« Texte » au sens sémiotique est donc également une notion stratégique à la fonction polémique et programmatique. Elle entend privilégier certaines œuvres, celles où l'on trouve *du* texte, et promouvoir une nouvelle pratique de l'écriture. Elle s'oppose à l'œuvre classique et à la conception ancienne du texte qui en découle où ce dernier est le garant de la chose écrite dont il assure la stabilité et la permanence de l'inscription. Ce texte (au sens ancien) ferme l'œuvre, l'enchaîne à sa lettre, la rive à son signifié ; il est lié à une métaphysique de la vérité puisque c'est lui qui authentifie l'écrit, sa « littéralité », son origine, son sens, c'est-à-dire sa « vérité ».

Il s'agit de substituer à l'ancien texte un texte nouveau, produit d'une pratique signifiante. Alors que la théorie classique mettait surtout l'accent sur le « tissu » fini du texte, puisque étymologiquement *texte,* c'est le tissu, la texture (« le texte étant un « voile » derrière lequel il fallait aller chercher la vérité, le message réel, bref le sens »), la théorie moderne du texte « se détourne du texte-voile et cherche à percevoir le tissu dans sa texture, dans l'entrelacs des codes, des formules, des signifiants au sein duquel le sujet se déplace et se défait, telle une araignée qui se dissoudrait elle-même dans sa toile. » (Roland Barthes).

C'est bien cet « entrelacs des codes » dont parle Barthes qu'évoquent irrésistiblement certaines analyses textuelles de film, notamment celles de Raymond Bellour et M.C. Ropars. Comme l'explicite Bellour dans son étude d'un segment de *La Mort aux trousses,* d'Alfred Hitchcock (1959), il est impossible, d'une certaine manière, de réunir en un seul faisceau la multiplicité de ces fils d'araignée puisque le système filmique est fondé sur la « progression réitérative des séries, la régulation différentielle des alternances, la similitude et la diversité des ruptures ». Un résumé d'analyse textuelle n'offrirait plus alors que « le squelette décharné d'une structure qui, pour n'être pas nulle, ne sera jamais le tout multiple qui s'édifie en elle, autour d'elle, à travers elle, à partir d'elle, au-delà d'elle ».

Cette nouvelle théorie du texte ne concerne pas que l'œuvre littéraire puisqu'il suffit qu'il y ait débordement signifiant pour qu'il y ait du texte. Barthes précise ainsi que toutes les pratiques signifiantes peuvent engendrer du texte : la pratique picturale, musicale, filmique, etc. Elle ne considère plus les œuvres comme de simples messages, ou même des énoncés, comme des produits finis, mais comme « des productions perpétuelles, des énonciations à travers lesquelles le sujet continue à se débattre » ; ce sujet est l'auteur sans doute, mais aussi le lecteur. La théorie du texte amène la promotion d'une nouvelle pratique, la *lecture,* « celle où le lecteur n'est rien de moins que *celui qui veut écrire* en s'adonnant à une pratique érotique du langage » (Roland Barthes).

Une des conséquences majeures de cette conception, c'est qu'elle postule l'équivalence entre écriture et lecture, le commentaire devenant lui-même un texte. Le sujet de l'analyse n'est plus extérieur au langage qu'il décrit, il est lui aussi dans le langage. Il n'y a plus de discours tenu « sur » l'œuvre mais production d'un autre texte de statut équivalent, « en entrant dans la prolifération indifférenciée de l'intertexte ».

Sans aborder la discussion des fondements théoriques de ces thèses radicales, on soulignera les difficultés particulières qu'elles rencontrent sur le terrain cinématographique.

La production textuelle ne peut s'inscrire que dans le langage, et la permutation des pôles entre lecteur et « producteur » est facilitée en littérature par la similitude de matière de l'expression entre le langage objet et le langage critique.

Cette homogénéité disparaît avec le film puisque celui-ci oppose la spécificité de son signifiant visuel et sonore à celle de l'écriture du commentaire. D'où les obstacles que doivent contourner les analyses textuelles du film, obstacles que Raymond Bellour désigne en précisant que, dans un certain sens, le texte du film est un texte « introuvable » parce qu'incitable. Pour le film, c'est non seulement le texte qui est incitable mais l'œuvre même.

Cependant Bellour retourne dialectiquement cette aporie en postulant que la mouvance textuelle est inversement proportionnelle à la fixité de l'œuvre.

Bellour compare la textualité musicale à celle du film. En musique, la partition est fixe alors que l'œuvre bouge parce que l'exécution change. Cette mouvance accroît en un sens la textualité de l'œuvre musicale puisque le texte, Barthes le dit et le redit sans cesse, est la mouvance même. « Mais par une sorte de paradoxe, cette mouvance est irréductible au langage qui voudrait s'en saisir pour la faire surgir en la redoublant. En cela, le texte musical est moins textuel que ne le sont le texte pictural et le texte littéraire surtout, dont la mouvance est en quelque sorte inversement proportionnelle à la fixité de l'œuvre. La possibilité de s'en tenir à la lettre du texte est en fait sa condition de possibilité. (...)
Le film présente en effet la particularité, remarquable pour un spectacle, d'être une œuvre fixe. (...) L'exécution, dans le film, s'annule de la même façon au profit de l'immutabilité de l'œuvre. Cette immutabilité, on l'a vu, est une condition paradoxale de la conversion de l'œuvre en texte, dans la mesure où elle favorise, ne serait-ce que par la butée qu'elle constitue, la possibilité d'un parcours de langage qui dénoue et renoue les multiples opérations à travers lesquelles l'œuvre se fait

texte. Mais ce mouvement, qui rapproche le film du tableau et du livre, est en même temps largement contradictoire : le texte du film ne cesse en effet d'échapper au langage qui le constitue. (...)
L'analyse filmique ne cesse ainsi de mimer, d'évoquer, de décrire ; elle ne peut, avec une sorte de désespoir de principe, que tenter une concurrence effrénée avec l'objet qu'elle cherche à comprendre. Elle finit, à force de chercher à le saisir, et à le ressaisir, par être le lieu même d'un dessaisissement perpétuel. L'analyse du film ne cesse de remplir un film qui ne cesse de fuir : elle est par excellence le tonneau des Danaïdes. » (« Le texte introuvable », dans *L'Analyse du film*.)

4.4. Originalité et portée théorique de l'analyse textuelle.

Comme nous l'avons noté en début de chapitre 4, des analyses de film de caractère inusité ont proliféré dans la décennie 70. Il est difficile de les qualifier toutes de « sémiologiques » tant leur degré de proximité vis-à-vis de cette discipline est divers.

Comment donc caractériser la nouveauté de ces analyses ? En quoi sont-elles différentes des études approfondies de films antérieurs, qui si elles étaient rares, n'en existaient pas moins ?

4.4.1. Caractéristiques essentielles de l'analyse textuelle.

On peut formuler l'hypothèse de deux caractéristiques principales :
— la précision et l'accent porté sur la « forme », les éléments signifiants ;
— une interrogation constante sur la méthodologie employée, une auto-réflexion théorique à toutes les phases de l'analyse.

a. Le souci du « détail prégnant ».

Même lorsque les analyses de films avant 1970 étaient riches, approfondies, fines, il était rare de voir l'auteur faire référence à tel ou tel détail de la mise en scène, à tel ou tel cadrage ou tel ou tel raccord entre deux plans.

Certes, ces références existaient parfois dans les analyses d'André Bazin. La profondeur de champ dans le plan du verre et de la porte lors de la tentative de suicide de Susan dans *Citizen Kane,* d'Orson Welles (1940), et le panoramique dans la cour intérieure de l'immeuble du *Crime de Monsieur Lange,* de Jean Renoir (1935), sont devenus des exemples canoniques. Mais l'exemple chez Bazin était toujours intégré dans une démonstration plus générale consacrée au réalisme cinématographique. De même, S.M. Eisenstein ponctuait systématiquement ses développements théoriques de commentaires de plans extrêmement précis.
C'est précisément cet aspect qui permet de les considérer tous les deux comme des précurseurs de l'analyse textuelle.

D'où le nombre restreint d'analyses stylistiques ou formelles et inversement, l'abondance d'études thématiques dans les analyses approfondies. Citons à titre d'exemple les études de Michel Delahaye consacrées à Marcel Pagnol et à Jacques Demy et celles de Jean Douchet consacrées à Alfred Hitchcock, Vincente Minnelli et Kenji Mizoguchi.

Les analyses de Michel Delahaye et Jean Douchet, très différentes dans leur stratégie propre, s'attachent toutes à cerner les réseaux thématiques dominants dans l'œuvre d'un cinéaste. Aboutissement de la célèbre « politique des auteurs » des *Cahiers du Cinéma* des années 50 et 60, elles représentent assurément la veine la plus féconde de cette démarche critique.

L'analyse textuelle restreint considérablement ces ambitions pour leur en substituer d'autres. Elle abandonne l'œuvre entière d'un cinéaste pour ne s'attaquer qu'au fragment d'un film particulier, elle cultive délibérément une certaine « myopie » dans la lecture au ras de l'image.

> Cette attention portée vers les structures formelles du film dont nous avons signalé maints précurseurs depuis les années 20, s'est trouvée fortement réactualisée avant les analyses textuelles proprement dites par les travaux de Noël Burch publiés en 1967 dans les *Cahiers du Cinéma,* puis réunis dans *Praxis du Cinéma* .
> Dès sa première analyse consacrée à l'espace filmique dans *Nana,* de Jean Renoir (1926), Noël Burch manifeste à la fois une ambition théorique et une grande acuité dans l'observation concrète des figures stylistiques du film que l'on retrouvera dans les meilleures analyses ultérieures.
> Mais la rigueur de Burch se heurte à l'obstacle de la mémorisation des plans et des séquences ; c'est sur cet obstacle que les premières analyses textuelles buteront également avant de le contourner par « l'arrêt sur image ».

En marquant un retour au primat du signifiant, l'analyse textuelle manifeste son souci de ne pas aller d'emblée à la lecture interprétative. Elle s'arrête souvent au moment du « sens » et par là, court le risque de la paraphrase et de la description purement formelle. Son pari repose sur l'articulation toujours problématique entre des hypothèses interprétatives et le commentaire minutieux des éléments repérables dans le film.

b. Le privilège de la méthodologie.

Alors que l'étude classique, quand elle ne se fondait pas sur l'empirisme et l'intuition de l'auteur, ne se risquait pratiquement jamais à l'explicitation de ses références théoriques, l'analyse textuelle se caractérise au contraire par une interrogation aussi constante que frénétique sur les fondements de ses options méthodologiques. A chaque instant, elle cherche à débusquer les fausses évidences, passe au crible de la réflexion épistémologique le moindre de ses concepts et remet systématiquement en question la pertinence de ses outils d'analyse.

Cette interrogation de la démarche va de pair avec une conscience aiguë de l'arbitraire de toute délimitation de corpus. Ainsi, la plupart des analyses textuelles, parce qu'elles se veulent minutieuses, n'abordent que des fragments, ce qui leur fait rencontrer le problème de la segmentation.

L'analyse textuelle n'est pas l'application concrète d'une théorie générale, par exemple l'étude sémiologique du langage cinématographique ; au contraire, il y a va-et-vient constant entre les deux démarches, la première étant tout autant que la seconde une activité de connaissance. Elle est « un moment nécessaire » de l'étude sémiologique comme l'indique à juste titre Dominique Chateau (« Le rôle de l'analyse textuelle dans la théorie », dans *Théorie du film*).

Enfin, les systèmes textuels élaborés par l'analyse sont toujours envisagés comme virtuels et multiples. L'analyse textuelle se caractérise donc également par la phobie de la réduction, réduction à un système unique et un « dernier signifié ». Raymond Bellour utilise une métaphore géométrique pour spécifier ce rapport entre réalité de l'œuvre et virtualité du texte :

> « L'opération d'analyse circonscrit ce qu'elle traite comme l'effet de projection d'une réalité dont elle ne peut indiquer les effets que comme un point de fuite, en ce sens qu'elle ferme toujours les effets d'un volume qui se développe. Donc il s'agit toujours pour l'analyse d'être *vraie,* en ce sens qu'elle développe sa propre virtualité comme non accomplie dans le texte, et qu'à ce titre, elle rend toujours compte d'une relation entre le spectateur et le film, plus que d'une réduction à quoi que ce soit. » (Raymond Bellour, « A bâtons rompus », dans *Théorie du film*).

4.4.2. Les difficultés concrètes de l'analyse textuelle.

Outre les problèmes théoriques qu'elle rencontre, l'analyse textuelle se heurte à des obstacles concrets en amont et en aval de l'opération d'analyse elle-même. Pour constituer le film en texte, il faut d'abord mettre la main sur l'œuvre ; ce geste est beaucoup moins simple à réaliser qu'en littérature.

Etudier un film avec un degré minimal de précision pose toujours le problème de la mémorisation, condition fondamentale de la perception filmique dont le flux ne dépend jamais du spectateur dans des conditions « normales » de projection.

Deux stratégies complémentaires ont été proposées pour contourner cette difficulté : la constitution d'une description détaillée et l'arrêt sur image.

a. Les phases préalables à l'analyse.

Une analyse filmique suppose donc deux conditions : la constitution d'un état intermédiaire entre l'œuvre elle-même et son analyse, et la modification plus ou moins radicale des conditions de vision du film. Dans « Le texte introuvable », Raymond Bellour a souligné ce paradoxe de l'analyse filmique qui ne peut se constituer que dans la destruction de la spécificité de son objet.

> « ... (L'image mouvante) est proprement incitable, puisque le texte écrit ne peut restituer ce que seul l'appareil de projection peut rendre : un mouvement, dont l'illusion garantit la réalité. C'est pourquoi les reproductions, même de nombreux photogrammes, ne font jamais que manifester une sorte d'impuissance radicale à assumer la textualité du film. Pourtant, elles sont essentielles. Elles représentent en effet un équivalent, chaque fois ordonné aux besoins de la lecture, de ce que sont sur une table de montage les arrêts sur image, qui ont la fonction parfaitement contradictoire d'ouvrir la textualité du film à l'instant même où elles en interrompent le déploiement. C'est bien en un sens ce qu'on fait quand on s'arrête, pour la relire et y réfléchir, sur une phrase dans un livre. Mais ce n'est pas le même mouvement qu'on arrête. On suspend la continuité, on fragmente le sens ; on n'attente pas de la même façon à la spécificité matérielle d'un moyen d'expression. (...)
> L'arrêt sur image, et le photogramme qui le reproduit, sont des simulacres ; ils ne cessent évidemment de laisser fuir le film, mais lui permettent paradoxalement de fuir en tant que texte. »
> Raymond Bellour, « Le texte introuvable », dans *L'Analyse du film*. Ed. Albatros.

Mais ce n'est pas seulement le texte filmique qui est « introuvable ». Celui-ci l'est d'ailleurs, comme nous l'avons vu plus haut, par définition, puisqu'il n'a d'existence que dans l'ordre de la virtualité, du système à construire sans fin. C'est aussi l'œuvre même qui l'est à plusieurs niveaux.

L'œuvre filmique est d'abord prosaïquement difficile à trouver. Il faut que le film soit programmé en salle et projeté régulièrement. Ce premier accès à l'œuvre démontre à quel point l'analyste dépend de l'institution (la distribution commerciale des films de répertoire, la programmation des ciné-clubs et des cinémathèques).

Il ne suffit pas d'avoir vu le film, il faut le revoir, certes ; mais aussi pouvoir le manipuler pour en sélectionner des fragments, opérer des rapprochements entre des suites d'images non immédiatement consécutives, confronter le dernier plan au premier, etc. Toutes ces opérations supposent un accès direct à la pellicule même et à l'appareil de projection. Elles supposent également un appareillage spécifique qui permettent l'aller-retour, le ralenti, l'arrêt sur image, bref une stratégie de visionnement radicalement différente de la projection continue (d'où le recours à des visionneuses, à des tables de montage ou d'analyse).

> Quant à l'accès à la pellicule, il est inutile d'en souligner la quasi-impossibilité matérielle et légale en raison du statut juridique des copies de films, propriétés des « ayants droit » et des distributeurs qui en possèdent les droits exclusifs pour une période donnée, ces droits n'étant utilisés qu'aux fins de projections commerciales et non commerciales des films (ciné-clubs) et l'usage personnel étant illégal.
> Les difficultés souvent insurmontables que nous venons de citer expliquent largement le retard des analyses systématiques de films au profit des approches exclusivement critiques.
> Il est probable que la « révolution technologique » que représente l'utilisation domestique du magnétoscope à cassettes amène une modification complète des moyens d'accès aux films, alors reproduits sur support vidéo et analysés sur écran de télévision.

Ces conditions matérielles réunies ne font que déplacer le problème d'un cran. L'analyse d'un film, pour peu qu'elle soit précise, implique des références concrètes à l'objet ; ces références impliquent elles-mêmes une transcription des informations visuelles et sonores apportées par la projection. Or, la transcription n'est pas automatique, elle est un véritable transcodage d'un médium à l'autre, engageant par là même la subjectivité du « transcripteur ». De plus, il y a toujours une certaine zone des perceptions visuelles et sonores, celle qui est la plus spécifique, qui échappe à la description et à la transposition dans l'écriture. C'est le phénomène que Roland Barthes souligne dans son étude intitulée « Le Troisième Sens », lorsqu'il écrit :

> « Le filmique, c'est, dans le film, ce qui ne peut être décrit, c'est la représentation qui ne peut être représentée. Le filmique commence seulement là où cessent le langage et le métalangage articulé. » (*Cahiers du Cinéma,* n° 222, juillet 1970).

Toutefois, les descriptions plus ou moins romanesques ou minutieuses de films existent depuis l'origine des publications consacrées au cinéma. La tradition des films racontés remonte aux années 10, grande époque des « serials » et du relais cinéma - feuilletons pour la presse quotidienne ; elle a connu plusieurs décennies de prospérité. Elle est aujourd'hui remplacée par la publication de découpages de films tels qu'on les trouve par exemple dans la revue *L'Avant-Scène cinéma,* depuis 1961. Ces découpages ne présentent pas tous le même degré de rigueur, mais ils sont incontestablement plus précis que les récits publiés antérieurement d'après des scénarios de films.

b. *Portée de la méthode en situation didactique.*

Si l'œuvre filmique est absente lorsqu'on lit une analyse textuelle, elle est par contre présente en situation didactique. Elle l'est aussi dans la pratique du ciné-club, mais sous la forme de souvenir immédiat que l'on ne peut vérifier qu'en projetant à nouveau la séquence évoquée. La pratique didactique prolonge et systématise cette démarche ; elle repose sur l'analyse concrète des unités de significations discernables lors de la perception du film qu'elle soumet à son rythme en en décomposant chaque phase.

Elle a pour but, en généralisant la multiplicité des parcours de lecture, d'éclairer le fonctionnement signifiant du film et donne un visage concret aux figures du langage cinématographique. Rien n'est plus abstrait, dans une certaine mesure, que la *notion* de raccord dans l'axe ; rien n'est plus concret et perceptible que l'identification à la projection de l'une de ses occurrences.

Par ailleurs, la pratique didactique est en grande partie orale ; elle repose sur la verbalisation et l'échange dialogué. Elle permet ainsi d'éviter la fixité de l'interprétation écrite et son risque de réduction ; elle est au contraire parfaitement à même de restituer le dynamisme du fonctionnement textuel, la circulation des réseaux de sens sans les figer.

c. *Difficultés de la mise à plat, problèmes de la citation.*

Si l'usage de l'oral se révèle particulièrement productif dans la pratique de l'analyse filmique, le progrès de celle-ci nécessite malgré tout le recours à l'écrit. Les acquis de la recherche en ce domaine doivent être exposés, en dépit des particularités de l'objet film, selon les méthodes qui ont fait leurs preuves dans d'autres champs.

Les approches critiques des cinéphiles de l'après-guerre, période de grande expansion des ciné-clubs, ont peut-être été d'une particulière richesse. Il a fallu la plume d'André Bazin pour nous en apporter le témoignage en montrant qu'il ne s'était pas seulement « ossifié » dans les manuels de vulgarisation.

L'analyse textuelle suppose donc — c'est une évidence — la publication de textes. Or ces textes sont particulièrement délicats à écrire parce qu'ils conditionnent la lecture et le degré d'attention du lecteur et, par voie de conséquence, l'intérêt de l'analyse.

En raison des difficultés de la transcription du film que nous venons d'évoquer l'analyse textuelle se trouve obligée à chaque instant de mobiliser une quantité de références qui en alourdit considérablement la démarche. Inversement, la simple allusion accroît l'opacité de la démonstration. Raymond Bellour dans l'article déjà cité énonce des constatations identiques :

154

« C'est pourquoi les analyses filmiques, dès qu'elles sont un peu précises, et tout en demeurant, pour les raisons que j'ai évoquées, étrangement partielles, sont toujours si longues, à proportion de ce qu'elles recouvrent, même si l'analyse, on le sait, est toujours interminable. C'est pourquoi elles sont si difficiles, plus exactement si ingrates à lire, répétitives, compliquées, je ne dirais surtout pas inutilement, mais nécessairement, comme prix à payer de leur étrange perversion.

C'est pourquoi elles semblent toujours un peu fictives : jouant sur un objet absent, et sans jamais pouvoir, puisqu'il s'agit de le rendre présent, se donner les moyens de la fiction tout en devant les emprunter. »

Par conséquent, la stratégie d'écriture d'une analyse filmique doit d'efforcer de réaliser un difficile équilibre entre le commentaire critique proprement dit et des équivalents de citations filmiques, toujours déceptifs : fragments de découpage, reproductions de photogrammes, etc.

Pour ce faire, elle doit utiliser avec la plus grande habileté possible toutes les ressources de la mise en page et de la disposition complémentaire du texte et de l'illustration photographique.

On citera, parmi les meilleures réussites de ce mariage entre analyse textuelle et citations du corps filmique absent les études de Thierry Kuntzel consacrées aux *Chasses du comte Zaroff* (« The Most dangerous game », 1932, in *Communications,* n° 23, et *Ça cinéma,* 7/8) et les deux volumes d'analyses de films dirigés par Raymond Bellour, *Le Cinéma américain* (Flammarion, 1980).

Ces études font appel à une très abondante iconographie qui structure, avec les descriptions séquentielles, l'agencement général du texte.

La publication par la Cinémathèque universitaire de la continuité photogrammatique intégrale d'*Octobre,* d'Eisenstein (1927) qui reproduit 3 225 photos du film, soit une par plan, offre un complément indispensable à l'analyse du film publiée par les éditions Albatros (*Octobre, écriture et idéologie,* 1976 et *La Révolution figurée,* 1979).

Toutes ces démarches tentent de circonscrire la matérialité même de l'objet filmique. Il existe toutefois une manière radicale de surmonter l'hétérogénéité du langage critique et du langage objet d'analyse (le film). Elle consiste en l'utilisation du film lui-même comme support d'analyse du cinéma : le cinéma didactique n'a aucun mal à citer des extraits d'autres films, il lui suffit de les reproduire comme le fait une analyse critique qui cite un texte littéraire.

Le développement de l'analyse de films provoquera sans aucun doute une renaissance de la production de films didactiques ayant pour objet le cinéma ou tel ou tel film particulier.

Ce cinéma a d'ailleurs ses classiques ; citons par exemple : *Naissance du Cinématographe,* de Roger Leenhardt, 1946 et *Ecrire en images,* de Jean Mitry, 1957. Il en connaîtra bien d'autres.

LECTURES SUGGÉRÉES : _____

1. LE LANGAGE CINÉMATOGRAPHIQUE.

1.1. Une notion ancienne.

Trois anthologies de textes classiques :

Marcel LAPIERRE, *Anthologie du cinéma*, « Rétrospective par les textes de l'art muet qui devint parlant », La Nouvelle Edition, Paris, 1946.

Marcel L'HERBIER, *Intelligence du cinématographe*, Paris, Ed. Corrêa, 1946.

Pierre LHERMINIER, *L'Art du cinéma*, Paris, Ed. Seghers, 1960.

Ces anthologies contiennent de larges extraits des écrits et déclarations des cinéastes du muet et des débuts du parlant ainsi que des premiers théoriciens, (Ricciotto Canudo, Louis Delluc, Abel Gance, Jean Epstein, etc.).

1.2. Les premiers théoriciens.

Béla BALÁZS, *L'Esprit du cinéma*, Paris, Ed. Payot, 1977.

Béla BALÁZS, *Le Cinéma, nature et évolution d'un art nouveau*, Paris, Ed. Payot, 1979.

Youri TYNIANOV, « Des fondements du cinéma » et Boris EICHENBAUM, « Problèmes de la ciné-stylistique », dans *Cahiers du Cinéma* : « Russie années vingt », no 220-221, mai-juin 1970.

Boris EICHENBAUM, « Littérature et Cinéma » dans *Ça/Cinéma*, no 4, mai 1974.

Christine REVUZ, « La théorie du cinéma chez les formalistes russes », dans *Ça/Cinéma*, no 3, janvier 1974.

1.3. Les grammaires du cinéma.

André BERTHOMIEU, *Essai de grammaire cinématographique*, Paris, La Nouvelle Edition, 1946.

Docteur R. BATAILLE, *Grammaire cinégraphique*, A. Taffin Lefort, 1947.

Roger ODIN, « Modèle grammatical, modèle linguistique et études du langage cinématographique », dans *Cahiers du XXe siècle*, no 9 : « Cinéma et Littérature », Paris, Ed. Klincksieck, 1978.

1.4. La conception classique du langage.

Marcel MARTIN, *Le Langage cinématographique*, Paris, Ed. du Cerf, 1955. Nouvelle édition remaniée en 1962, rééditée en 1977 aux E.F.R.

1.5. Un langage sans signes.

Jean MITRY, *Esthétique et psychologie du cinéma*, t. 1 : Les structures, t. 2 : Les formes, Paris, Ed. Universitaires, 1963, 1965, réed. Ed. Jean-Pierre Delarge, 1979.

Jean MITRY, « D'un langage sans signes », dans *Revue d'esthétique*, no 2-3, Paris, 1967, S.P.D.G.

2. LE CINÉMA, LANGUE OU LANGAGE ?

2.1. Langage cinématographique et langue.

Christian METZ, *Essais sur la signification au cinéma*, Ed. Klincksieck, Paris, tome 1, 1968 et 2, 1972, plusieurs rééditions : notamment, le chapitre II du volume 1 « Problèmes de sémiologie du cinéma », pp. 37-146.

2.2. L'intelligibilité du film.

Christian METZ, *Essais 2*, chapitre III, « L'avant et l'après de l'analogie », pp. 139-192.

Umberto ECO, *La Structure absente*, Paris, Ed. Mercure de France, 1972, section B « Vers une sémiotique des codes visuels ».

Christian METZ, *Essais sémiotiques*, Paris, Ed. Klincksieck, 1977, chapitre VI, « Le perçu et le nommé », pp. 129-161.

3. L'HÉTÉROGÉNÉITÉ DU LANGAGE CINÉMATOGRAPHIQUE.

3.1. Les matières de l'expression.

Louis HJELMSLEV, *Prolégomènes à une théorie du langage*, Paris, Ed. de Minuit, 1968.

3.2. La notion de code en sémiologie.

Christian METZ, *Langage et Cinéma*, Paris, Ed. Larousse, 1971, rééd. Paris, Ed. Albatros, 1977.

Roland BARTHES, « Eléments de sémiologie », dans *Le Degré zéro de l'écriture*, Paris, Ed. du Seuil, 1953 et 1970 et « Analyse textuelle d'un conte d'Edgar Poe », dans *Sémiotique narrative et textuelle*, Coll. « Larousse université », Ed. Larousse, 1973.

3.3. et 3.4. Les codes spécifiques et non-spécifiques au cinéma.

Christian METZ, *Langage et Cinéma*, op. cit., notamment chapitre X : « Spécifique/non-spécifique : relativité d'un partage maintenu ».

Marc VERNET, « Codes non spécifiques », dans *Lectures du film*, Paris, Ed. Albatros, 1976, pp. 46-50.

4. L'ANALYSE TEXTUELLE DU FILM.

4.1. La notion de texte filmique dans *Langage et Cinéma*.

Christian METZ, *Langage et Cinéma*, op. cit., chapitres I, V, VI et VII.

Roger ODIN, « Dix années d'analyses textuelles de films », bibliographie analytique, *Linguistique et Sémiologie*, 3, 1977, Lyon.

4.2. Le système textuel d'*Intolérance*, de Griffith.

Pierre BAUDRY, « Les aventures de l'Idée, sur *Intolérance* », 1 et 2, dans les *Cahiers du Cinéma*, n° 240-241, 1972.

4.3. La notion de texte en sémiotique littéraire.

Roland BARTHES, « De l'œuvre au texte », *Revue d'Esthétique*, 3, 1971 ; « Théorie du texte », *Encyclopaedia Universalis*, volume 15 ; *S/Z*, Paris, Le Seuil, 1970.

Julia KRISTEVA, *Recherches pour une sémanalyse*, Paris, Ed. du Seuil, 1969.

Raymond BELLOUR, « Le texte introuvable », dans *Ca/Cinéma*, n° 7/8, 1975, repris dans *L'Analyse du film*, Paris, Ed. Albatros, 1979.

4.4. Originalité et portée de l'analyse textuelle.

Raymond BELLOUR, *L'Analyse du film*, op. cit., Paris, Ed. Albatros, « A bâtons rompus » dans *Théorie du film*, ouvrage collectif, 1980.

Jean DOUCHET, « Aldred Hitchcock », les *Cahiers de L'Herne Cinéma*, n° 1, 1967.

Michel DELAHAYE, « Jacques Demy ou les racines du rêve », *Cahiers du Cinéma*, n° 189, avril 1967, et « La saga Pagnol », *Cahiers du Cinéma*, n° 213, juin 1969.

CHAPITRE 5

LE FILM ET SON SPECTATEUR

1. LE SPECTATEUR DE CINÉMA

Il y a plusieurs façons d'envisager le spectateur de cinéma.

On peut s'intéresser à lui en tant qu'il constitue un public, le public du cinéma, ou le public de certains films — c'est-à-dire une « population » (au sens sociologique du mot) qui se livre, selon certaines modalités, à une pratique sociale définie : aller au cinéma. Ce public (cette population) est analysable en termes statistiques, économiques, sociologiques. Cette approche du spectateur de cinéma est plutôt, à vrai dire, une approche des spectateurs du cinéma, et nous n'en parlerons guère ici, car elle relève globalement d'une démarche et d'une finalité théoriques qui ne sont pas tout à fait à leur place dans la perspective « esthétique » de cet ouvrage. Bien entendu, nous ne doutons pas qu'il y ait interaction entre l'évolution du public de cinéma et l'évolution esthétique générale des films ; mais c'est plutôt l' « extériorité » du point de vue du sociologue ou de l'économiste à la relation du spectateur au film (de chaque spectateur à chaque film) qui nous a conduits à l'exclure de notre champ actuel de réflexion.

Ce qui va nous occuper essentiellement dans ce chapitre et le suivant c'est donc surtout la relation du spectateur au film en tant qu'expérience individuelle, psychologique, esthétique, *subjective* en un mot : nous nous intéressons au sujet-spectateur, non au spectateur statistique. Il s'agit là d'une question qui a été abondamment débattue ces dernières années, sous un éclairage psychanalytique que nous aborderons dans quelques pages. Mais pour l'instant, il nous faut exposer rapidement les diverses problématiques et les diverses approches auxquelles la question du spectateur de film s'est trouvée historiquement associée.

1.1. Les conditions de l'illusion représentative.

En même temps que le XIXe siècle finissant inventait le cinéma, il voyait apparaître une discipline nouvelle : la psychologie expérimentale (dont le premier laboratoire fut fondé en 1879 par Wilhelm Wundt). Cette discipline a pris, en cent ans, une extension considérable, mais on peut dire que l'apparition du cinéma muet, puis son évolution vers une forme d'art autonome et de plus en plus élaborée — c'est-à-dire la période des années dix et vingt — coïncident avec le développement d'importantes théories de la perception, notamment de la perception visuelle. C'est en particulier par rapport à la plus célèbre de ces théories, la *Gestalttheorie*, qu'il faut situer deux chercheurs qui, l'un en 1916, l'autre au tout début des années 30, ont exploré le phénomène de l'illusion représentative au cinéma, et les conditions psychologiques que présuppose cette illusion chez le spectateur : nous voulons parler de Hugo Münsterberg et de Rudolf Arnheim.

Hugo Münsterberg fut sans doute le premier véritable théoricien du cinéma — bien que, de formation, il fût philosophe et psychologue (élève de Wundt), et que l'essentiel de son œuvre soit consacré à des livres de psychologie « appliquée ». Dans son livre, peu épais mais extrêmement dense, il s'intéressa d'emblée à la réception du film par un spectateur, et plus précisément aux rapports entre la nature des moyens filmiques et la structure des films d'une part, et d'autre part les grandes « catégories » de l'esprit humain (prises dans une perspective philosophique très marquée par l'idéalisme allemand, Emmanuel Kant notamment).

Un de ses grands mérites est d'avoir démontré notamment que le phénomène, essentiel au cinéma, de la production d'un mouvement apparent, s'expliquait par une propriété du cerveau (l' « effet-phi »), et nullement par la dite « persistance rétinienne », posant ainsi les bases — souvent oubliées, à vrai dire — de toute théorisation moderne de cet effet. Sur la lancée, en quelque sorte, de cette explication de l'effet-mouvement par une propriété de l'esprit humain, Hugo Münsterberg développe alors une conception du cinéma tout entier comme processus mental, comme *art de l'esprit*. Ainsi le cinéma est-il l'art :

— de l'attention : il est un enregistrement *organisé* selon les mêmes voies par lesquelles l'esprit donne sens au réel (c'est ainsi que Münsterberg interprète par exemple le gros plan, ou l'accentuation des angles de prise de vues) ;

— de la mémoire et de l'imagination, qui permettent de rendre compte de la compression ou de la dilution du temps, de la notion du rythme, de la possibilité du flash-back, de la représentation des rêves — et plus généralement, de l'invention même du montage ;

— des émotions enfin, stade suprême de la psychologie, qui se traduisent dans le récit lui-même, que Münsterberg considère comme l'unité cinématographique la plus complexe, pouvant s'analyser en termes d'unités plus simples, et répondant au degré de complexité des émotions humaines.

Ainsi, de la simple illusion de mouvement à toute la gamme complexe des émotions, en passant par des phénomènes psychologiques comme l'attention ou la mémoire, le cinéma tout entier est fait pour s'adresser à l'esprit humain en en mimant les mécanismes : psychologiquement parlant, le film n'existe ni sur la pellicule, ni sur l'écran, mais seulement dans l'esprit, qui lui donne sa réalité. La thèse centrale de Münsterberg se formule ainsi :

> « Le film nous raconte l'histoire humaine en dépassant les formes du monde extérieur — savoir, l'espace, le temps et la causalité — et en ajustant les événements aux formes du monde intérieur, — savoir, l'attention, la mémoire, l'imagination et l'émotion. »

exprimant davantage une conception du cinéma qu'une psychologie du spectateur, mais assignant pourtant à ce dernier une place bien précise : il est celui pour qui le film (tout au moins le film « esthétique ») idéalement fonctionne ; du niveau le plus élémentaire, la reproduction du mouvement, au niveau le plus élaboré, celui des émotions et de la fiction, tout est fait pour reproduire, représenter le fonctionnement de son esprit, et son rôle est donc d'*actualiser* un film idéal, abstrait, qui n'existe que pour et par lui.

Rudolf Arnheim, lui, est surtout connu comme critique d'art et psychologue de la perception. Conformément aux leçons de l'école gestaltiste, à laquelle il se rattache, Arnheim insiste sur le fait que notre vision ne se ramène nullement à une question de stimulation de la rétine, mais qu'elle est un phénomène mental, impliquant tout un champ de perceptions, d'associations, de mémorisation : nous voyons, en quelque sorte, « davantage » que ce que nos yeux eux-mêmes nous montrent. Par exemple, si les objets diminuent de taille apparente en s'éloignant, notre esprit compense cette diminution, ou plus exactement la *traduit* en termes d'éloignement.

Le problème central du cinéma, pour Rudolf Arnheim, est donc lié au phénomène de la reproduction mécanique (photographique) du monde : le film peut reproduire automatiquement des sensations analogues à celles qui affectent nos organes des sens (nos yeux, en l'occurrence), mais il le fait sans le correctif des processus mentaux : le film a affaire à ce qui est *matériellement visible,* et non pas vraiment à la sphère (humaine) du *visuel.*

On voit comment Arnheim se rattache au courant gestaltiste : en posant que, dans la perception du réel, l'esprit humain est ce qui, non seulement donne au réel son sens, mais même ce qui lui donne ses caractéristiques physiques : la couleur, la forme, la taille, le contraste, la luminosité, etc. des objets du monde sont en quelque sorte le produit d'opérations de l'esprit, à partir de nos perceptions. La vision est « une activité créatrice de l'esprit humain. »

La position de Rudolf Arnheim, cependant, est un peu plus modérée que le « mentalisme » extrémiste d'Hugo Münsterberg. La perception et l'art sont pour lui, certes, tous deux fondés sur les capacités organisatrices de l'esprit, mais Arnheim considère le monde (qui cause les perceptions) comme susceptible de certaines formes d'organisation. Même si les sens et le cerveau humains façonnent le monde (surtout en matière artistique), Arnheim considère que les structures que le cerveau impose au monde sont, en définitive, un reflet de celles mêmes qu'on trouve dans la nature (des grands schémas généraux comme l'ascension et la chute, domination et soumission, harmonie et discorde, etc.).

Ces théories (fort sommairement résumées), malgré l'évolution de la psychologie depuis les années 20, ne sont pas aujourd'hui « dépassées ». Elles ont même été, dans une certaine mesure, reprises et actualisées dans les travaux de Jean Mitry et les premiers textes de Christian Metz, par exemple. Leur limitation, évidente, se manifeste surtout dans l'étroitesse des choix esthétiques auxquels elles donnent lieu. Déjà Hugo Münsterberg, avec son étagement des phénomènes psychologiques que le film doit traiter, privilégiait le grand film de fiction, excluant de son champ de réflexion tout le cinéma documentaire, éducatif, ou propagandiste. Plus nettement encore, Rudolf Arnheim émet des jugements de valeur très sévères, voire sectaires, et surtout son système l'amène à valoriser exclusivement le cinéma muet, à rejeter en bloc tout le cinéma parlant, considéré comme une dégénérescence, la croissance malsaine qu'entraîne, d'après la Gestalttheorie et dans tout organisme, la diminution des contraintes extérieures. En tant que choix esthétiques ou critiques, ces privilèges sont certainement dignes d'être discutés ; en revanche, ils ne peuvent qu'affaiblir la validité générale d'une théorie des mécanismes psychologiques de l'illusion — mécanismes auxquels l'arrivée du parlant n'a certainement pas mis fin, même si elles les a profondément transformés. Aussi, malgré leur vif intérêt intellectuel, ces approches sont généralement reçues aujourd'hui comme surtout adéquates à la période du cinéma « art-des-images », et c'est certainement à propos du cinéma « expérimental » qu'elles trouveraient le plus aisément à se réactualiser.

1.2. Le « façonnage » du spectateur.

Nous venons donc de voir les premiers « psychologues du film » s'intéresser quasi naturellement à un art aussi proche, par plusieurs de ses caractères propres, des qualités mêmes de l'esprit humain. A ce stade de l'exploration un peu naïvement émerveillée d'une telle adéquation, succéda rapidement une démarche plus pragmatique, plus utilitaire aussi, que l'on pourrait schématiser ainsi : puisque les mécanismes intimes de la représentation filmique « ressemblent » à ceux des phénomènes psychologiques essentiels, pourquoi ne pas considérer cette similarité sous l'angle inverse ? Autrement dit, comment, à partir de la représentation filmique, *induire* des émotions — comment *influencer* le spectateur ?

Nous avons déjà rencontré cette préoccupation auparavant, chez Eisenstein notamment, dont nous avons vu qu'il s'agit là d'un trait important de son système théorique (cf. le chapitre sur le montage). Plus largement, on peut dire que ce souci, plus ou moins implicitement et plus ou moins consciemment, apparut fort tôt, et fut présent chez tous les grands cinéastes.

> Sans que jamais cela ne donne lieu chez lui à la moindre théorisation, on peut estimer par exemple que Griffith était extrêmement sensible à l'influence exercée par ses films. Il est clair que le finale de *Naissance d'une Nation* (1915), avec son *last minute rescue* (« sauvetage de dernière minute ») qui occupe une énorme part du récit, joue très délibérément de l'angoisse provoquée chez le spectateur par la forme du montage alterné, avec l'intention avouée de forcer la sympathie pour les sauveteurs (le Ku-Klux-Klan).

Mais, si le cinéaste américain fut incontestablement le premier à jouer aussi bien sur l'émotivité du spectateur, c'est en Europe que les leçons théoriques de son efficacité furent véritablement tirées. Si Hollywood produisit bon nombre de films carrément propagandistes (outre *Naissance d'une Nation,* on peut ici évoquer tous les films réalisés pour justifier et appuyer idéologiquement l'entrée en guerre des Etats-Unis en 1917), cette propagande ne fut jamais vraiment analysée comme telle par les Américains. En Europe même, le souci d'*impressionner* le spectateur prit des formes fort diverses, et ce n'est guère que par calembour qu'on peut y rattacher l'école parfois appelée « impressionniste » (cinéastes français de la « première avant-garde » : Louis Delluc, Jean Epstein, Abel Gance, Marcel L'Herbier) ou l' « expressionnisme » allemand.

On pourrait certes trouver, chez tels cinéastes ou critiques français ou allemands, une conscience parfois assez nette des moyens d'action psychologiques du cinéma. Mais c'est parmi les cinéastes russes que la réflexion sur ce thème prit, dans les années vingt, un tour plus systématique. Deux circonstances, d'ailleurs fortement liées entre elles, expliquent ce développement : d'abord, l'institution même d'un *cinéma soviétique* comme moyen d'expression, de communication et aussi *d'éducation et de propagande,* de plus en plus strictement contrôlé par des organismes d'Etat (c'est tout le sens de la fameuse formule de Lénine : « De tous les arts, le cinéma est pour nous le plus important ») ; ensuite, le fait que les premières expérimentations à propos du matériau cinématographique aient porté, avec Lev Kouléchov et son atelier, sur les possibilités du montage en matière d'imposition d'un sens aux séquences d'images.

> La célébrissime expérience consistant à faire suivre un même gros plan inexpressif d'un acteur par divers plans (une table bien garnie, un cadavre, une femme nue, etc.), et à constater que le gros plan d'acteur prend, en fonction de son voisinage, diverses valeurs, diverses inflexions (c'est ce qu'on appelle l' « effet Kouléchov »), expérience qui est souvent interprétée exclusivement dans le sens d'une démonstration des pouvoirs langagiers, syntagmatiques, du cinéma — fut aussi la première occasion d'apercevoir la possibilité de *diriger,* par un travail adéquat du matériau filmique, les réactions du spectateur.

Dans ses textes critiques et théoriques des années vingt, Kouléchov n'envisage pas, ou du moins, pas directement, les conséquences de sa conception du montage sur le rapport du film au spectateur ; c'est un de ses élèves, Vsevolod Poudovkine, qui mit le doigt le premier, et de la façon la plus nette, sur ces conséquences.

> Dans un opuscule rédigé par lui en 1926 sur la technique du cinéma, Poudovkine écrit notamment :
> « Il y a en psychologie une loi qui pose que, si une émotion donne naissance à un certain mouvement, l'imitation de ce mouvement permettra d'évoquer l'émotion correspondante. (...) Il faut comprendre que le montage est en fait un moyen de contraindre délibérément les pensées et les associations du spectateur. (...) Si le montage est coordonné en fonction d'une suite d'événements choisis avec précision, ou d'une ligne conceptuelle, soit agitée soit calme, il aura respectivement un effet excitant ou calmant sur le spectateur. »

Cette conception est certes naïve : elle pose de façon bien trop simpliste une équivalence, une similitude même, entre les événements filmiques et des émotions élémentaires, postulant ainsi, au moins tendantiellement, la possibilité d'une sorte de *calculs analytiques* des réactions du spectateur, dont nous avons déjà vu un autre aspect, assez comparable, avec les leçons un peu rigides tirées par le jeune Eisenstein de la doctrine réflexologique (cf. le chapitre sur le montage, p. 61).

L'important reste avant tout l'affirmation de l'idée même d'*influence* exercée sur le spectateur par le film. Idée générale mais forte, reprise, sous des formes à peine variées, par tous les cinéastes d'importance des années vingt soviétiques.

> Deux exemples :
> Dziga Vertov, 1925 :
> « Le choix des faits fixés sur pellicule suggérera à l'ouvrier ou au paysan le parti à prendre. (...) Les faits rassemblés par les kinoks-observateurs ou ciné-correspondants ouvriers (...) sont organisés par les ciné-monteurs selon les directives du Parti. (...) Nous introduisons dans la conscience des travailleurs des faits (grands ou petits) soigneusement sélectionnés, fixés et organisés, pris aussi bien dans la vie des travailleurs eux-mêmes que dans celle de leurs ennemis de classe. »
> S.M. Eisenstein, 1925 :
> « Le produit artistique (...) est avant tout un tracteur qui laboure le psychisme du spectateur, selon une orientation de classe donnée. (...) Arracher des fragments du milieu ambiant, selon un calcul conscient et volontaire, préconçu pour conquérir le spectateur, après avoir déchaîné sur lui ces fragments en une confrontation appropriée... »

Naturellement, cette idée, si convaincante soit-elle, reste encore en deçà d'un calcul réel de l'action exercée sur le spectateur, autrement dit, d'une maîtrise réelle et calculée de la *forme filmique*. Les tentatives, nombreuses, dans ce sens de la maîtrise, tournent toutes plus ou moins autour d'une mise en œuvre de cette idée que nous avons relevée chez Poudovkine et chez Eisenstein, d'une sorte de « catalogue » de stimuli élémentaires, à effet prévisible, dont le film n'aurait plus qu'à réaliser la combinaison judicieuse. C'est sur cette base que s'établissent, entre autres, toutes les « tables de montage » élaborées à cette époque par Eisenstein, par Poudovkine et d'autres ; c'est aussi sur la même idée que fait fond, implicitement, une bonne partie de l'enseignement de Kouléchov, sous la forme de règles pour le jeu de l'acteur, prescrivant à celui-ci de décomposer chaque geste en une série de gestes élémentaires, plus aisément maîtrisables, ou sous la forme de règles de mise-en-scène, enjoignant au cinéaste par exemple de veiller à faire coïncider au maximum les mouvements dans le cadre avec des parallèles aux bords du cadre, ces directions étant réputées plus faciles à percevoir pour le spectateur. Ces « règles », parfois présentées comme des recettes, sont évidemment bien minimales et paraissent aujourd'hui bien discutables. Aussi les meilleurs cinéastes soviétiques n'eurent-ils de cesse de les transformer, et d'améliorer leur pratique (sinon forcément leur théorie) dans le sens de l'efficacité de la forme. Ce n'est pas le lieu d'analyser leurs œuvres en détail, et nous rappellerons seulement tout le travail d'Eisenstein autour de la notion d'*organicité*, dans les années trente et quarante ; et aussi l'importance que, plus pragmatiquement, Poudovkine accorda, au long de sa carrière, au travail sur le temps, le rythme, la « tension » — toujours dans le sens d'une prise émotionnelle maximale sur le spectateur : voir les séquences finales de *La Mère* (1926) et de *Tempête sur l'Asie* (1929).

Cette étape de la réflexion sur le spectateur de cinéma n'a certes pas été menée à bout — en raison notamment du caractère mécanique des théories psychologiques sous-jacentes, qui mena à de patentes impasses. Toutefois, elle reste importante, essentiellement par sa volonté de *rationalité,* qui n'aura guère d'égale — et sur un tout autre terrain — que dans la démarche d'inspiration psychanalytique dont nous rendrons compte un peu plus loin.

La fin de cette approche fut précipitée par l'apparition du parlant, c'est-à-dire d'une forme de cinéma dans lequel, tout au moins au début, l'essentiel du sens — et donc de l'influence possible — passait par le langage verbal, alors que tous les efforts de réflexion avaient exlusivement porté sur l'influence attribuable aux divers *paramètres de l'image.* Par la suite, la question de l'influence du cinéma, et du « conditionnement » du spectateur, fut occasionnellement soulevée à nouveau, dans des perspectives très diverses, mais la réflexion sur cette influence passe plutôt, depuis quelques décennies, par les voies de la sociologie et/ou de la théorie de l'idéologie, et beaucoup moins (voire plus du tout) par une théorie du sujet spectateur comme siège de réactions affectives aux stimuli filmiques.

1.3. Le spectateur de la filmologie.

C'est après la guerre, au sein de l'Institut de Filmologie, à partir de 1947, que l'on s'intéresse à nouveau au spectateur de cinéma. Les années trente et le récent conflit mondial venaient de révéler par la pratique la puissance d'impact émotionnel des images cinématographiques, notamment dans la pratique du cinéma de propagande. Comme le remarquait alors Marc Soriano, secrétaire de rédaction de la revue de l'Institut : « Avant la filmologie on se bornait à constater cette vérité élémentaire, à savoir que la projection d'un film impressionne le public. Quant à dire pourquoi et comment, c'était une autre question. C'est donc à ce « pourquoi » et à ce « comment » que la filmologie naissante s'est attaquée. »

Créé en 1947 par Gilbert Cohen-Séat qui avait publié l'année précédente aux P.U.F. son *Essai sur les principes d'une philosophie du cinéma,* l'Institut de Filmologie s'efforce de rassembler, sous la présidence prestigieuse de Mario Roques, professeur au Collège de France, des universitaires et des hommes de cinéma, réalisateurs, scénaristes et critiques.

L'institut publie à partir de l'été 1947 la *Revue internationale de filmologie* dont les vingt numéros rassemblent jusqu'à la fin des années cinquante des textes fondamentaux qui jettent les bases de la théorie du cinéma postérieure. La sémiologie naissante reprend d'ailleurs un problème central en filmologie, celui précisément de l'impression de réalité. L'essai d'Edgar Morin que nous aborderons plus loin *Le Cinéma ou l'homme imaginaire* (Ed. de Minuit, 1956) a été publié à la charnière de ces deux écoles. Dès le premier numéro de la *Revue de filmologie,* plusieurs textes abordent la question du spectateur, par exemple : « De quelques problèmes psychophysiologiques que pose le cinéma » par Henri Wallon et « Cinéma et identification » par Jean Deprun, qui renvoie explicitement à la théorie freudienne de l'identification.

Cette question sera fondamentalement traitée dans le recueil dirigé par Etienne Souriau *L'Univers filmique* (Ed. Flammarion, 1953) dont le chapitre II écrit par

Jean-Jacques Riniéri s'intitule : « L'impression de réalité au cinéma : les phéno-mènes de croyance », texte largement commenté dans le premier article de Christian Metz consacré au même sujet.

Les études filmologiques s'intéressent d'abord aux conditions psycho-physiologiques de la perception des images de film. Elles appliquent les méthodes de la psychologie expérimentale et multiplient les tests permettant d'observer les réactions d'un spectateur dans des conditions données. L'étude du docteur R.C. Oldfield sur « La perception visuelle des images du cinéma, de la télévision et du radar » (*Revue internationale de filmologie*, n° 3-4, octobre 1948) se propose ainsi d'éclairer les problèmes psychologiques de la perception des images filmiques, qu'il classe dans la chaîne des images artificielles en les confrontant à l'évolution de la technologie du radar. Il s'interroge sur la notion de « ressemblance fidèle », suppose l'existence d'une échelle de ressemblance et rappelle que l'image de film est un objet purement physique, composé d'une certaine distribution spatiale d'inten-sités lumineuses sur la surface d'un écran. Oldfield pose les limites de la fidélité photographique de l'image à travers la texture de ses points et l'altération des rapports de contraste et de direction. Il établit clairement que l'image de l'écran est le résultat d'un processus psychique qui peut être soumis à la mesure et à un traitement quantitatif et qu'il existe des critères objectifs précis de la fidélité.

Ces observations l'amènent à conclure que la perception visuelle n'est pas un simple enregistrement passif d'une excitation externe, mais qu'elle consiste dans une activité du sujet percevant. Cette activité comprend des processus régulateurs dont le but est de maintenir une perception équilibrée. Ces mécanismes de constance réalisent par exemple le maintien de la grandeur apparente de l'écran, et des figures de cet écran, malgré la distance à laquelle celui-ci se trouve du spectateur.

Un deuxième aspect de la recherche filmologique concernant la perception des films est caractérisé par l'étude des perceptions différentielles suivant les catégories de public. De nombreuses études abordent ainsi la perception des enfants, des peuples « primitifs », des adolescents inadaptés pour citer quelques exemples caractéristiques qui marqueront l'essai d'Edgar Morin. Ces études ont souvent recours à l'électroencéphalographie et analysent les tracés obtenus suivant les séquences du matériel filmique projeté :

Sur cet aspect, on pourra se reporter par exemple à :
—Henri Gastaut, « Effets psychologiques, somatiques et électroencéphalogra-phiques du stimulus lumineux intermittent rythmique ».
— Ellen Siersted, « Réaction des petits enfants au cinéma » (*Revue internatio-nale de filmologie*, n° 7-8).
— Gilbert Cohen-Séat, H. Gastaut et J. Bert, « Modification de l'E.E.G. pendant la projection cinématographique ».
— Gilbert Cohen-Séat et J. Faure, « Retentissement du « fait filmique » sur les rythmes bioélectriques du cerveau ».
— G. Heuyer, S. Lebovici, et al., « Note sur l'électroencéphalographie pendant la projection cinématographique chez des enfants inadaptés ». (*Revue internatio-nale de filmologie*, n° 16, janvier-mars 1954 « Etudes expérimentales de l'activité nerveuse pendant la projection du film ».)

Ce versant de l'étude filmologique du spectateur nous amène aux abord de la « séméiologie » médicale. La perspective du philosophe Etienne Souriau au sein de l'Institut de filmologie est beaucoup plus proche des perspectives de l'esthétique du film et du spectateur telles qu'elles se sont développées depuis.

Etienne Souriau dans son étude classique sur « la structure de l'univers filmique et le vocabulaire de la filmologie » s'attache à définir les divers niveaux qui selon lui interviennent dans la structure de l'univers filmique. Parmi ces niveaux, il distingue celui qui concerne les « faits spectatoriels ». Le plan spectatoriel est pour Etienne Souriau celui où se réalise en acte mental spécifique l'intellection de l'univers filmique (la « diégèse ») d'après les données « écraniques ». Il nomme fait « spectatoriel » tout fait *subjectif* qui met en jeu la personnalité psychique du spectateur. Par exemple, la perception du temps, au niveau filmophanique, celui qui concerne la projection elle-même, est objective et chronométrable alors qu'elle est subjective sur le plan spectatoriel. C'est celui qui est en cause lorsque le spectateur estime que « ça traîne » ou que « c'est trop rapide ». Il peut y avoir des phénomènes de « décrochages » entre les deux niveaux. Si par exemple les données écraniques connaissent des phénomènes d'accélération rapides, il est possible que certains spectateurs ne suivent pas le rythme de l'accélération et « décrochent » ; en ce cas ils cessent de « réaliser » ce qui se passe et n'ont plus qu'une impression de désordre et de confusion.

Une telle disjonction est également observable dans le cas de l'utilisation de certains trucages dont le degré d'arbitraire peut entraver la crédibilité : ainsi le moment du ralentissement musical marquant l'arrêt du temps dans *Les Visiteurs du soir,* de Marcel Carné (1943).

Etienne Souriau précise également que les faits spectatoriels se prolongent bien au-delà de la durée de la projection : ils intègrent notamment l'impression du spectateur à la sortie du film et tous les faits qui concernent l'influence profonde exercée par le film ensuite, soit par le souvenir, soit par une sorte d'imprégnation productrice de modèles de comportement. Il en est de même pour l'état d'attente créé par l'affiche du film qui constitue par exemple un fait spectatoriel pré-filmophanique (*Revue internationale de filmologie,* n° 7-8).

1.4. Le spectateur de cinéma, « homme imaginaire ».

C'est en 1956 qu'Edgar Morin publie son essai *Le Cinéma ou l'homme imaginaire* (Ed. de Minuit), alors qualifié d'anthropologie sociologique. Dans la préface à une édition récente de ce même essai, l'auteur estime que « ce livre est un aérolithe » (préface datée de décembre 1977). En effet, l'importance et l'originalité de cet essai d'anthropologie ont été gravement sous-estimées dans les deux décennies ultérieures. De même, parce que profondément novateur, il n'était situable dans aucune des classifications en cours lors de sa parution « puisqu'il ne parlait ni de l'art, ni de l'industrie cinématographique et ne concernait aucune catégorie de lecteurs pré-déterminée ».

Quelques pages de l'essai d'Edgar Morin ont d'abord été publiées dans le n° 20-24 de la *Revue internationale de filmologie,* en 1955. C'est dire la filiation directe entre les textes d'inspiration filmologique et l'essai de Morin ; celui-ci est d'ailleurs nourri de références à la théorie classique du cinéma (Jean Epstein, R. Canudo, Béla Balázs) et s'appuie systématiquement sur les travaux filmologiques de Michotte Van den Berk et de Gilbert Cohen-Séat. La perspective anthropologique est toutefois nouvelle car il s'agissait pour l'auteur autant de considérer le cinéma à la lumière de l'anthropologie que de considérer celle-ci à la lumière du cinéma en postulant que la réalité imaginaire du cinéma révèle avec une particulière acuité certains phénomènes anthropologiques :

« Tout le réel perçu passe donc par la forme image. Puis il renaît en souvenir, c'est-à-dire image d'image. Or le cinéma, comme toute figuration (peinture, dessin) est une image d'image, mais comme la photo, c'est une image de l'image perceptive, et, mieux que la photo, c'est une image animée, c'est-à-dire vivante. C'est en tant que représentation de représentation vivante que le cinéma nous invite à réfléchir sur l'imaginaire de la réalité et la réalité de l'imaginaire. » (Edgar Morin, préface, 1977).

Edgar Morin part de la transformation, à ses yeux étonnante, du cinématographe, invention à finalité scientifique, en cinéma, machine à produire de l'imaginaire. Il étudie les thèses des inventeurs et les confronte aux déclarations des premiers cinéastes et critiques qui toutes développent la phrase d'Apollinaire considérant « le cinéma comme un créateur de vie surréelle. » Edgar Morin prend alors à son compte l'observation d'Etienne Souriau : « Il y a dans l'univers filmique une sorte de merveilleux atmosphérique presque congénital. » Mais il éclaire ensuite le statut imaginaire de la perception filmique en l'abordant à partir du rapport entre l'image et le « double ».

Reprenant les thèses sartriennes sur l'image comme « présence-absence » de l'objet, où l'image est définie comme une présence vécue et une absence réelle, il fait alors référence à la perception du monde de la mentalité archaïque et de la mentalité enfantine qui ont pour trait commun de ne pas être d'abord conscientes de l'absence de l'objet et qui croient à la réalité de leurs rêves autant qu'à celle des veilles.

Le spectateur de cinéma se trouve dans une position identique en donnant une « âme » aux choses qu'il perçoit sur l'écran. Le gros plan anime l'objet et « la goutte de lait de *La Ligne générale,* de S.M. Eisenstein (1926-29) se trouve ainsi douée d'une puissance de refus et d'adhésion, d'une vie souveraine ».

La perception filmique présente tous les aspects de la perception magique selon Edgar Morin. Cette perception est commune au primitif, à l'enfant et au névrosé. Elle est fondée sur un système commun déterminé « par la croyance au double, aux métamorphoses et à l'ubiquité, à la fluidité universelle, à l'analogie réciproque du microcosme et du macrocosme, à l'anthropo-cosmomorphisme » (p. 82). Or, tous ces traits correspondent exactement aux caractères constitutifs de l'univers du cinéma.

Si, pour Edgar Morin, les rapports entre les structures de la magie et celle du cinéma n'ont été, avant lui, sentis qu'intuitivement, par contre, la parenté entre l'univers du film et celui du rêve a été fréquemment perçue. Le film retrouve donc « l'image rêvée, affaiblie, rapetissée, agrandie, rapprochée, déformée, obsédante, du monde secret où nous nous retirons dans la veille comme dans le sommeil, de cette vie plus grande que la vie où dorment les crimes et les héroïsmes que nous

Le merveilleux chez Jean Cocteau.

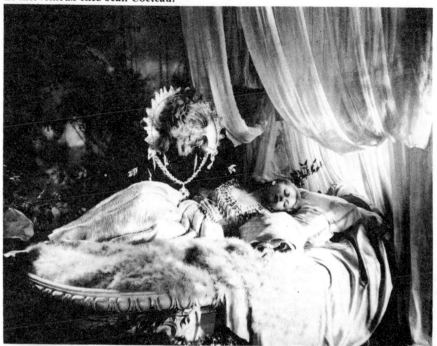

La Belle et la bête, de Jean Cocteau (1946).

Orphée, de Jean Cocteau (1950).

n'accomplissons jamais, où se noient nos déceptions et où germent nos désirs les plus fous » (J. Poisson).

L'auteur analyse dans les chapitres suivants les mécanismes communs aux rêves et au film en abordant la projection-identification, au cours de laquelle le sujet, au lieu de se projeter dans le monde, absorbe le monde en lui. Il approfondit l'étude de la participation cinématographique en constatant que l'impression de vie et de réalité propre aux images cinématographiques est inséparable d'un premier élan de participation. Il lie celle-ci à l'absence ou à l'atrophie de la participation motrice ou pratique ou active et stipule que cette passivité du spectateur le met en situation régressive, infantilisé comme sous l'effet d'une névrose artificielle. Il en tire la conclusion que les techniques du cinéma sont des provocations, des accélérations et des intensifications de la projection-identification.

Prolongeant sa réflexion, Edgar Morin prend le soin de distinguer l'identification à un personnage de l'écran, phénomène le plus banal et le plus remarqué qui n'est qu'un aspect des phénomènes de projection-identification, des « projections-identifications polymorphes » qui dépassent le cadre des personnages et concourent à plonger le spectateur aussi bien dans le milieu que dans l'action du film. Ce caractère polymorphe de l'identification éclaire une constatation sociologique première, encore que souvent oubliée : la diversité des films et l'éclectisme du goût chez un même public : « Ainsi l'identification au semblable comme l'identification à l'étranger sont toutes deux excitées par le film, et c'est ce deuxième aspect qui tranche très nettement avec les participations de la vie réelle. » (p. 110).

Dans le paragraphe intitulé « Technique de la satisfaction affective », au sein du chapitre IV « L'âme du cinéma », Edgar Morin procède au résumé de son hypothèse de recherche qu'il présente ainsi :
« C'est en développant la magie latente de l'image que le cinématographe s'est empli de participations jusqu'à se métamorphoser en cinéma. Le point de départ fut le dédoublement photographique, animé et projeté sur l'écran à partir duquel démarra aussitôt un processus génétique d'excitation en chaîne. Le charme de l'image et l'image du monde à portée de la main ont déterminé un spectacle ; le spectacle a excité la formation de structures nouvelles à l'intérieur du film : le *cinéma* est le produit de ce processus. Le cinématographe suscitait la participation. Le cinéma l'excite, et les projections-identifications s'épanouissent, s'exaltent dans l'anthropo-cosmomorphisme. (...) Il faut surtout considérer ces phénomènes magiques comme les hiéroglyphes d'un langage affectif. » (*Le Cinéma ou l'homme imaginaire*, Ed. de Minuit, p. 118).

Les développements ultérieurs approfondissent les réflexions filmologiques sur l'impression de réalité et le problème de l'objectivité cinématographique en constatant que la caméra mime les démarches de notre perception visuelle : « La caméra a trouvé empiriquement une mobilité qui est celle de la vision psychologique » (R. Zazzo). Ils confrontent également ce que l'auteur nomme « le complexe de rêve et de réalité » puisque l'univers du film mêle les attributs du rêve à la précision du réel en offrant au spectateur une matérialité extérieure à lui, ne serait-ce que l'impression laissée sur la pellicule.

On ne peut manquer d'être frappé aujourd'hui par la pertinence et l'actualité des thèses d'Edgar Morin qui préfigurent tout à la fois les travaux de sémio-psychanalyse du film tels que les développe Christian Metz dans *Le Signifiant imaginaire* (1977) mais aussi les approches les plus récentes d'un auteur comme Jean-Louis Schéfer dans *L'Homme ordinaire du cinéma* (1980) que nous évoquerons plus loin (voir p. 202 : « Spectateur de cinéma et sujet psychanalytique : le pari. »)

1.5. Une nouvelle approche du spectateur de cinéma.

Cette question du spectateur, qui comme nous venons de le voir, était déjà au centre des débats de l'école filmologique des années cinquante (dans une perspective plus psychologique que psychanalytique), a subi, au cours des années 70, après le développement de la sémiologie, une subite « poussée », qui semble bien ralentie aujourd'hui.

> Lorsque la sémiologie a commencé à se constituer comme théorie pilote dans le champ du cinéma, elle s'est essentiellement consacrée, sur le modèle de la linguistique, à l'analyse immanente du langage cinématographique et de ses codes, qui excluaient, en toute rigueur méthodologique, la prise en considération du sujet spectateur. C'est l'époque, pour prendre un exemple historique, de la « grande syntagmatique » de Christian Metz.
>
> Puis, à la suite des travaux de Roland Barthes, l'intérêt de la sémiologie s'est nettement déplacé de l'étude des codes à celle des textes (voir chapitre précédent). Dans ce changement de perspective, on redécouvrait la présence « en creux », dans le texte même, d'une place du lecteur, ne serait-ce dans un premier temps que du lecteur comme celui qui articule les codes, en effectue le travail. Cette étape, inaugurée par la publication du S/Z, de Roland Barthes, a vu se multiplier des analyses textuelles de film où commençait à se dessiner, en filigrane, la place et le travail du spectateur de cinéma.
>
> Cette évolution de la recherche théorique ne pouvait manquer de déboucher sur des travaux traitant plus spécifiquement et plus frontalement de la question du spectateur de cinéma, d'un point de vue métapsychologique, comme ceux de Jean-Louis Baudry ou de Christian Metz.

Sur ce même versant de l'approche d'une théorie du spectateur, la recherche dispose de plusieurs angles d'attaque. Citons-en quatre, principaux, parmi ceux qui sont attestés dans les travaux théoriques dont nous allons parler.

1. Quel est le désir du spectateur de cinéma ? Quelle est la nature de ce désir qui nous pousse à nous enfermer, deux heures durant, dans une salle obscure où s'agitent sur un écran des ombres fugitives et mouvantes ? Qu'allons-nous chercher là ? Qu'est-ce qui s'échange contre le prix du billet ? La réponse est certainement à chercher du côté d'un état d'abandon, de solitude, de manque : le spectateur de cinéma est toujours plus ou moins un réfugié pour qui il s'agit de réparer quelque perte irréparable, serait-ce au prix d'une régression passagère, socialement réglée, le temps d'une projection.

2. Quel sujet-spectateur est induit par le dispositif cinématographique : la salle obscure, la suspension de la motricité, le surinvestissement des fonctions visuelles et auditives ?

Nul doute que le sujet spectateur tel qu'il est pris dans le dispositif cinématographique ne retrouve quelques-unes des circonstances et des conditions dans lesquelles a été vécue, dans l'imaginaire, la scène primitive : même sentiment d'exclusion devant cette scène découpée par l'écran du cinéma comme par le contour de la serrure, même sentiment d'identification aux personnages qui s'agitent sur cette scène d'où il est exclu, même pulsion voyeuriste, même impuissance motrice, même prédominance de la vue et de l'ouïe.

3. *Quel est le régime métapsychologique du sujet-spectateur pendant la projection du film ?* Comment le situer par rapport aux états voisins du rêve, du fantasme, de l'hallucination, de l'hypnose ?

4. *Quelle est la place du spectateur dans le déroulement du film proprement dit ?* Comment le film constitue-t-il son spectateur, dans la dynamique de son avancée ? Pendant la projection, et après, dans le souvenir, peut-on parler d'un travail du film, pour le spectateur, au sens où Freud a pu parler d'un travail du rêve ?

Cette avancée théorique relativement récente, et brève par rapport à l'histoire d'ensemble de la théorie du cinéma, s'est faite par poussées successives, dans un certain désordre, de façon tout à fait inégale et non coordonnée quant à l'exploration de ces principales directions — dont certaines, prises dans le feu du débat, se sont trouvées surinvesties pendant que d'autres, pour des raisons purement conjoncturelles, étaient laissées à peu de choses près en friche.

A l'exposé un peu fastidieux et nécessairement « éclaté » de ces différentes recherches théoriques, que l'absence de recul critique rend difficile à évaluer, on a donc préféré une exploration plus systématique (et plus inédite) de ce qu'il est convenu d'appeler l' « identification » chez le spectateur de cinéma — après un détour, qui nous a paru indispensable, par la description de ce concept de la psychanalyse. Nous avons cru plus profitable en effet d'articuler de façon cohérente *une* des approches possibles de la question, en en déployant au maximum les implications théoriques, que de s'essouffler à décrire toutes les approches embryonnaires et plus ou moins anarchiques de cette question d'avenir de la théorie du cinéma : la question du spectateur.

2. SPECTATEUR DE CINÉMA ET IDENTIFICATION AU FILM

2.1. Le rôle de l'identification dans la formation imaginaire du moi selon la théorie psychanalytique.

Une série d'analogies ont permis à la théorie du cinéma de rapprocher le spectateur du sujet de la psychanalyse à travers un certain nombre de postures et de mécanismes psychiques. Toutefois, il convient tout d'abord de faire le point sur ce que la théorie psychanalytique entend elle-même par identification dans la mesure où les concepts issus de cette discipline ont donné lieu à un usage particulièrement « sauvage » dans le champ de la théorie et de la critique du cinéma et engendré par là même de multiples confusions.

Dans la théorie psychanalytique, le concept d'identification occupe une place centrale, et ceci dès l'élaboration par Sigmund Freud de la seconde théorie de l'appareil psychique (dite Seconde Topique) en 1923, où il met en place le Ça, le Moi et le Sur-moi. En effet, loin d'être un mécanisme psychologique parmi d'autres, *l'identification* est à la fois le mécanisme de base de la constitution imaginaire du moi (fonction fondatrice) et le noyau, le prototype d'un certain nombre d'instances et de processus psychologiques ultérieurs par lesquels le moi, une fois constitué, va continuer à se différencier (fonction matricielle).

2.1.1. L'identification primaire.

Le sens de cette expression « identification primaire » a considérablement varié dans le vocabulaire de la théorie psychanalytique, aussi bien dans le temps que d'un auteur à l'autre. On va l'entendre ici au sens de Freud comme « identification directe et immédiate qui se situe antérieurement à tout investissement de l'objet. »

Pour Sigmund Freud le sujet humain, aux tout premiers temps de son existence, dans la phase qui précède le complexe d'Oedipe, serait dans un état relativement indifférencié où l'objet et le sujet, le moi et l'autre ne sauraient être encore posés comme indépendants.

L'identification primaire, marquée par le processus de l'incorporation orale, serait « la forme la plus originaire du lien affectif à un objet » et cette première relation à l'objet, en l'occurrence la mère, serait caractérisée par une certaine confusion, une certaine indifférenciation entre le moi et l'autre.

Au cours de cette phase orale primitive de l'évolution du sujet, caractérisée par le processus d'incorporation, on ne saurait distinguer entre l'investissement d'objet (qui pose l'objet comme un autre autonome et désirable) et l'identification à l'objet.

Cette identification à l'objet est inséparable de l'expérience appelée « phase du miroir ».

2.1.2. « La phase du miroir ».

C'est au cours de cette *phase du miroir* que va s'instaurer la possibilité d'une *relation duelle* entre le sujet et l'objet, entre le moi et l'autre. Jacques Lacan, qui a élaboré la théorie de cette phase du miroir, la situe entre six et dix-huit mois. A ce moment de son évolution, le petit enfant est encore dans un état de relative impuissance motrice, il coordonne encore très mal ses mouvements, et c'est *par le regard,* en découvrant dans le miroir sa propre image et l'image du semblable (celle de la mère qui le porte, par exemple) qu'il va constituer imaginairement son unité corporelle : il va s'identifier à lui-même comme unité en percevant le semblable comme un autre.

Ce moment où l'enfant perçoit sa propre image dans un miroir est fondamental dans la formation du moi : Jacques Lacan insiste sur le fait que cette première ébauche du moi, cette première différenciation du sujet, se constitue sur la base de *l'identification à une image,* dans une relation duelle, immédiate, propre à *l'imaginaire,* cette entrée dans l'imaginaire précédant l'accès au *symbolique.*

L'enfant commence à construire son moi en s'identifiant à l'image du sembla-ble, de l'autre, comme forme de l'unité corporelle. L'expérience du miroir, fonda-trice d'une forme primordiale du Je, est celle d'une identification où le moi commence à s'ébaucher, d'entrée de jeu, comme formation imaginaire. Cette identification à l'image du semblable sur le mode de l'imaginaire constitue la matrice de toutes les identifications ultérieures, dites secondaires, par lesquelles va se structurer et se différencier, par la suite, la personnalité du sujet.

Cette phase du miroir, pour Jacques Lacan, correspond à l'avènement du *narcissisme primaire* en mettant fin au fantasme du *corps morcelé* qui la précédait, le narcissisme étant ainsi initialement lié à l'identification. Le narcissisme serait d'abord cette captation amoureuse du sujet par cette première image dans le miroir où l'enfant constitue son unité corporelle sur le modèle de l'image d'autrui : la phase du miroir serait donc le prototype de toute identification narcissique à l'objet. Cette identification narcissique à l'objet nous ramène en plein cœur du problème du spectateur de cinéma :

C'est Jean-Louis Baudry qui a souligné avec précision une double analogie entre la situation de « l'enfant au miroir » et celle du spectateur de cinéma.

Première analogie : entre le miroir et l'écran. On a bien affaire, dans les deux cas, à une surface cadrée, limitée, circonscrite. Cette propriété du miroir (et de l'écran) est sans doute ce qui lui permet fondamentalement d'isoler un objet du monde et, dans le même temps, de le constituer en objet total.

> On sait combien le cadre au cinéma résiste à être perçu dans sa fonction de découpe et comment l'objet le plus partiel, le corps le plus morcelé y fait aussitôt fonction, au regard du spectateur, d'objet total, d'objet retotalisé par la force centripète du cadre. Ainsi de la plupart des gros plans dans le cinéma classique. Il semble que peu de cinéastes aient eu le projet, idéologiquement perturbant pour le spectateur, de travailler le cadre dans sa fonction de découpe. Dans le cinéma moderne, citons Jean-Marie Straub dont les films témoignent à chaque plan de cette conception différente du cadre.

Pour Christian Metz, si l'écran équivaut bien d'une certaine façon au miroir primordial, il existe entre eux une différence fondamentale, c'est qu'il est une image que l'écran, contrairement au miroir, ne renvoie jamais, celle du corps propre du spectateur. Ce qui n'est pas sans résonance avec la définition que Roland Barthes a donnée de l'image : « L'image, c'est ce dont je suis exclu... je ne suis pas dans la scène : l'image est sans énigme. »

Seconde analogie : entre l'état d'impuissance motrice de l'enfant et la posture du spectateur impliquée par le dispositif cinématographique. Jacques Lacan met l'accent sur une double condition, liée à la prématuration biologique du petit d'homme, qui détermine *la constitution imaginaire du moi* lors de la phase du miroir : l'immaturité motrice de l'enfant, son incoordination, qui l'amènent à anticiper imaginairement sur son unité corporelle et, à l'inverse, la maturation précoce de son organisation visuelle.

Inhibition de la motricité et rôle prépondérant de la fonction visuelle : on retrouve là deux caractéristiques spécifiques de la posture du spectateur de cinéma.

175

Tout se passe donc comme si le dispositif mis en place par l'institution cinémato-graphique (l'écran qui nous renvoie l'image d'autres corps, la position assise et immobile, le surinvestissement de l'activité visuelle centrée sur l'écran à cause de l'obscurité ambiante) mimait ou reproduisait partiellement les conditions qui ont présidé, dans la petite enfance, à la constitution imaginaire du moi lors de la phase du miroir.

> La fascination des cinéastes pour les miroirs et les reflets de toutes sortes, depuis que le cinéma existe, a été très souvent relevée, voire analysée. Certains cinéastes comme Joseph Losey dans *The Servant* (1963) et *Cérémonie secrète* (1969), se sont même fait une « spécialité » de ces plans de miroir. Cette prédilection du cinéma pour les miroirs a de toute évidence d'autres déterminations, mais il n'est pas interdit d'y voir, en amont de toutes les raisons proprement esthétiques ou thématiques, l'écho de cette analogie entre l'écran et le miroir primordial.

Le deuxième plan de l'identification, celui de l'identification secondaire tient largement au complexe d'Œdipe.

2.1.3. Les identifications secondaires et la phase de l'Œdipe.

On sait la place fondatrice du complexe d'Œdipe dans la théorie psychanalyti-que et le rôle central que Freud accorde à cette crise, à sa position et à sa résolution, dans la structuration de la personnalité. De même, pour Jacques Lacan, l'Œdipe marque une transformation radicale de l'être humain, le passage de la relation duelle propre à l'imaginaire (qui caractérisait la phase du miroir) au registre du symbolique, passage qui va lui permettre de se constituer en sujet, en l'instaurant dans sa singularité.

Cette crise, que Freud situe entre 3 et 5 ans, trouve précisément son issue dans la voie des *identifications secondaires* qui vont prendre la suite et la place des relations au père et à la mère dans la structure triangulaire de l'Œdipe, et en recevoir la marque.

Il faut donc revenir rapidement sur la description qu'a donnée Freud du complexe d'Œdipe, malgré ou plutôt à cause de la vulgarisation un peu simplifica-trice qui circule à propos de cette notion freudienne.

La crise œdipienne se caractérise, pour aller vite, par un ensemble d'investisse-ments sur les parents, par un ensemble de désirs : amour et désir sexuel pour la figure parentale de sexe opposé ; haine jalouse et désir de mort pour la figure parentale de même sexe, perçue comme rivale et comme instance interdictrice.

Si l'on en reste pour le moment à cette forme simple, dite « positive » du complexe d'Œdipe, on peut relever déjà une ambivalence fondamentale. Le petit garçon, par exemple, qui a commencé à diriger vers sa mère ses désirs libidinaux, éprouve à l'égard de son père un sentiment hostile ; mais dans le même temps, du fait même de ce *manque* dans la satisfaction de ce désir dont la mère est l'objet interdit, il va s'identifier au père, à celui qui est perçu comme l'agresseur, comme le rival dans la situation triangulaire œdipienne, celui qui s'oppose au désir. Le petit garçon se trouve donc en position de désirer sa mère, donc de haïr son père, de jouir

La terreur dans le cinéma muet.

Nosferatu, de F.W. Murnau (1922)

La terreur dans le cinéma parlant.

Dracula, de Tod Browning (1931)

Frankenstein, l'homme qui créa un monstre, de James Whale (1931). ↓

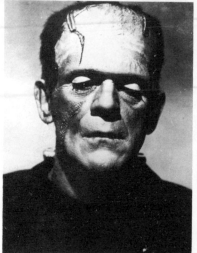

Le Cauchemar de Dracula, de Terence Fisher (1958).

imaginairement, par identification, de ses prérogatives sexuelles sur la mère. De la même façon qu'exclu de la scène primitive, vécue par lui comme une agression, le petit enfant régresse dans une identification à l'agresseur, en l'occurrence le père.

> Au cinéma, où les scènes d'agression, physiques ou psychologiques, sont fréquentes, il s'agit là d'un ressort dramatique de base, et prédisposant à une forte identification, le spectateur va très souvent se retrouver dans la position ambivalente de s'identifier à la fois à l'agresseur et à l'agressé, au bourreau et à la victime. Ambivalence dont le caractère ambigu est inhérent au plaisir du spectateur dans ce type de séquence, quelles que soient les intentions conscientes du réalisateur, et qui est à la base de la fascination exercée par le cinéma d'épouvante ou de suspense : cf. le succès de films comme *Psycho*, d'Alfred Hitchcock (1961) ou, plus récemment, *Alien*, de Ridley Scott (1979).

De plus, Freud a toujours insisté, à l'encontre de toute simplification du complexe d'Œdipe, sur *l'ambivalence* fondamentale des investissements sur les parents lors de la crise œdipienne, ambivalence liée à la bi-sexualité de l'enfant : par le jeu des composantes homosexuelles, le complexe d'Œdipe se présente toujours en même temps sous sa forme dite « négative » : amour et désir par rapport au parent du même sexe, jalousie et haine pour le parent du sexe opposé.

« L'identification, dit Freud, est d'ailleurs ambivalente dès le début ; elle peut être orientée aussi bien vers l'expression de la tendresse que vers celle du désir de suppression... Il est facile d'exprimer dans une formule cette différence entre l'identification avec le père et l'attachement au père comme à un objet sexuel : dans le premier cas le père est ce qu'on voudrait ÊTRE ; dans le second ce qu'on voudrait AVOIR. »

Les relations œdipiennes sont donc toujours complexes et ambivalentes, et chaque « modèle » du père et de la mère peut y servir à la fois suivant l'ÊTRE ou l'AVOIR, en tant que sujet et qu'objet du désir, sur le mode de l'identification (du désirer l'être) ou de l'attachement libidinal (du désirer l'avoir).

> Dans le film classique, par le jeu combiné des regards et du découpage, le personnage se trouve pris dans une oscillation similaire, tantôt sujet du regard (c'est celui qui voit la scène, les autres) tantôt objet sous le regard d'un autre (un autre personnage ou le spectateur). Par ce jeu des regards, médiatisé par la position de la caméra, le découpage classique de la scène de cinéma propose au spectateur, de façon tout à fait banale, inscrite dans le code, cette ambivalence statutaire du personnage par rapport au regard, au désir de l'autre, du spectateur. Ce processus a été clairement mis en évidence par Raymond Bellour dans ses analyses des *Oiseaux*, d'Hitchcock, du *Grand Sommeil*, de Hawks, par Nick Browne à propos de *La Chevauchée fantastique*, de Ford.

La fin de la période œdipienne, l'issue de la crise, va se réaliser, plus ou moins bien selon les sujets, par la voie de l'identification. Les investissements sur les parents sont abandonnés en tant que tels et se transforment en une série d'identifications, dites « secondaires », par lesquelles vont se mettre en place les différentes instances du *moi*, du *sur-moi*, de l'*idéal du moi*. Le sur-moi, pour prendre l'exemple le plus souvent développé par Sigmund Freud, dérive ainsi directement de la relation œdipienne au père comme instance interdictrice, comme obstacle à la réalisation des désirs.

2.1.4. L'identification secondaire et le moi.

Ces identifications secondaires, par lesquelles le sujet va sortir, de façon plus ou moins réussie, de la crise œdipienne prennent donc structuralement la suite et la place des investissements œdipiens et vont constituer le moi, la personnalité du sujet. Ces identifications sont la matrice de toutes les identifications futures du sujet par lesquelles son moi va peu à peu se différencier.

Il est clair que les identifications secondaires, dont le prototype reste les relations dans le triangle œdipien (dont on a vu la complexité) sont vouées, par cette origine œdipienne même, à l'ambivalence.

Dans cette évolution, formatrice du Je, par l'entrée dans l'imaginaire précédant l'accès au symbolique, l'identification est le principe de base de la constitution imaginaire du moi. On doit à Jacques Lacan d'avoir insisté sur cette *fonction imaginaire du moi* : le moi se définit par une identification à l'image d'autrui, « pour un autre et par un autre ». Le moi n'est pas le centre du sujet, le lieu d'une synthèse mais il est plutôt constitué, selon l'expression de Lacan, par un « bric-à-brac d'identifications », par un ensemble contingent, non cohérent, souvent conflictuel, un véritable patchwork d'images hétéroclites. Loin d'être le lieu d'une synthèse de la connaissance du sujet par lui-même, le moi se définirait plutôt dans sa fonction de méconnaissance : par le jeu permanent de l'identification, le moi est voué dès l'origine à l'imaginaire, au leurre. Il se construit, par identifications successives, comme une instance imaginaire dans laquelle le sujet tend à s'aliéner, et qui est pourtant la condition *sine qua non* du repérage du sujet par lui-même, de son entrée dans le langage, de son accès au symbolique.

Les expériences culturelles vont évidemment participer de ces identifications secondaires ultérieures tout au long de la vie du sujet. Le roman, le théâtre, le cinéma, comme expériences culturelles à forte identification (par la mise en scène de l'autre comme figure du semblable) vont jouer un rôle privilégié dans ces identifications secondaires culturelles.

L'idéal du moi, par exemple, va continuer à se construire et à évoluer par identification à des modèles très divers, voire partiellement contradictoires, rencontrés par le sujet aussi bien dans son expérience réelle que dans sa vie culturelle. L'ensemble de ces identifications, d'origine hétérogène, ne forme pas un système relationnel cohérent mais ressemblerait plutôt à une juxtaposition d'idéaux divers plus ou moins compatibles entre eux.

2.2. L'identification comme régression narcissique.

Une autre caractéristique importante du spectateur de cinéma, c'est qu'il s'agit d'un sujet en « état de manque ».

2.2.1. Le caractère régressif de l'identification.

« L'identification représente la forme la plus primitive de l'attachement affectif... Il arrive souvent que le choix d'objet libidinal cède la place à l'identification... »

A chaque fois que Freud est amené à décrire cette transformation du *choix d'objet* (de l'ordre de l'avoir) en *identification à l'objet* (de l'ordre de l'être), il en souligne le caractère régressif : dans ce passage à l'identification il s'agit bien, pour un sujet déjà constitué, d'une régression à un stade antérieur de la relation à l'objet, un stade plus primitif, plus indifférencié que l'attachement libidinal à l'objet.

Et cette régression, le plus souvent, s'instaure sur un *état de manque,* qu'il s'agisse d'une réaction à la perte de l'objet (dans le cas du deuil par exemple) ou d'un état plus permanent de solitude, c'est-à-dire d'un manque concernant autrui :

« Quand on a perdu l'objet, dit Freud, ou qu'on s'est vu forcé d'y renoncer, il arrive assez souvent qu'on se dédommage en s'identifiant au dit objet, en l'érigeant à nouveau dans le moi, de sorte qu'ici le choix objectal régresse vers l'identification. »

Ce caractère régressif de l'identification, lié à un état de manque, mérite déjà quelques remarques au sujet du spectateur de cinéma. Il doit être clair tout d'abord que le cinéma est une expérience culturelle consentie, relativement consciente et que le spectateur du film sait bien, tout comme le lecteur de roman, que cette expérience exclut *a priori* tout choix objectal pour la raison évidente que l'objet figuré sur l'écran est déjà un objet absent, une effigie, un « signifiant imaginaire » comme dirait Christian Metz. Il n'en reste pas moins que le choix d'entrer dans une salle de cinéma relève toujours, plus ou moins, d'une régression consentie, d'une mise entre parenthèses de ce monde qui relève précisément de l'action, du choix d'objet et de ses risques, au profit d'une identification à l'univers imaginaire de la fiction. Et que ce désir de régression (même ritualisé socialement : aller au cinéma est une activité culturelle légitime et de peu de conséquence) est l'indice que le spectateur de cinéma reste toujours, en deçà des légitimations culturelles, un sujet en état de manque, en proie au deuil et à la solitude. Il n'en va pas du tout de même du spectateur de télévision, beaucoup moins en état de retraite et de solitude et beaucoup moins enclin, du même coup, à une forte identification.

2.2.2. Le caractère narcissique de l'identification.

L'identification est une régression de type *narcissique* dans la mesure où elle permet de restaurer dans le moi l'objet absent ou perdu et de dénier, par cette restauration narcissique, l'absence ou la perte. C'est ce qui fait dire à Guy Rosolato que l'identification « donne la possibilité au sujet de se satisfaire sans recourir à l'objet extérieur. L'identification permet de réduire (dans les névroses) ou de supprimer (dans un narcissisme absolu) les relations à autrui. »

Si l'identification à l'autre consiste à l'ériger dans le moi, cette relation narcissique, à l'abri du réel, peut tendre à suppléer, avec un bénéfice évident pour le sujet, aux aléas d'un choix d'objet. Le processus n'est pas sans rappeler le « repliement » du fétichiste sur le fétiche, manipulable à volonté, disponible en permanence dans un ordre des choses dégagé de toute relation véritable à autrui et de ses risques.

L'identification narcissique aurait donc tendance à valoriser la solitude et la relation fantasmatique au détriment de la relation d'objet et se présenterait comme une solution de repli dans le moi, loin de l'objet. Selon Gilles Deleuze on aurait même tort de présenter communément l'identification comme une réaction à la perte d'objet, à l'état de manque, comme une restauration après-coup, alors que l'identification pourrait aussi bien être première et « déterminer cette perte, l'entraîner et même la vouloir. »

Cette composante narcissique de l'identification, ce penchant à la solitude, à se retirer du monde (ne serait-ce que pour une heure et demie) entre en jeu très largement dans le désir d'aller au cinéma et dans le plaisir du spectateur. Aussi pourrait-on dire que le cinéma, et surtout le cinéma de fiction tel qu'il s'est constitué institutionnellement pour fonctionner à l'identification, implique toujours, en amont de toutes les dénégations culturelles ou idéologiques, un spectateur en état de régression narcissique, c'est-à-dire retiré du monde en tant que spectateur.

C'est dans ce sens-là que l'on peut entendre la phrase de Frantz Fanon que le cinéaste Fernando E. Solanas inscrivait dans son film *L'Heure des brasiers* (1967), à l'adresse de son spectateur : « Tout spectateur est un lâche ou un traître. » Cette phrase, appliquée au cinéma, faisait largement écho à la théorie brechtienne du théâtre selon laquelle, à la limite, « toute identification est dangereuse » dans la mesure où elle suspend le jugement et l'esprit critique. Cet état d'identification du spectateur de cinéma, fait de régression narcissique, de retraite, d'immobilisation et d'aphasie a été, tout au long de l'histoire du cinéma, un problème incontournable, une pierre d'achoppement pour tous les cinéastes qui ont eu le désir ou la volonté de faire des films pour agir sur le cours des choses ou pour entraîner les spectateurs à la prise de conscience et à l'action : les cinéastes militants, certains documentaristes... Parmi les stratégies les plus souvent mises en œuvre pour réagir contre cette composante régressive de l'identification, on peut relever la défiance ou le refus à l'égard de la fiction, du récit classique (Dziga Vertov, par exemple), la postulation d'un cinéma du réel (cinéma direct, cinéma vérité, etc...) ou encore une forme mixte faite à la fois d'acceptation et de déconstruction de la fiction, très répandue au début des années 1970 comme en témoignent nombre de films de Philippe Garrel (*Marie pour mémoire,* 1967, *La Cicatrice intérieure,* 1970), de Marcel Hanoun (*L'Authentique Procès de Carl-Emmanuel Jung,* 1967, *L'Hiver,* 1970, *Le Printemps,* 1971), de Marguerite Duras (*Détruire dit-elle,* 1969, *Jaune le soleil,* 1971), de Jean-Marie Straub et Danièle Huillet (*Leçons d'histoire,* 1972), de Robert Kramer (*Ice,* 1968)... Notons enfin que le cinéma à tendance propagandiste, pour sa part, a souvent compris l'intérêt d'utiliser à son bénéfice (et ceci quelle que soit son idéologie) cet état de régression narcissique du spectateur en construisant des fictions adéquates, à forte identification.

2.2.3. Une réactivation du « stade oral ».

Cet état régressif de l'identification réactive chez le sujet une relation d'objet caractéristique du *stade oral.*

Pour Freud, l'identification « se comporte comme un produit de la première phase, de la *phase orale* de l'organisation de la libido, de la phase pendant laquelle on s'incorporait l'objet désiré et apprécié en le mangeant, c'est-à-dire en le supprimant. »

Il faut ajouter à ceci, qui concerne l'identification en général, que dans le cas particulier du cinéma les conditions même de la projection (l'obscurité de la salle, l'inhibition motrice du sujet, sa passivité devant le flux des images) renforcent presque artificiellement cette régression au stade oral.

Cette structure orale de l'identification, largement déterminée selon l'analyse de Jean-Louis Baudry par le dispositif cinématographique lui-même, se caractérise essentiellement par l'ambivalence, par l'indistinction interne/externe, actif/passif, agir/subir, manger/être mangé. On retrouverait dans cette indistinction le modèle du rapport que le nourisson entretient avec le sein ou le rêveur avec « l'écran du rêve ». Dans cette incorporation orale qui caractériserait le rapport du spectateur au film, « l'orifice visuel a remplacé l'orifice buccal, l'absorption d'images est en même temps absorption du sujet dans l'image, préparé, prédigéré par son entrée dans la salle obscure. »

Notons au passage que beaucoup de fictions « fortes » au cinéma redoublent au niveau scénarique et thématique cette absorption du sujet dans l'image, cette perte de la conscience des limites en proposant à l'identification du spectateur un personnage lui-même absorbé, aspiré dans un lieu inquiétant (le château de Nosfératu), dans un labyrinthe (chez Fritz Lang) ou, plus banalement, dans une aventure où il va perdre pied dans la conscience de soi (quitte à restaurer, avec un bénéfice, ce repérage de soi à la fin du film, comme il est d'usage dans le cinéma d'Hitchcock par exemple).

2.2.4. Identification et sublimation.

Il manque à la psychanalyse une théorie élaborée de la « sublimation », notion fort peu retravaillée depuis que Freud en a tracé les grandes lignes.

Il est cependant clair (et tout particulièrement dans « Le Moi et le Ça ») que Freud désigne l'origine de toute sublimation dans le mécanisme même de l'identification. Lorsque le moi est amené, pour quelque raison que ce soit (deuil, perte ou névrose) à renoncer au choix d'objet libidinal, lorsqu'il s'efforce de restaurer ou de reconstruire en lui-même l'objet sexuel perdu, par identification, il renonce dans le même temps aux buts directement sexuels par un processus que Freud décrit comme le prototype de toute *sublimation*.

Pour Mélanie Klein la sublimation, étroitement liée à la dimension narcissique du moi, serait une tendance qui pousserait le sujet à réparer et à restaurer le « bon » objet : on va retrouver, chez le spectateur de cinéma, cette tendance très forte à la restauration du « bon » objet qui est peut-être fondamentale dans la *constitution du film par le spectateur* à partir de ce puzzle d'images et de sons discontinus que constitue le signifiant filmique. Mais cette constitution du film en « bon » objet, on le verra, est aussi génératrice de difficultés théoriques dans la mesure où elle a toujours tendance à construire le leurre d'un objet plus homogène, plus monolithique, plus global que ne l'est sans doute le film dans la réalité de sa projection.

Les films que l'on a appelé dans les années 1970 les films de la « déconstruction », et qui prétendaient « casser » le bon objet filmique, la transparence de la narration classique et du même coup transformer la relation d'identification en relation plus critique aux images et aux sons, se sont souvent heurtés à cette capacité très souple du spectateur, liée à la sublimation et au narcissisme de son état, de reconstituer d'une autre façon le film le plus « déconstruit » en bon objet, ne serait-ce qu'en bon objet de discussion ou de théorisation.

3. LA DOUBLE IDENTIFICATION AU CINÉMA

Après ce détour sommaire mais indispensable par la théorie générale de l'identification en psychanalyse, nous pouvons aborder plus spécifiquement la question de l'identification au cinéma.

Pendant très longtemps, dans les écrits sur le cinéma, il n'y a pas eu à proprement parler de « théorie » de l'identification mais par contre un usage très large, très répandu de ce mot, employé dans son acception ordinaire, un peu vague, pour désigner essentiellement le rapport subjectif que le spectateur pouvait entretenir avec tel ou tel personnage du film. Ce mot d'identification recouvrait donc une notion psychologique assez floue et permettait de rendre compte de cette expérience du spectateur qui consiste à partager, au cours de la projection, les espoirs, les désirs, les angoisses, bref les sentiments de tel ou tel personnage, de se mettre à sa place ou de « se prendre momentanément pour lui », d'aimer ou de souffrir avec lui, en quelque sorte par procuration, expérience qui est au fond de la jouissance du spectateur, voire qui la conditionne en grande partie. Aujourd'hui encore il n'est pas rare, après une projection de film, que la discussion porte sur le point de savoir à qui chacun s'est plus ou moins identifié ou qu'un critique de cinéma fasse état de cette identification au personnage pour rendre compte d'un film.

Il ressort de cet usage courant de la notion d'identification — qui recouvre bien sûr une certaine vérité sur le processus d'identification au cinéma, même si c'est de façon très simplificatrice — qu'elle désigne essentiellement une identification au personnage, c'est-à-dire à la figure de l'autre, au semblable représenté sur l'écran.

Les recherches théoriques de Jean-Louis Baudry, à propos de ce qu'il a appelé « l'appareil de base » au cinéma, métaphorisé par la caméra, ont eu pour effet de distinguer pour la première fois au cinéma le jeu d'une *double identification,* en référence au modèle freudien de la distinction entre l'identification primaire et l'identification secondaire dans la formation du moi. Dans cette double identification au cinéma, *l'identification primaire* (jusqu'alors non théorisée), c'est-à-dire l'identification au sujet de la vision, à l'instance représentante, serait comme la base et la condition de *l'identification secondaire,* c'est-à-dire l'identification au personnage, au représenté, la seule que le mot d'identification ait jamais recouverte jusqu'à cette intervention théorique.

« Le spectateur, écrit Jean-Louis Baudry, s'identifie donc moins avec le représenté, le spectacle même, qu'avec ce qui met en jeu ou met en scène le spectacle ; avec ce qui n'est pas visible mais fait voir, fait voir du même mouvement que lui, le spectateur, voit — l'obligeant à voir ce qu'il voit, c'est-à-dire bien la fonction assurée au lieu relayé de la caméra. »

Cette intervention sur « l'appareil de base », en 1970, a été l'une des composantes d'un débat théorique important et assez vif entre théoriciens et critiques (Jean-Louis Baudry ; Marcelin Pleynet ; Jean-Patrick Lebel ; Jean-Louis Comolli ; etc...), débat qui s'est joué entre un certain nombre de revues (*Cinéthique ; Change ;* les *Cahiers du Cinéma ; Tel Quel ; La Nouvelle Critique*) au sujet de l'appareil de base au cinéma dans ses rapports à la représentation et à l'idéologie, débat qui est devenu par la suite plus largement politique sur la fonction même du cinéma, etc... Il faut noter que ce débat n'est pas resté la seule affaire des théoriciens mais a souvent recoupé, pendant quelques années, les interrogations sur leur pratique par certains cinéastes : citons, entre autres, les films réalisés au cours de cette période par Jean-Luc Godard et le groupe Dziga Vertov.

3.1. L'identification primaire au cinéma.

L'*identification primaire* au cinéma est à distinguer soigneusement de l'identification primaire en psychanalyse (voir chapitre précédent) : il va de soi que toute identification au cinéma (y compris celle que Jean-Louis Baudry appelle identification primaire) étant le fait d'un sujet déjà constitué, ayant dépassé l'indifférenciation primitive de la première enfance et accédé au symbolique, relève en théorie psychanalytique de l'identification secondaire. Afin d'éviter toute confusion, Christian Metz propose de réserver l'expression d' « identification primaire » à la phase pré-œdipienne de l'histoire du sujet et d'appeler « identification cinématographique primaire » l'identification du spectateur à son propre regard.

Au cinéma, ce qui fonde la possibilité de l'identification secondaire, diégétique, l'identification au représenté, au personnage par exemple dans le cas d'un film de fiction, c'est d'abord la capacité du spectateur à s'identifier au sujet de la vision, à l'œil de la caméra qui a vu avant lui, capacité d'identification sans laquelle ce film ne serait rien qu'une succession d'ombres, de formes et de couleurs, à la lettre « non identifiables », sur un écran.

Le spectateur, assis dans son fauteuil, immobilisé dans l'obscurité, voit défiler sur l'écran des images animées (on a vu en fait qu'il ne s'agit que d'une illusion de continuité et de mouvement produite par l'effet *phi* à partir du défilement saccadé, à une certaine cadence, d'images fixes devant le faisceau de lumière du projecteur), images à deux dimensions qui proposent à son regard un simulacre de sa perception de l'univers réel. Les caractéristiques de ce simulacre, même si elles peuvent nous apparaître « naturelles » par accoutumance, sont déterminées par l'appareil de base — disons pour simplifier la caméra — construit précisément pour produire certains effets, un certain type de sujet-spectateur, et ceci sur le modèle de la *camera obscura* élaboré à la Renaissance italienne en fonction d'une conception historiquement et idéologiquement datée de la perspective et du sujet de la vision. (Voir chapitre 1).

L'identification primaire, au cinéma, c'est celle par laquelle le spectateur s'identifie à son propre regard et s'éprouve comme foyer de la représentation, comme sujet privilégié, central et transcendantal de la vision. C'est lui qui voit ce paysage depuis ce point de vue unique, on pourrait dire aussi que la représentation de ce paysage s'organise toute entière pour une place ponctuelle et unique qui est précisément celle de son œil. C'est lui, dans ce travelling, qui accompagne du regard, sans même avoir à bouger la tête, ce cavalier au galop dans la prairie ; c'est son regard qui constitue le centre exact de ce balayage circulaire de la scène, dans le cas d'un panoramique. Cette place privilégiée, toujours unique et toujours centrale, acquise d'avance sans aucun effort de motricité, c'est la place de Dieu, du sujet tout-percevant, doué d'ubiquité et elle constitue le sujet-spectateur sur le modèle idéologique et philosophique du sujet centré de l'idéalisme.

Le spectateur a beau savoir — car à un autre niveau il le sait toujours — que ce n'est pas lui qui assiste sans médiation à cette scène, qu'une caméra l'a enregistrée au préalable pour lui, le contraignant en quelque sorte à cette place-là, que cette image plate, ces teintes-là ne sont pas réelles mais un simulacre à deux dimensions inscrit chimiquement sur une pellicule et projeté sur un écran, l'identification primaire fait néanmoins qu'il s'identifie au sujet de la vision, à l'œil unique de la caméra qui a vu cette scène avant lui et en a organisé la représentation pour lui, de cette façon-là et de ce point de vue privilégié. Bien qu'absent de cette image qui ne lui renvoie jamais, contrairement au miroir primordial, l'image de son propre corps, le spectateur y est pourtant sur-présent, d'une autre façon, comme foyer de toute vision (sans son regard, d'une certaine façon, il n'y a plus de film), présent comme sujet tout-percevant et, par le jeu du découpage classique, omnivoyant, présent comme sujet transcendantal de la vision.

Seule cette identification primaire peut expliquer qu'il ne soit pas indispensable, à la limite, que figure l'image d'autrui, du semblable, dans un film pour que le spectateur y trouve néanmoins sa place. Même dans un film sans personnage et sans fiction au sens classique du terme (c'est le cas, par exemple, de *La Région centrale,* de Michaël Snow (1970), où la caméra balaie dans tous les sens, pendant trois heures, un paysage du Canada, depuis un point fixe), il reste toujours la fiction d'un regard à quoi s'identifier.
Notons ici, pour mémoire, une tentative radicale dans l'histoire du cinéma, celle de Robert Montgomery dans *La Dame du lac* (1946), de faire coïncider tout au long du film le regard du personnage et le regard du spectateur, ou si l'on veut, de rabattre l'identification secondaire sur la seule identification primaire, de telle sorte que tout le film est vu en quelque sorte par les yeux du personnage principal qui n'apparaît jamais à l'écran, sauf dans un miroir où il rencontre son image. Le film de Michaël Powell, *Le Voyeur* (1960), joue également des différents degrés de coïncidence entre regard du spectateur, regard de la caméra, et regard du personnage (pour en tirer des effets de terreur).

L'analyse de cette identification primaire par Jean-Louis Baudry visait en fait à mettre à jour le lien jusqu'alors non interrogé entre l'appareil de base du cinéma, les présupposés philosophiques, idéologiques et historiques des lois de la perspective de la Renaissance qui lui servent encore de modèle et le renforcement fantasmatique du sujet de l'idéalisme par le dispositif cinématographique dans son ensemble : « Peu importent au fond, écrivait-il, les formes de récit adoptées, les « contenus » de l'image, du moment qu'une identification demeure possible. On voit ici se profiler la fonction spécifique remplie par le cinéma comme support et instrument de l'idéologie : celle qui vient à constituer le « sujet » par la délimitation illusoire d'une place centrale (qu'elle soit celle d'un dieu ou de tout autre substitut). Appareil destiné à obtenir un effet idéologique précis et nécessaire à l'idéologie dominante : créer une fantasmatisation du sujet, le cinéma collabore avec une efficacité marquée au maintien de l'idéalisme. »

Ce renversement des perspectives au sujet de l'identification, même s'il a permis une forte « poussée théorique » en alimentant le débat dont il a été question plus haut, a eu aussi pour effet, curieusement, de bloquer un peu la réflexion sur l'identification secondaire au cinéma qui est pratiquement restée depuis en l'état de flou notionnel et de généralité où elle se trouvait avant cette mise à jour de la double identification au cinéma. Depuis cette intervention, les théoriciens du cinéma semblent considérer l'identification diégétique comme « allant de soi » et, à la lettre cette fois, un peu « secondaire ». Pourtant, alors qu'il semble difficile et peu productif de pousser plus avant l'analyse et la description de l'identification primaire élaborée par Jean-Louis Baudry et reprise par Chritian Metz, l'identification secondaire reste un terrain relativement peu exploré et sans aucun doute riche en potentialités théoriques. Nous allons maintenant nous y attarder.

3.2. L'identification secondaire au cinéma.

3.2.1. L'identification primordiale au récit.

« Un peu plus, un peu moins, écrit Georges Bataille, tout homme est suspendu aux *récits,* aux *romans,* qui lui révèlent la vérité multiple de la vie. Seuls ces récits, lus parfois dans les transes, le situent devant le destin. »

Le spectateur de cinéma, comme le lecteur de roman, est peut-être d'abord cet homme suspendu aux récits. En deçà des spécificités des différents modes d'expression narrative, il y a sans doute comme un désir fondamental d'entrer dans un récit dans le fait d'aller au cinéma ou de commencer un roman. De la même façon que l'on vient de décrire l'identification cinématographique primaire comme le soubassement de toute identification diégétique secondaire, on pourrait parler d'une identification primordiale au fait narratif lui-même, indépendamment de la forme et de la matière de l'expression que peut prendre un récit particulier. Que quelqu'un, à côté de nous, se mette à raconter une histoire (même si elle ne nous est pas destinée), que la télévision dans un bar diffuse un extrait de film, et nous voilà aussitôt accrochés à ce fragment de récit, quand bien même nous n'en connaîtrons jamais le début ni la suite : il y a là de toute évidence, dans cette captation du sujet par le récit, par tout récit, quelque chose qui relève d'une identification primordiale pour laquelle toute histoire racontée est un peu notre histoire. Il y a dans cet attrait pour le fait narratif en soi, dont on peut observer dès l'enfance la fascination, un puissant moteur pour toutes les identifications secondaires plus finement différenciées, antérieurement aux préférences culturelles plus élaborées, plus sélectives.

Cette identification au récit en tant que tel tient sans doute, pour une grande part, à l'analogie, bien souvent relevée, entre les structures fondamentales du récit et la structure œdipienne. On a pu dire que tout récit, d'une certaine façon, et c'est en cela qu'il fascine, rejouait la scène de l'Œdipe, l'affrontement du désir et de la Loi.

Tout récit classique inaugure la captation de son spectateur en creusant un écart initial entre un sujet désirant et son objet de désir. Tout l'art de la narration consiste ensuite à réguler la poursuite toujours relancée de cet objet du désir, désir dont la réalisation est sans cesse différée, empêchée, menacée, retardée jusqu'à la fin du récit. Le parcours narratif classique se joue donc entre deux situations d'équilibre, de non-tension, qui en marquent le début et la fin. La situation d'équilibre initiale se marque vite d'une faille, d'un écart que le récit n'aura de cesse d'avoir comblé, au terme d'une série d'empêchements, de fausses pistes, de contretemps dus au destin ou à la malignité des hommes, mais dont la fonction narrative est de maintenir la menace de cette faille et le désir du spectateur d'en voir enfin la résolution, laquelle marque la fin du récit, le retour à l'état de non-tension, que ce soit par le comblement de l'écart entre le sujet et l'objet du désir ou, au contraire, par le triomphe définitif de la Loi qui interdit à tout jamais ce comblement.

> Le sémanticien A.J. Greimas, reprenant dans son ouvrage *Sémantique structurale* les travaux de Vladimir Propp (sur la « morphologie du conte populaire russe ») et d'Etienne Souriau (sur les « 200 000 situations dramatiques ») a dégagé ce qu'il appelle un *modèle actantiel,* c'est-à-dire une structure simple de fonctions dramatiques permettant de rendre compte de la structure de base de la plupart des récits. On voit bien comment cette structure se met en place par rapport à l'affrontement du désir et de la Loi (de l'interdit) qui est bien le moteur premier de tout récit : le premier couple d'actants qui se met en place est celui du sujet et de l'objet, suivant l'axe du désir, le second celui du destinateur et du destinataire de l'objet du désir, suivant l'axe de la loi, le troisième enfin l'opposant et l'adjuvant à la réalisation du désir. La structure actantielle, à l'évidence, est une structure homologique à la structure œdipienne (voir ci-dessus. « Codes narratifs, fonctions et personnages », p. 86).

On a déjà relevé que l'identification, comme régression, s'instaure le plus souvent sur un état de manque : « L'identification, écrit Guy Rosolato, s'attache à un manque. S'il y a demande, le manque peut être le refus de l'autre à remplir cette demande. Retard à la satisfaction, mais aussi refus d'une volonté qui s'oppose, l'identification est lancée... »

On retrouve dans la description de ce processus de « lancement » de l'identification tous les éléments de la structure de base du récit où le désir vient s'articuler à un manque, à un retard de la satisfaction qui lance le sujet de désir (et le spectateur) à la poursuite d'une satisfaction impossible, toujours retardée, ou encore relancée en permanence sur de nouveaux objets.

A ce niveau structural profond, où tous les récits se ressemblent, se joue sans doute la captation première du spectateur par le simple fait qu'il y a « du » récit. Cette identification diégétique primordiale est une réactivation profonde, encore relativement indifférenciée, des identifications de la structure œdipienne : le spectateur, mais aussi bien l'auditeur ou le lecteur, sent bien que se joue là, dans ce récit dont il est pourtant le plus souvent absent en personne, quelque chose qui le concerne au plus profond et qui ressemble trop à ses propres démêlés avec le désir et la Loi pour ne pas lui parler de lui-même et de son origine. Dans ce sens tout récit, qu'il prenne la forme d'une quête ou d'une enquête, est fondamentalement la recherche d'une vérité du désir dans son articulation au manque et à la Loi, c'est-à-dire pour le spectateur recherche de sa vérité ou, comme le dit Georges Bataille de « la vérité multiple de la vie ».

> Il s'agit là du niveau le plus archaïque de la relation du sujet-spectateur au récit filmique et y entrent fort peu en ligne de compte les valeurs culturelles qui permettent de différencier et de hiérarchiser les récits selon leur qualité ou leur complexité. A ce niveau-là le film le plus fruste comme le plus élaboré est susceptible de nous « accrocher » : tout le monde a fait cette expérience, à la télévision, de se laisser « prendre » à l'identification au récit par un film qu'il juge par ailleurs (intellectuellement, idéologiquement ou artistiquement) indigne d'intérêt, tout autant que par un film reconnu par lui comme un chef-d'œuvre.

C'est sans doute sur cette identification primordiale au fait narratif en lui-même que repose la possibilité même d'une identification diégétique plus différenciée à tel ou tel récit filmique. On peut se demander si cette identification primordiale au récit, tout autant que l'identification primaire au sujet de la vision, n'est pas une condition indispensable pour que le film puisse être élaboré, par le spectateur, comme une fiction cohérente, comme sens, à partir de cette mosaïque discontinue d'images et de sons qui en constitue le signifiant.

3.2.2. Identification et psychologie.

Il est un fait dont le théoricien du cinéma doit tenir compte en permanence, c'est que le plus souvent, quand on parle d'un film, on parle d'un souvenir du film, souvenir déjà réélaboré qui a été l'objet d'une reconstruction « après coup », laquelle lui donne toujours plus d'homogénéité et de cohérence qu'il n'en avait réellement dans l'expérience de la projection.

Cette distorsion vaut particulièrement pour les personnages du film qui nous apparaissent volontiers, dans le souvenir, comme dotés d'un profil psychologique relativement stable et homogène auquel on fait référence, si l'on doit parler ou écrire sur ce film, pour les caractériser, un peu comme on le ferait d'une personne réelle.

On verra que cette distorsion est trompeuse et que le personnage, comme « être de pellicule », se construit le plus souvent au cours de l'avancée du film de façon beaucoup plus discontinue et contradictoire qu'il n'y paraît dans le souvenir.

Mais le spectateur, dans l'après-coup du souvenir, a tendance à croire (comme l'y invite la critique journalistique et le discours quotidien sur le cinéma) qu'il s'est identifié *par sympathie* à tel ou tel personnage, à cause de son caractère, de ses traits psychologiques dominants, de son comportement général, un peu comme dans la vie on éprouverait globalement de la sympathie pour quelqu'un à cause, croit-on, de sa personnalité.

S'il est vrai que l'identification secondaire au cinéma est fondamentalement une identification au personnage comme figure du semblable dans la fiction, comme foyer des investissements affectifs du spectateur, on aurait pourtant tort de considérer que l'identification est un effet de la sympathie que l'on peut éprouver pour tel ou tel personnage. C'est plutôt du processus inverse qu'il s'agit, et pas seulement au cinéma : Freud analyse clairement que ce n'est pas par sympathie qu'on s'identifie à quelqu'un mais qu' « au contraire la sympathie naît seulement de l'identification ». *La sympathie est donc l'effet, et non la cause, de l'identification.*

Il est une forme d'identification, très banalement répandue, qui met particulièrement ceci en évidence, c'est l'*identification partielle,* « hautement limitée, écrit Freud, qui se borne à emprunter à l'objet un seul de ses traits ». Cette identification à partir d'un seul trait se produit fréquemment entre des personnes n'ayant entre elles aucune sympathie ni aucune attirance libidinale ; elle fonctionne tout particulièrement au niveau collectif : la moustache d'Hitler, l'élocution d'Humphrey Bogart, etc...

Cette constatation, selon laquelle l'identification est la cause de la sympathie, et non l'inverse, pose la question de l'amoralité et de la malléabilité fondamentale du spectateur de cinéma. Dans un récit filmique bien structuré le spectateur peut être amené à s'identifier, avec les effets de la sympathie qui en résultent, à un personnage pour lequel, au niveau de la personnalité, du caractère, de l'idéologie, il n'aurait dans la vie réelle aucune sympathie, voire de l'aversion. La perte de vigilance du spectateur de cinéma l'incline à pouvoir sympathiser, par identification, avec n'importe quel personnage ou presque, pourvu que la structure narrative l'y conduise. Pour prendre un exemple célèbre, Alfred Hitchcock a réussi à plusieurs reprises (*Psycho,* 1961 ; *L'Ombre d'un doute,* 1942) à faire s'identifier son spectateur, au moins partiellement, à un personnage principal *a priori* tout à fait antipathique : une voleuse, le complice du crime d'une jeune femme, un assassin de riches veuves, etc...

Cette constatation peut rendre compte aussi de l'échec, par naïveté, du cinéma « édifiant » qui postule que le caractère et les actions du « bon personnage » devraient suffire à entraîner la sympathie et l'identification du spectateur.

La forme plus « ramassée » que prend généralement le film dans le souvenir par rapport à l'expérience de sa constitution progressive par le spectateur au cours de la projection permet de rendre compte d'une deuxième illusion. C'est celle qui consiste à prêter à l'identification secondaire une inertie et une permanence plus grandes qu'elle n'a en réalité : le spectateur, croit-on trop souvent, s'identifierait massivement tout au long du film à un personnage majeur de la fiction, parfois deux, pour des raisons essentiellement psychologiques, et ceci de façon relativement stable et monolithique. L'identification s'attacherait de façon durable à ce personnage pour toute la durée du film, et l'on pourrait en rendre compte de façon relativement statique.

Il ne s'agit pas de nier qu'un grand nombre de films — disons pour simplifier les plus frustes, les plus stéréotypés, par exemple aujourd'hui les feuilletons télévisés — fonctionnent massivement selon une identification assez monolithique réglée par un phénomène de reconnaissance, par une typologie stéréotypée des pesonnages : le bon, le méchant, le héros, le traître, la victime, etc... On peut dire dans ce cas que l'identification au personnage procède d'une identification du (et au) personnage comme *type*. L'efficacité de cette forme d'identification ne fait pas de doute, sa pérennité et sa quasi-universalité en sont la preuve : c'est que ce typage a pour effet de réactiver de façon tout à fait éprouvée, à un niveau à la fois fruste et profond, les affects issus directement des identifications aux rôles de la situation œdipienne : identification au personnage porteur du désir contrarié, admiration pour le héros figurant l'idéal du moi, crainte devant une figure paternelle, etc...

Il se joue là de façon stéréotypée, le plus souvent répétitive et paresseuse, donc de façon plus manifeste, plus directement lisible, quelque chose qui est pourtant essentiel dans l' « accrochage » du spectateur au personnage filmique, qui est à l'œuvre d'une certaine façon dans tous les films de fiction et qui joue sans aucun doute un rôle essentiel dans toute identification au personnage dans un film : l'identification a un rôle typologique.

Pourtant, il n'en reste pas moins que ce substrat archaïque de toute identification au personnage ne saurait rendre compte, sans une simplification outrancière, des mécanismes complexes de l'identification diégétique au cinéma et en particulier des deux caractères les plus spécifiques de cette identification. Premièrement : que l'identification est un effet de la structure, une question de place plus que de psychologie. Deuxièmement : que l'identification au personnage n'est jamais aussi massive et monolithique mais au contraire extrêmement fluide, ambivalente et permutable au cours de la projection du film, c'est-à-dire de sa constitution par le spectateur.

3.3. Identification et structure.

3.3.1. La situation.

Si ce n'est pas la sympathie qui engendre l'identification au personnage, mais l'inverse, la question reste ouverte de la cause et du mécanisme de l'identification secondaire au cinéma.

Il semble bien que l'identification soit un effet de la structure, de la situation, plus qu'un effet de la relation psychologique aux personnages.

« Prenons un exemple, celui d'une personne curieuse qui pénètre dans la chambre de quelqu'un d'autre et qui fouille dans les tiroirs. Vous montrez le propriétaire de la chambre qui monte l'escalier, puis vous revenez à la personne qui fouille et le public a envie de lui dire : « faites attention, quelqu'un monte l'escalier ». Donc une personne qui fouille n'a pas besoin d'être un personnage sympathique, le public aura toujours de l'appréhension en sa faveur. » Cette « loi » empirique de l'identification selon Hitchcock, magistralement illustrée par lui dans *Marnie* (1964), a le mérite d'être très claire sur un point essentiel : c'est la situation (ici quelqu'un qui est en danger d'être surpris) et la façon dont elle est proposée au spectateur (l'énonciation) qui vont déterminer quasi structuralement l'identification à tel ou tel personnage, à tel moment du film.

On peut trouver une confirmation tout aussi empirique de ce mécanisme structural de l'identification dans une expérience devenue tout à fait banale du fait de la télévision, celle de regarder un extrait, une séquence (parfois même quelques plans seulement), d'un film que l'on n'a jamais vu. Il ne s'agit presque jamais du début du film : le spectateur se trouve donc confronté de façon abrupte à des personnages qu'il ne connaît pas, dont il ignore le passé filmique, au milieu d'une fiction dont il ne sait à peu près rien. Et pourtant, même dans ces conditions artificielles de réception du film, le spectateur va entrer très vite, presque instantanément, dans cette séquence dont il ignore les tenants et les aboutissants, il va y trouver tout de suite sa place, donc de l'intérêt.

Si le spectateur « accroche » si vite à une séquence prélevée au milieu d'un film, s'il y trouve sa place, c'est bien qu'il y a quelque part identification, et donc que celle-ci ne passe pas nécessairement par une connaissance psychologique des personnages, de leur rôle dans le récit, de leurs déterminations, toutes choses qui auraient demandé le temps assez long d'une familiarisation progressive avec ces personnages et avec cette fiction. En fait (et cela est très sensible chez les spectateurs enfants qui peuvent prendre un vif intérêt à un film, fragment par fragment, sans en comprendre l'intrigue ni les ressorts psychologiques), il suffit, pour que le spectateur y trouve sa place, de l'espace narratif d'une séquence, ou d'une scène ; il suffit que s'inscrive dans cette scène un réseau structuré de relations, *une situation*. Dès lors, peu importe que le spectateur ne connaisse pas encore les personnages : dans cette structure rationnelle mimant une relation intersubjective quelconque, le spectateur va aussitôt repérer un certain nombre de places, disposées en un certain ordre, d'une certaine façon, ce qui est la condition nécessaire et suffisante de toute identification.

« L'identification, écrit Roland Barthes, ne fait pas acception de psychologie ; elle est une pure opération structurale : je suis celui qui a la même place que moi. »

« Tout réseau amoureux, je le dévore du regard et j'y repère la place qui serait la mienne, si j'en faisais partie. Je perçois non des analogies mais des homologies... » et, un peu plus loin : « la structure ne fait pas acception de personnes ; elle est donc terrible (comme une bureaucratie). On ne peut la supplier, lui dire : « Voyez comme je suis mieux que H..... » Inexorablement, elle répond : « Vous êtes à la même place ; donc vous êtes H..... » Nul ne peut *plaider* contre la structure. »

L'identification est donc une question de place, un effet de position structurale. D'où l'importance de la *situation* comme structure de base de l'identification dans un récit de type classique : chaque *situation* qui surgit dans le cours du film redistribue les places, propose un nouveau réseau, un nouveau positionnement des *relations intersubjectives* au sein de la fiction.

On sait d'ailleurs en psychanalyse que l'identification d'un sujet à un autre est très rarement globale mais renvoie plus fréquemment à la *relation intersubjective* par le biais de tel aspect de la relation avec lui : il n'en va pas autrement au cinéma où l'identification passe par ce réseau de relations intersubjectives que l'on appelle plus banalement une *situation,* où le sujet trouve à se repérer.

> Cette identification à un certain nombre de places au sein d'une relation intersubjective est la condition même du langage le plus quotidien, où l'alternance du « je » et du « tu » est le prototype même des identifications qui rendent le langage possible, ces mots n'y désignant pas autre chose que la place respective des deux interlocuteurs dans le discours, et nécessitant une identification réciproque et réversible sans laquelle chaque sujet resterait enfermé dans son propre discours, sans la possibilité d'entendre celui de l'autre et d'y entrer : « Si nous prenons tout de suite notre place dans le jeu des diverses intersubjectivités, dit Lacan, c'est que nous y sommes à notre place n'importe où. Le monde du langage est possible en tant que nous y sommes à notre place n'importe où. »

Les origines œdipiennes et le fonctionnement structural de toute identification, ainsi que les caractéristiques spécifiques du récit filmique (le découpage classique, en particulier) suffisent à déterminer le caractère fluide, réversible, ambivalent, du processus d'identification au cinéma.

Dans la mesure où l'identification n'est pas une relation de type psychologique à tel ou tel personnage mais dépend plutôt d'un jeu de places au sein d'une situation, on ne saurait la considérer comme un phénomène monolithique, stable, permanent tout au long du film. Au cours du processus réel de la vision d'un film, il semble bien au contraire que chaque séquence, chaque situation nouvelle, dans la mesure où elle modifie ce jeu de places, ce réseau relationnel, suffise à relancer l'identification, à redistribuer les rôles, à redessiner la place du spectateur. L'identification est presque toujours beaucoup plus fluide et labile, au cours de la constitution du film par le spectateur, dans le temps de la projection, qu'il n'y paraît rétrospectivement dans le souvenir du film.

Ceci vaut surtout pour le film dans son déroulement, dans sa diachronie, mais au niveau même de chaque scène, de chaque situation, il semble bien que l'identification conserve plus qu'on ne croit son ambivalence et sa réversibilité originaire. Dans ce jeu de places, dans ce réseau relationnel instauré par chaque situation nouvelle, on peut dire que le spectateur, pour paraphraser Jacques Lacan, est à sa place n'importe où. Dans une scène d'agression, par exemple, le spectateur va s'identifier à la fois à l'agresseur (avec un plaisir sadique) et à l'agressé (avec angoisse) ; dans une scène où s'exprime une demande affective, il va s'identifier simultanément à celui qui est en position de demandeur, et dont le désir est contrarié (sentiment de manque et d'angoisse) et à celui qui reçoit la demande (plaisir narcissique) : on retrouve presque à chaque fois, même dans les situations les plus stéréotypées, cette mutabilité fondamentale de l'identification, cette réversibilité des affects, cette ambivalence des postures qui font du plaisir du cinéma un plaisir mêlé, souvent plus ambigu et plus confus (mais c'est peut-être le propre de toute relation imaginaire) que le spectateur veut bien se l'avouer et s'en souvenir après une élaboration secondaire légitimante et simplificatrice.

Il semble bien que le roman de type classique, qui procède pourtant lui aussi par situations successives, engage de la part de son lecteur une identification relativement plus stable que le film. Cela tient sans doute aux caractéristiques différentes de l'énonciation romanesque et de l'énonciation au cinéma. Le texte de surface du roman propose le plus souvent un point de vue assez stable, centré nettement sur un personnage : généralement un roman commencé sur le mode du « je » ou du « il » va adopter pour toute la suite cette énonciation. Dans le cinéma narratif classique, au contraire, la variabilité des points de vue, comme on va le voir, est inscrite dans le code même. Il ne s'agit là bien évidemment que d'une constatation très générale, d'ordre statistique, à laquelle on pourrait trouver, dans les cas particuliers de tel film ou de tel roman, beaucoup d'exceptions.

3.3.2. Les mécanismes de l'identification à la surface du film (au niveau du découpage).

Reste à observer, au niveau des plus petites unités du texte de surface, les micro-circuits où vont s'engendrer à la fois le récit filmique et l'identification du spectateur, mais plan par plan cette fois, dans l'avancée de chaque séquence.

Ce qui est tout à fait remarquable, et qui semble spécifique du récit filmique — même si ce fait de code nous paraît tout à fait naturel, invisible, tant nous y sommes accoutumés — c'est l'extraordinaire souplesse du découpage narratif classique : la scène la plus banale, au cinéma, se construit en changeant sans cesse de point de vue, de focalisation, de cadrage, entraînant un déplacement permanent du point de vue du spectateur sur la scène représentée, déplacement qui ne va pas manquer d'infléchir par micro-variations le processus d'identification du spectateur.

Encore faut-il être très prudent en relevant la similitude entre ce qui a été dit plus haut des caractéristiques de l'identification (de sa réversibilité, du jeu de permutation, de changements de rôle, qui semblent la caractériser) et les variations permanentes du point de vue inscrites dans le code du découpage classique. S'il semble bien, effectivement, que le texte de surface, au cinéma, mime au plus près de ses mécanismes les plus fins la labilité du processus de l'identification, rien ne permet d'y voir un quelconque déterminisme où l'un des mécanismes serait en quelque sorte le « modèle » de l'autre.

L'homologie devient pourtant tout à fait impressionnante quand on se met à mesurer, par-delà notre accoutumance culturelle, à quel point le découpage classique au cinéma (institué en code très prégnant) est violemment arbitraire : il n'y a rien de plus contraire apparemment à notre perception d'une scène vécue dans le réel que ce changement permanent de point de vue, de distance, de focalisation, si ce n'est précisément le jeu permanent de l'identification (dans le langage et dans les situations les plus ordinaires de la vie) dont Sigmund Freud et Jacques Lacan ont montré toute l'importance dans la possibilité même de tout raisonnement intersubjectif, de tout dialogue, de toute vie sociale.

Ce que l'on peut avancer, à propos de cette homologie, c'est que le texte de surface, en mettant en place ses micro-circuits, infléchit probablement par petits coups de force permanents, par minuscules changements de directions successifs, la relation du spectateur à la scène, aux personnages, ne serait-ce qu'en désignant des places et des parcours privilégiés, en marquant plus que d'autres certaines postures, certains points de vue.

Il serait trop long de décrire ici dans le détail les éléments du texte de surface qui infléchissent ce jeu de l'identification (d'autant plus que *tous* les éléments, vraisemblablement, y contribuent à leur façon) : on se bornera donc à relever ceux qui interviennent dans ce processus de la façon la plus massive, la plus incontournable.

La *multiplicité des points de vue,* qui fonde le découpage classique de la scène filmique, est sans doute le principe de base constitutif de ces micro-circuits de l'identification dans le texte de surface : c'est lui qui va rendre possible le jeu des autres éléments. La scène classique, au cinéma, se construit (dans le code) sur une multiplicité de points de vue : l'apparition de chaque nouveau plan correspond à un changement de point de vue sur la scène représentée (qui est pourtant censée se dérouler de façon continue et dans un espace homogène). Pourtant, il est assez rare qu'à chaque changement de plan corresponde la mise en place d'un point de vue nouveau, inédit, sur la scène. Le plus souvent le découpage classique fonctionne sur le retour d'un certain nombre de points de vue, ces retours à un même point de vue pouvant être très nombreux (dans le cas d'une scène en champs-contrechamps par exemple).

Chacun de ces points de vue, qu'il soit ou non celui d'un personnage de la fiction, inscrit nécessairement entre les différentes figures de la scène une certaine hiérarchie, leur confère plus ou moins d'importance dans la relation intersubjective, privilégie le point de vue de certains personnages, souligne certaines lignes de tension et de partage. L'articulation de ces différents points de vue, le retour plus

La multiplicité du point de vue dans le découpage classique : la première séquence d'*Hôtel du Nord,* de Marcel Carné (1938), met en scène une douzaine de personnages au cours d'un banquet de première communion.

Hôtel du Nord, de Marcel Carné (1938).

fréquent de certains d'entre eux, leur combinatoire, autant d'éléments inscrits dans le code qui permettent de tracer, comme en filigrane de la situation diégétique elle-même, des places et des micro-circuits privilégiés pour le spectateur, d'infléchir l'engendrement de son identification.

Cette multiplicité des points de vue s'accompagne le plus souvent, dans le cinéma narratif classique, d'un jeu de *variations sur l'échelle des plans.*

> Ce n'est pas un hasard si l'échelle des plans, au cinéma : gros plan, plan moyen, plan américain, plan moyen, plan d'ensemble... s'établit en référence à l'inscription du corps de l'acteur dans le cadre : on sait que l'idée même du découpage de la scène en plans d'échelle différente est née du désir de faire saisir au spectateur, par l'inclusion d'un gros plan, l'expression du visage d'un acteur, de la souligner, d'en marquer ainsi la fonction dramatique.

Il ne fait pas de doute qu'il y a là, dans cette variation de la taille des acteurs à l'écran, dans cette proximité plus ou moins grande de l'œil de la caméra à chaque personnage, un élément déterminant quant au degré d'attention, d'émotion partagée, d'identification à tel ou tel personnage.

> Il suffirait, pour s'en convaincre, de lire les déclarations d'Alfred Hitchcock à ce sujet. Selon lui, la « taille de l'image » est peut-être l'élément le plus important dans la panoplie dont dispose le réalisateur pour « manipuler » l'identification du spectateur au personnage. Il donne de nombreux exemples dans la mise en scène de ses propres films, comme cette scène des *Oiseaux* où il était impérieux, selon lui, et malgré les difficultés techniques, de suivre en gros plan le visage d'une actrice qui se levait de sa chaise et commençait à se déplacer, sous peine de « casser » l'identification à ce personnage en procédant de façon plus simple, en recadrant sur elle en plan plus large lorsqu'elle se levait de sa chaise.

Ce jeu sur l'échelle des plans, associé à celui de la multiplicité des points de vue, autorise dans le découpage classique de la scène une combinatoire très fine, une alternance de proximité et de distance, de décrochages et de recentrages sur les personnages. Il permet une inscription particulière de chaque personnage dans le réseau relationnel de la situation ainsi présentée ; il permet par exemple de présenter tel personnage comme une figure parmi les autres, voire comme un simple élément du décor, ou au contraire d'en faire, dans telle scène, le véritable foyer de l'identification en l'isolant, dans une série de gros plans, pour un tête-à-tête intense avec le spectateur dont l'intérêt est ainsi focalisé sur ce personnage, quand bien même il jouerait un rôle tout à fait effacé dans la situation diégétique proprement dite.

Il ne s'agit là, évidemment, que d'exemples extrêmes, un peu trop simples, qui ne doivent pas occulter la complexe subtilité qu'autorise ce jeu, inscrit dans le code, avec la variation de l'échelle des plans.

Dans ces micro-circuits de l'identification au cinéma, les *regards* ont toujours été un vecteur éminemment privilégié. Le jeu des regards règle un certain nombre de figures de montage, au niveau des plus petites articulations, qui sont à la fois parmi les plus fréquentes et les plus codées : le raccord sur le regard, le champ-contrechamp, etc. Il n'y a rien là d'étonnant dans la mesure où l'identification secondaire est centrée, comme on l'a vu, sur les relations entre les personnages, et où le cinéma a compris très tôt que les regards constituaient une pièce maîtresse, spécifique de ses moyens d'expression, dans l'art d'impliquer le spectateur dans ces relations.

> La longue période du cinéma muet, au cours de laquelle se sont constitués pour l'essentiel les codes du découpage classique, a favorisé d'autant plus la prise en considération du rôle privilégié des regards que ceux-ci lui permettaient, dans une certaine mesure, de pallier l'absence d'expressivité, d'intonations, de nuances, dans les dialogues en intertitres.

L'articulation du regard au désir et au leurre (théorisée par Jacques Lacan dans « Le regard comme objet a ») prédestinait, si l'on peut dire, le regard à jouer ce rôle tout à fait central dans un art marqué du double caractère d'être à la fois un art du récit (donc des avatars du désir) et un art visuel (donc un art du regard).

> Ainsi, dans de nombreux textes théoriques, *le raccord sur le regard* est devenu la figure emblématique de l'identification secondaire au cinéma. Il s'agit de cette figure, très fréquente, où un plan « subjectif » (supposé vu par le personnage) succède directement à un plan du personnage regardant (le champ-contrechamp peut d'ailleurs être considéré, d'une certaine façon, comme un cas particulier du raccord sur le regard). Dans cette délégation du regard entre le spectateur et le personnage, on a voulu voir la figure par excellence de l'identification au personnage. Malgré son apparente clarté, cet exemple a sans doute contribué à gauchir la question de l'identification au cinéma par une simplification outrancière. L'analyse du processus d'engendrement de l'identification par les micro-circuits des regards (et leur articulation par le montage) dans un film narratif relève sans aucun doute d'une théorisation beaucoup plus fine où le raccord sur le regard, même s'il désigne un point-limite, un court-circuit entre identification primaire et identification secondaire, ne jouerait finalement qu'un rôle tout à fait spécifique, trop particulier pour être exemplaire.

3.4. Identification et énonciation.

Il suffirait de reprendre les termes d'Alfred Hitchcock, dans l'exemple précédent tiré de *Marnie* (« *Vous montrez* le propriétaire... puis *vous revenez* à la personne qui fouille... »), pour entrevoir que dans cette mise en place d'une situation à forte identification, le travail de l'instance qui montre ou qui narre est tout aussi déterminant que la structure propre à ce qui est montré, ou narré. Cela, d'ailleurs, tous les conteurs le savent bien qui ne se font pas faute d'intervenir sur le cours « naturel » des événements racontés pour les faire attendre, les moduler, créer des effets de surprise, des fausses pistes, et dont l'art consiste précisément dans la maîtrise d'une certaine *énonciation* (et de sa rhétorique) dont les effets sont plus déterminants sur les réactions de l'auditoire que le contenu de l'énoncé lui-même.

Dans l'exemple d'Alfred Hitchcock, il va presque de soi que le spectateur ne peut « avoir de l'appréhension » en faveur du fouilleur que si auparavant l'instance narratrice lui a montré le propriétaire en train de monter l'escalier. Ou alors la scène agit tout autrement sur le spectateur et produit un pur effet de surprise, lequel

Le rôle central du regard dans le plan

Le Jour se lève, de Marcel Carné (1939).

Les Enchaînés, d'Alfred Hitchcock (1946).

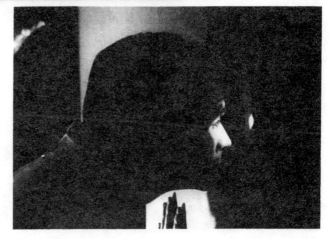

Psycho, d'Alfred Hitchcock (1961).

Trois plans
d'une même
scène de *Muriel*,
d'Alain Resnais
(1963).

fonctionne beaucoup moins à l'identification au personnage. C'est-à-dire que dans le processus d'identification, le travail de narration, de la « monstration », de l'énonciation, joue un rôle tout à fait déterminant : il contribue très largement à informer la relation du spectateur à la diégèse et aux personnages ; c'est lui, au niveau des grandes articulations narratives, qui va moduler en permanence le savoir du spectateur sur les événements diégétiques, qui va contrôler à chaque instant les informations dont il dispose au fur et à mesure de l'avancée du film, qui va cacher certains éléments de la situation ou au contraire anticiper sur d'autres, qui va réguler le jeu de l'avance et du retard entre le savoir du spectateur et le savoir supposé du personnage et infléchir ainsi de façon permanente l'identification du spectateur aux figures et aux situations de la diégèse.

> Il existe vraisemblablement, à un niveau plus global et plus fruste de l'identification au récit (en amont pourrait-on dire de cette régulation plus fine et plus spécifique de l'identification par le travail de l'énonciation dans l'avancée même du film) une identification diégétique plus massive, moins déliée, relativement indifférente au travail spécifique de l'énonciation dans chaque moyen d'expression et dans chaque texte particulier. De cette couche plus inerte de l'identification, on peut dire qu'elle relève plutôt de l'énoncé, de la diégèse (dans leurs grandes lignes structurales) que de l'énonciation proprement dite, et qu'elle présente un caractère plus régressif, œdipien.

Au niveau de chaque scène, le travail de l'énonciation consiste, comme on vient de le voir, à infléchir le rapport du spectateur à la situation diégétique, à y tracer des micro-circuits privilégiés, à organiser l'engendrement et la structuration du processus d'identification, plan par plan. Ce travail de l'énonciation est d'autant plus invisible, dans le cinéma narratif classique, qu'il est pris en charge par le code. Et c'est sans doute là, au niveau des petites articulations du texte de surface, que le code est le plus prégnant, le plus stable, le plus « automatique » donc le plus invisible. Le découpage d'une scène selon quelques points de vue, le retour de ceux-ci, le champ-contrechamp, le raccord sur le regard, autant d'éléments codiques arbitraires qui participent directement du travail de l'énonciation mais que le spectateur de cinéma, par accoutumance culturelle, perçoit comme « le degré zéro » de l'énonciation, comme la façon « naturelle » dont se raconte une histoire au cinéma. Il est vrai que les « règles » du montage classique, en particulier celles des raccords, visent précisément à effacer les marques de ce travail de l'énonciation, à le rendre invisible, à faire en sorte que les situations se présentent au spectateur « comme d'elles-mêmes » et que le code à un tel degré de banalité et d'usure semble fonctionner quasi automatiquement et donner l'illusion d'une sorte d'absence, ou de vacance, de l'instance d'énonciation.

C'est là évidemment une des forces du cinéma narratif classique (du type cinéma américain des années 40-50), et une des raisons de l'extraordinaire domination de ce mode de récit filmique, que le réglage minutieux et invisible de l'énonciation entretient l'impression, chez le spectateur, qu'il entre de lui-même dans le récit, qu'il s'identifie de lui-même à tel ou tel personnage par sympathie, qu'il réagit à telle situation un peu comme il le ferait dans la vie réelle, ce qui a pour effet de renforcer l'illusion qu'il est à la fois le centre, la source et le sujet unique des émotions que lui procure le film, et de nier que cette identification soit aussi l'effet d'un réglage, d'un travail de l'énonciation.

Depuis les années 60, avec la valorisation (surtout en Europe) de la notion d'auteur, on a vu des cinéastes, de plus en plus nombreux, s'imposer par une énonciation « personnelle » signant en quelque sorte leurs films par quelques marques plus ou moins ostentatoires et arbitraires de cette énonciation qui les caractérise. C'est le cas de réalisateurs célèbres comme Ingmar Bergman (*Le Silence*, 1963, *Persona*, 1966), Michelangelo Antonioni (*L'Eclipse*, 1962, *Le Désert rouge*, 1964), Jean-Luc Godard (*Le Mépris*, 1963, *Deux ou Trois choses que je sais d'elle*, 1966), Federico Fellini (*La Dolce vita*, 1960, *Huit et demi*, 1962).

Au début des années 70, à la suite d'un large débat théorique sur l'idéologie véhiculée par le cinéma classique (en particulier sur sa transparence, sur l'efface-ment des marques de l'énonciation) quelques cinéastes, par souci politique ou idéologique, ont cru bon d'inscrire en clair dans leurs films le travail de l'énoncia-tion, voire le processus de production du film. Citons par exemple *Octobre à Madrid*, de Marcel Hanoun (1965), *Tout va bien*, de Jean-Luc Godard et Jean-Pierre Gorin (1972), et tous les films du « Groupe Dziga-Vertov ».

Il semblerait, dans les deux cas, que la présence plus sensible, plus soulignée, d'une instance énonciatrice aurait dû avoir pour effet d'entraver au moins partiellement le processus d'identification, ne serait-ce qu'en rendant plus difficile pour le spectateur l'illusion d'être le foyer et l'origine unique de toute identification en lui donnant à percevoir dans le film la présence de cette figure, ordinairement cachée, du maître de l'énonciation. Ce serait un peu sous-estimer la capacité du spectateur de restaurer le film comme « bon objet » : pour les spectateurs plus ou moins cinéphiles ou intellectuels que ces films ont rencontrés, cette figure du maître de l'énonciation est souvent devenue, à son tour, une figure à quoi s'identifier. Identification assez classique finalement, d'un point de vue structural : le maître de l'énonciation (l'auteur, même en train de se contester) est aussi à sa façon celui dont la volonté s'oppose au désir du spectateur ou le retarde (qui lance l'identification) avec en outre le prestige, pour les cinéphiles, d'une figure incarnant quelque idéal du moi.

3.5. Spectateur de cinéma et sujet psychanalytique : le pari.

Tout ce qui précède, dans ce chapitre sur l'identification, relève de la concep-tion classique, en psychanalyse, de l'identification comme régression narcissique et suppose ceci, comme postulat tout à fait arbitraire : que l'on pourrait rendre compte de l'état ou de l'activité du spectateur de cinéma avec les instruments théoriques élaborés par la psychanalyse pour rendre compte du sujet. Ce qui suppose, *a priori*, et il y a là une sorte de pari, que le spectateur de cinéma est entièrement homologique et réductible au sujet de la psychanalyse, en tout cas à son modèle théorique. Cette conception du spectateur commence aujourd'hui à être mise en question : pour Jean-Louis Schéfer, par exemple, il y aurait une énigme cinématographique irréductible à la fiction du sujet psychanalytique en tant que centré sur le moi. Le cinéma demanderait plutôt à être décrit dans ses *effets de sidération et de terreur*, comme production d'un sujet déplacé, « une sorte de sujet mutant ou un homme plus inconnu ».

La voie suivie jusqu'ici dans la théorie du cinéma ne permettrait pas de le comprendre comme procès nouveau, à découvrir hors de l'homologie sécurisante du sujet et du dispositif cinématographique. Pour Jean-Louis Schéfer le cinéma n'est pas fait pour permettre au spectateur de se retrouver (théorie de la régression narcissique) mais aussi et surtout pour étonner, pour sidérer : « L'on va au cinéma — et tout le monde — pour des simulations plus ou moins terribles, et pas du tout pour une part de rêve. Pour une part de terreur, pour une part d'inconnu (...) quand je suis au cinéma, je suis un être simulé (...) c'est du paradoxe du spectateur qu'il faudrait parler. »

LECTURES SUGGÉRÉES :

1. Le spectateur de cinéma.
Hugo MUNSTERBERG, *The film : A psychological study. The silent photoplay in 1916* New York, Dover Publications, Inc., 1970.
Rudolf ARNHEIM, *Vers une psychologie de l'art,* Ed. Seghers, 1973 ; *La Pensée visuelle,* Ed. Flammarion, 1976.
Vsevolod POUDOVKINE, *Film Technique and Film Acting,* New York, Grove Press Inc., 1970.
S.M. EISENSTEIN, *Au delà des étoiles,* U.G.E., 1974.
Etienne SOURIAU (sous la direction de), *L'Univers filmique,* Ed. Flammarion, 1953.
Edgar MORIN, *Le Cinéma ou l'homme imaginaire,* Ed. de Minuit, 1956, rééd. 1978.
Jean-Pierre MEUNIER, *Les Structures de l'expérience filmique,* Librairie universitaire, Louvain, 1969.

2. Spectateur de cinéma et identification : la double identification au cinéma.
Sigmund FREUD, *L'Interprétation des rêves,* P.U.F., 1973 ; *Essais de psychanalyse appliquée,* Ed. Gallimard, coll. « Idées », 1976, *Essais de psychanalyse ;* Petite Bibliothèque Payot, 1970 ; *Nouvelles conférences sur la psychanalyse,* Gallimard, 1971.
Jean-Louis BAUDRY, *L'Effet Cinéma,* Ed. Albatros, 1978.
Christian METZ, *Le Signifiant imaginaire,* U.G.E., coll. « 10-18 », 1977.
Jean-Louis SCHÉFER, *L'Homme ordinaire du cinéma,* coll. « Cahiers du Cinéma », Ed. Gallimard, 1980.
François TRUFFAUT, *Le Cinéma selon Hitchcock,* Ed. Robert Laffont, 1966, rééd. Ed. Seghers, 1975.
N° spécial « Cinéma et psychanalyse » de la revue *Communications,* 1975.
Pascal BONITZER, *Le champ aveugle,* « Cahiers du Cinéma » Gallimard, 1982.
Jacques LACAN, *Ecrits I et II,* Seuil, 1966, 1971, coll. « Points ».
Anika RIFFLET-LEMAIRE, *Jacques Lacan,* Charles Dessart, 1970.
Guy ROSOLATO, *Essais sur le symbolique,* Gallimard, 1969.
Jean LAPLANCHE, J.B. PONTALIS, *Vocabulaire de la psychanalyse,* P.U.F., 1971.
Roland BARTHES, *S/Z,* Seuil, 1970, coll. « Points ».

CONCLUSION

Au terme de cette exploration des questions les plus importantes aujourd'hui pour une théorie du film, le lecteur aura aperçu l'ampleur, la complexité et, nous l'espérons, le profond intérêt de ces réflexions sur l'art des images mouvantes. Nous voudrions insister, pour conclure, sur une brève caractérisation des théories (qu'elles soient ou non constituées en corps de doctrine) auxquelles nous avons fait allusion chemin faisant.

Le premier caractère qui ressort de tout exposé sur les théories du cinéma et leur succession, c'est leur ancienneté. *Peut-être, à vrai dire, n'est-il guère de production humaine qui ne soit aussitôt accompagnée d'une réflexion formelle, « théorique », ou au moins – c'est l'étymologie même du mot « théorie » – d'une observation, d'une* contemplation *approfondie de cette production. Dans le cas du cinéma, on peut certes remarquer que son invention, qui a occupé tout le XIXᵉ siècle, n'a pas pris de court la spéculation intellectuelle ; il n'en est pas moins frappant de constater la contemporanéité presque totale entre l'apparition du cinéma comme spectacle, puis comme art et comme moyen d'expression, et sa théorisation ; et de même, tous les mouvements, les écoles, les genres importants que recense l'histoire des films ont-ils été accompagnés, précédés ou suivis (mais toujours de peu) d'une plus ou moins importante activité théorique : de ces « révolutions » dans la théorie, l'histoire n'est pas avare, et maints exemples célèbres jalonnent quatre-vingt-dix années de cinéma.*

Aussi le second caractère qui marque les théories du cinéma est-il, avec le recul, leur profonde historicité, ou plus exactement, la cohérence du lien qui les unit, à chaque époque, à la production cinématographique. C'est là une évidence en ce qui concerne de très grandes figures comme André Bazin ou S. M. Eisenstein : le néo-réalisme italien alimenta les théories « ontologiques » et « cosmophaniques » du premier, comme l'expérimentalisme des années vingt (au-delà même des strictes limites de l'école « montagiste » soviétique) inspira au second son amour du montage, de la manipulation et du conflit. Mais, bien plus largement, l'histoire des théories offre au survol l'émergence d'un petit nombre de « continents » (ou d'archipels, si l'on tient à la précision des métaphores), qu'une chronologie énergiquement scandée par des accidents majeurs (les deux guerres mondiales, ou l'apparition du son, pour citer volontairement des phénomènes incommensurables) permet de repérer aisément.

Rappelons-en les grand noms. Il y aurait d'abord – priorité chronologique qui ne saurait engager un choix esthétique ni idéologique – l'époque de constitution progressive, puis de règne presque sans partage, de la tradition formaliste, rhétorique qui connaît son plein développement après la Première Guerre mondiale, en cette période de bouleversements incessants de l'art du film que furent les années vingt, et qui trouve sa forme classique au début des années trente (alors que déjà la production dominante a changé, et que, en un tout autre sens, le cinéma est lui aussi devenu « classique »). Dès 1916, dans la seconde partie de son célèbre essai, Hugo Münsterberg affirmait, dans une perspective néo-kantienne, que la condition de la validité esthétique résidait, pour le film, dans le fait d'opérer une transformation de la réalité en un objet imaginaire soumis à une poétique particulière (jouant, à la guise du cinéaste, sur les trois catégories fondamentales de la réalité, le temps, l'espace et la causalité). La même année sortait Intolérance, de Griffith, gigantesque manipulation qui dut combler Münsterberg. Quelques années plus tard, et sur des terrains philosophiques bien différents, la même attitude va se préciser ; nous avons déjà évoqué, dans le cours de cet ouvrage, l'approche d'un Eisenstein ou d'un Tynianov ; il faudrait, bien sûr, ajouter à ces deux noms ceux d'une demi-douzaine au moins de leurs contemporains et compatriotes, à commencer par Lev Kouléchov, dont L'Art du cinéma (1929) est peut-être l'avancée la plus audacieuse – donc aussi la plus périlleuse – dans la voie d'une comparaison de l'organisation filmique au fonctionnement d'une langue ; on a souvent, et avec raison, critiqué les excès de cette approche – mais ce qui nous retiendra ici, c'est avant tout la constance avec laquelle Lev Kouléchov et ses élèves accompagnent toute leur réflexion d'une série d'expériences et de films dont la systématicité, sans précédent, sera aussi sans égale par la suite. Presque au même moment, en Allemagne, Rudof Arnheim fixait, dans un essai bref mais catégorique, les limites extrêmes qu'atteindra le courant « formaliste ». Pour lui, le film ne peut être art que dans la mesure où le cinéma s'éloigne d'une reproduction parfaite de la réalité, et en quelque sorte grâce aux défauts mêmes de l'outil-cinéma. Cette thèse fameuse et évidemment indépassable a assuré la réputation de son auteur, mais en même temps marqué pratiquement la fin d'un type d'approche devenu totalement incapable de prendre en considération les modifications profondes qui affectent l'art du cinéma, disons, entre 1928 et 1932.

Non pas, d'ailleurs, que cette approche soit totalement morte ; bien des auteurs, et non des moindres, l'ont reprise et illustrée : ainsi de Béla Balázs, qui proposa à deux reprises, en 1930 et en 1950, de brillantes synthèses de tout ce que le courant formaliste avait apporté en retour à une histoire du cinéma ; plus récemment encore, les essais de Barthélémy Amengual, d'Ivor Montagu, parus au milieu des années soixante, se réfèrent, sans la renouveler vraiment, à cette grande tradition.

Mais sans conteste, l'après-guerre a surtout été marquée par un autre pôle, jusque-là dominé par la tendance formaliste, et qu'on peut désigner, faute de mieux, comme approche « réaliste » du cinéma. Cette approche, nous le notions à l'instant, n'est pas tombée du ciel en 1945 : on en trouve les prémices chez des cinéastes comme Louis Feuillade, par exemple (sous forme il est vrai fort peu élaborée), ou, bien plus nettement, dans toute la réflexion dont un John Grierson accompagne, au long des années trente et quarante, la floraison du mouvement documentariste. Bien entendu, ce courant est absolument marqué, pour nous, par la figure d'André Bazin ; mais là encore, l'important nous paraît être, moins l'existence d'une école-Bazin (qui fut d'abord assez strictement limitée à la France, avec les Cahiers du Cinéma des années cinquante-soixante et la « Nouvelle Vague »), que la contemporanéité de la réflexion d'André Bazin avec d'autres approches, totalement indépendantes de la sienne, mais qui vont grosso modo dans la même direction esthétique. Que l'on pense aux travaux d'Etienne Souriau par exemple, que l'on pense surtout à la somme publiée par Siegfried Kracauer en 1960, et bien significativement sous-titrée The Redemption of Physical Reality – que son auteur présente comme une « esthétique matérielle », fondée sur la primauté du contenu, et qui débouche sur une conception du cinéma comme une sorte d'instrument scientifique créé pour explorer certains types ou certains aspects particuliers de la réalité.

De cette dernière période, on ne peut pas dire que nous soyons tout à fait sortis – mais elle ne se perpétue plus guère aujourd'hui que sous la forme affaiblie de la « critique de films », qui vit de ses présupposés sans vraiment chercher à les examiner et moins encore à les justifier.

Enfin, une troisième période (la nôtre), est marquée, non par une synthèse des deux précédentes, mais par une floraison de théories du cinéma qui, par-delà leurs différences, ont pour commune caractéristique de faire appel à des techniques de formalisation beaucoup plus poussées et plus systématiques. C'est pourtant par une tentative explicitement synthétique que s'ouvre cette période, avec l'impressionnante Esthétique et Psychologie du cinéma, de Jean Mitry. Très délibérément, Jean Mitry fait flèche de tout bois, mettant à contribution non seulement sa connaissance étendue de l'histoire des films, mais encore sachant tirer parti de tous les auteurs qui l'ont précédé. Malgré les difficultés inhérentes à ce type d'entreprise, et les « ratés » qui s'ensuivent, Jean Mitry marque une étape primordiale dans la théorie du film, en exigeant, sur tous les problèmes essentiels, la plus grande rigueur scientifique, et en n'hésitant pas pour mieux traiter tel point spécifique au film, à faire appel à la phénoménologie, à la Gestalttheorie, à la psychologie et à la physiologie de la perception, voire à se poser un instant en épistémologue. Bien qu'il n'ait pas fait « école », bien qu'il n'appartienne à aucune école, le livre de Jean Mitry marque une date : Christian Metz ne s'y trompa pas, qui consacra à la sortie de ses deux volumes deux longs articles critiques (aujourd'hui repris dans le tome 2 des Essais sur la signification au cinéma).

L'histoire de la théorie du cinéma depuis Jean Mitry est marquée par l'importation de plus en plus massive de concepts, voire de systèmes conceptuels entiers, en provenance des dites « sciences humaines » – linguistique et psychanalyse au premier chef, mais aussi sociologie et histoire – en même temps que l'activité théorique, devenant de plus en plus universitaire et cessant de se doubler d'une activité critique (et polémique/normative), cessait par là même de se référer de façon privilégiée à tel corpus de films contemporains : s'il arrive encore que telle théorisation soit appuyée, consciemment ou non, sur un genre, un type ou une école de films (Robbe-Grillet pour le livre de Jost et Chateau, Godard et Straub pour celui de Bonitzer, etc.), l'attitude la plus répandue veut que toute théorisation ait vocation à l'universalité. Simultanément, le développement de l'enseignement du cinéma pousse également à un regain d'intérêt pour l'analyse de films du passé, dans une proportion bien plus importante qu'autrefois.

Ainsi les quinze dernières années ont-elles été marquées, d'un côté par l'abondance des travaux d'inspiration sémiologique (au sens large) et narratologique, d'autre part par la floraison des analyses de films – qu'elles soient ou non conçues expressément sur le modèle de l'« analyse textuelle ». Mais de toute cette période, les chapitres qui précèdent ont tenté de rendre compte avec quelque détail, et nous n'insistons pas.

Il est évidemment plus difficile de faire le point sur les directions actuelles de la recherche (et encore bien davantage de faire le moindre pronostic sur la prochaine décennie). Sans qu'on puisse absolument prétendre que le filon sémiologique a été épuisé, une double tendance se fait jour depuis quelques années, manifestant ce que l'on a pu décrire comme une « mort de la sémiologie » (Metz) : d'une part la volonté, attestée notamment par plusieurs livres récents (et surtout frappante dans tels ouvrages collectifs, comptes rendus de colloques, etc.), de faire un bilan, de tirer des leçons etc. ; d'autre part, des tentatives également assez nombreuses et très dispersées pour sortir de cette relative impasse, par exemple en recourant à la sémantique générative, ou à la Textlinguistik, etc. Bien entendu, cette « mort » de la sémiologie n'en est pas une (ou alors, de celles qui mènent à une réincarnation...), et il demeure aujourd'hui important de poursuivre dans la voie d'une formalisation générale, comme il reste important – ne serait-ce que pédagogiquement – de pratiquer l'analyse filmologique sous toutes ses formes. Il nous semble cependant que les derniers mois ou années ont été, de plus en plus nettement, marquées par une diversification des directions de la recherche : c'est ainsi que l'on assiste à un fort regain d'intérêt pour l'histoire du cinéma, que de nombreux chercheurs (surtout américains, il faut bien le dire) abordent dans un esprit de méthode et de système qui a le plus souvent fait défaut aux pionniers de cette discipline (mais la « science historique » en général n'a-t-elle pas fait peau neuve, ou presque, depuis vingt ans) ; c'est ainsi que l'on a vu paraître coup sur coup une bonne demi-douzaine d'ouvrages faisant une large part à une réflexion économique sur le cinéma – non sans rapport, très certainement, avec les transformations de ce moyen d'expression lui-même (développement de la télévision et de la vidéo légère, concentration de la production et de la diffusion, etc.) ; c'est ainsi enfin qu'ont été illustrées, par quelques textes de qualité, des approches plus « rares » : la sociologie du cinéma, ou, dans un autre domaine, ce qu'on pourrait appeler son iconologie.

De toutes ces tentatives, il est encore bien trop tôt pour mesurer la place et la valeur d'ensemble. Aussi conclurons-nous, modestement, ce rapide tour d'horizon des théories du cinéma, en remarquant combien cette diversification qui apparaît aujourd'hui, atteste à nouveau de la dimension anthropologique et sociale des études cinématographiques, et de sa nécessaire traversée par les sciences sociales.

BIBLIOGRAPHIE

Cette bibliographie se veut simplement un premier choix d'ouvrages d'importance incontestable, et aisément trouvables en librairie ou en bibliothèque. Nous les avons classés par rubriques, non sans parfois quelque arbitraire.

1. OUVRAGES DIDACTIQUES, INTRODUCTIONS A LA THEORIE DU CINEMA.

Barthélémy AMENGUAL, *Clefs pour le cinéma*, Paris, Ed. Seghers, 1971.

Alain BERGALA, *Initiation à la sémiologie du récit en images*, Cahiers de l'audiovisuel, Paris, 1978.

Jean COLLET, Michel MARIE, Daniel PERCHERON, Jean-Paul SIMON, Marc VERNET. *Lectures du film*, Paris, Ed. Albatros, 1976 (réédité en 1980).

Guy GAUTHIER, *Initiation à la sémiologie de l'image*, Cahiers de l'audiovisuel, 2eme édition, Paris, 1979 ; *Vingt leçons sur l'image et le sens*, Edilig, 1982, Coll. « Médiathèque ».

Iouri LOTMAN, *Esthétique et sémiotique du cinéma*, Paris, Editions Sociales, 1977.

Marcel MARTIN, *Le Langage cinématographique*, Paris, 1955, Ed. du Cerf, (2eme édition, Editeurs Français Réunis, Paris, 1977).

Francis VANOYE, *Récit écrit - récit filmique*, Paris, Ed. CEDIC, 1979.

CinémAction, n° 20, « Théories du cinéma », L'Harmattan, 1982.

2. HISTOIRE DU CINEMA.

Jacques DESLANDES et Jacques RICHARD, *Histoire comparée du cinéma*, 2 volumes parus, Tournai, Ed. Casterman, 1966 et 1968.

Jean MITRY, *Histoire du cinéma*, 5 volumes parus, Ed. Universitaires.

Georges SADOUL, *Histoire générale du cinéma*, nouvelle édition en 6 volumes, Paris, Ed. Denoël, 1973.

Il existe de nombreuses autres histoires du cinéma au format plus réduit : édition en un volume de Georges Sadoul, divers ouvrages en collections de poche. Aucun de ces livres ne nous semble pleinement recommandable, et on préfèrera toujours la référence aux ouvrages de quelque ampleur.

2.1. Histoire de certaines périodes ou écoles.

Lotte H. EISNER, *L'Ecran démoniaque*, Paris, Ed. Terrain Vague.

Henri FESCOURT, *La Foi et les montagnes* (cinéma français 1895-1955), Paris, Ed. Paul Montel, 1959 (réédition Editions d'Aujourd'hui, Plan de la Tour, 1979).

Siegfried KRACAUER, *De Caligari à Hitler*, 1946 (trad. française, Ed. L'Age d'Homme, Lausanne, 1973).

Dominique NOGUEZ, *Eloge du cinéma expérimental*, Paris, Ed. du Centre Georges Pompidou, 1979 ; *Trente ans de cinéma expérimental en France* (1950-1980), A.R.C.E.F., 1982.

Georges SADOUL, *Le Cinéma français (1890-1962)*, Paris, Ed. Flammarion, 1962.

Cahiers de la Cinémathèque, Perpignan - Notamment les N^{os} suivants :
   n° 13-14-15, « La révolution du parlant », 1974 ;
   n° 26-27, « Le cinéma muet italien », 1978 ;
   n° 29, « Le cinéma des premiers temps », 1979.

Jay LEYDA, *Kino : Histoire du cinéma russe et soviétique*, 1960 (trad. française, Lausanne, Ed. L'Age d'Homme, 1977).

En anglais :

Kevin BROWNLOW, *The Parade's Gone By* (cinéma américain muet), University of California, Berkeley-Los Angeles, 1968.

Lewis JACOBS, *The Rise of the American Film*, Harcourt, Brace and c°, New York, 1939 (nombreuses rééditions augmentées).

3. ECRITS THÉORIQUES.

Béla BALAZS, *L'Esprit du cinéma*, 1929 (trad. française, Ed. Payot, Paris, 1977).
   Le Cinéma, 1948 (trad. française, Ed. Payot, 1979).

André BAZIN, *Qu'est-ce que le cinéma ?*, Paris, Ed. du Cerf (édition condensée, en un volume : 1975).

Pascal BONITZER, *Le Regard et la voix*, Paris, coll. « 10/18 », U.G.E., 1976.

Noël BURCH, *Praxis du cinéma*, Paris, Ed. Gallimard, 1969.

S.M. EISENSTEIN, *Au-delà des étoiles*, Paris, coll. « 10/18 », U.G.E, 1974.
   La Non-indifférente nature, 2 volumes, ibid., 1975-78.

Elie FAURE, *Fonction du cinéma* (recueil d'articles des années 20 et 30) Paris, coll. « Médiations », Ed. Denoël Gonthier.

François JOST et Dominique CHATEAU, *Nouveau cinéma, nouvelle sémiologie*, Paris, coll. « 10/18 », U.G.E., 1979.

Christian METZ, *Essais sur la signification au cinéma*, 2 volumes, Paris, Ed. Klincksieck, 1968-72.
   Langage et Cinéma, Paris, Ed. Larousse, 1971 (rééd. Albatros, 1977).
   Le Signifiant imaginaire, Paris, coll. 10/18, U.G.E., 1977.

Jean MITRY, *Esthétique et psychologie du cinéma*, 2 vol., Paris, Ed. Universitaires, 1966-68 (rééd. en 1980).

Edgar MORIN, *Le Cinéma ou l'Homme imaginaire*, Paris, Ed. de Minuit, 1956 (rééd. coll. « Médiations », Paris, Ed. Denoël-Gonthier, 1965).

Pier Paolo PASOLINI, *L'Expérience hérétique*, Paris, Ed. Payot, 1976.

Etienne SOURIAU et al., *L'Univers filmique*, Paris, Ed. Flammarion, 1953.

DIVERS, *La Théorie du film*, Paris, Ed. Albatros, 1980.
   Communications, n° 23, « Psychanalyse et Cinéma », Paris, 1975.
   Revue d'Esthétique, n° spécial « Cinéma : théorie, lectures », 1973 (réédité).

En langues étrangères :

Rudolf ARNHEIM, *Film als Kunst*, 1932 (rééd. Fischer Taschenbücher, Frankfurt

am Main, 1979). (Il existe également une version revue par l'auteur en 1957, et publiée aux Etats-Unis en anglais : *Film as Art,* Univ. of California Press, 1957.)
Siegfried KRACAUER, *Theory of Film,* Oxford University Press, 1960.
Lev KULESHOV, *Kuleshov on Film,* edited by Ronald Levaco, U.C. Press, 1974.
Hugo MUNSTERBERG, *The Film : A Psychological Study,* 1916, rééd. Dover, New York, 1970.
V. CHKLOVSKI, B. EICHENBAUM, I. TYNIANOV, et al., *Poetika Kino* (Poétique du cinéma), Moscou-Léningrad, 1927. Les articles de Tynianov et Eichenbaum sont traduits en français, *Cahiers du cinéma* n° 220-21, 1970. Il existe une excellente traduction allemande de l'ensemble (*Poetik des Films,* München, 1974), et deux traductions récentes en anglais (l'une à Oxford, l'autre à Ann Arbor, Michigan).

4. TECHNIQUE DU CINÉMA.

Michel WYN, *Le Cinéma et ses techniques,* Paris, Editions techniques européennes, 1969 (plusieurs rééditions mises à jour).
Voir aussi les brochures sur les divers métiers du cinéma éditées par l'Institut des Hautes Etudes Cinématographiques (I.D.H.E.C.).

En anglais :
Lenny LIPTON, *Independent Filmmaking,* Straight Arrow Books, San Francisco 1972 (très pratique, souvent réédité avec mises à jour).

5. SOCIOLOGIE ET ÉCONOMIE DU CINÉMA.

René BONNELL, *Le Cinéma exploité,* Paris, Ed. du Seuil, 1978.
Patrice FLICHY, *Les Industries de l'imaginaire,* Presses Universitaires de Grenoble, 1980.
Jean-Patrick LEBEL, *Cinéma et Idéologie,* Paris, Editions Sociales, 1971.
Henri MERCILLON, *Cinéma et Monopoles,* Paris, Ed. A. Colin, 1953.
Pierre SORLIN, *Sociologie du cinéma,* Paris, Ed. Aubier, 1977.

En anglais :
The American Film Industry, edited by Tino Balsio, University of Wisconsin Press, 1976.
Thomas GUBACK, *The International Film Industry,* Indiana University Press, 1969.

Garth JOWETT, *Film : The Democratic Art,* Boston, Little, Brown et C°, 1976.

6. LIVRES SUR DES CINÉASTES

Jacques AUMONT, *Montage Eisenstein,* Paris, Ed. Albatros, 1979.
André BAZIN, *Jean Renoir,* Paris, Ed. Champ Libre, 1971.
          Orson Welles, Paris, Ed. du Cerf, 1972.
André BAZIN et Eric ROHMER, *Charlie Chaplin,* Paris, Ed. du Cerf, 1973.
Claude CHABROL et Eric ROHMER, *Hitchcock,* Paris, Ed. Universitaires, 1957 (rééd. aux Editions d'Aujourd'hui, Plan de la Tour, 1976).
Alfred EIBEL (sous la direction de) *Fritz Lang,* Paris, Ed. Présence du Cinéma, 1964.
Lotte EISNER, *Murnau,* Paris, Ed. Le Terrain Vague, 1964.

Nᵒˢ spéciaux des *Cahiers du cinéma* (Mizoguchi, Hitchcock, Pasolini, Renoir, Welles).

Ce choix est extrêmement incomplet, volontairement, les livres sur des cinéastes étant la plupart du temps trop anecdotiques. Sur d'autres cinéastes, on pourra trouver des renseignements dans la collection de monographies de *L'Anthologie du cinéma* (10 volumes parus), ou dans celles de la collection « Cinéma d'Aujourd'hui », chez Seghers.

7. ECRITS DE CINÉASTES, ENTRETIENS.

Robert BRESSON, *Notes sur le cinématographe,* Paris, Ed. Gallimard, 1975.

René CLAIR, *Cinéma d'hier, cinéma d'aujourd'hui,* Paris, coll. « Idées », N.R.F., 1970.

S.M. EISENSTEIN, *Mémoires,* 3 volumes, Paris, coll. 10/18, U.G.E., 1977-79 (3ᵉᵐᵉ volume à paraître).

Jean EPSTEIN, *Ecrits sur le cinéma,* en 2 vol., Paris, Seghers, 1974.

Jean-Luc GODARD, *J.-L. Godard par J.-L. Godard,* Paris, Ed. Pierre Belfond, 1968.

François TRUFFAUT, *Le Cinéma selon Alfred Hitchcock,* Paris, Ed. Robert Laffont, 1966 (rééd. Seghers, Paris, 1975).

Jean RENOIR, *Ecrits 1926-1971,* Paris, Ed. Pierre Belfond,
    Ma vie et mes films, Paris, Ed. Flammarion,

Divers, *La Politique des auteurs,* Paris, Ed. Champ Libre, 1972.

En anglais :

Grierson on documentary, edited by Forsyth Hardy, London, Faber, 1966.

Richard KOSZARSKI, *Hollywood Directors,* 2 vol., Oxford University Press, 1976.

Vsevolod PUDOVKIN, *Film Technique & Film Acting,* diverses éditions.

8. ANALYSES DE FILMS OU DE GENRES.

Claude BAILEBLE, Michel MARIE, Marie-Claire ROPARS, *Muriel,* Paris, Ed. Galilée, 1974.

Raymond BELLOUR, *L'Analyse du film,* Paris, Ed. Albatros, 1980.

Raymond BELLOUR et al. *Le Cinéma américain, analyses de films,* 2 vol., Paris, Ed. Flammarion, 1980-81.

Michel BOUVIER et Jean-Louis LEUTRAT, *Nosferatu,* Paris, Ed. Gallimard, 1981.

Jean-Paul DUMONT et Jean MONOD, *Le Foetus astral,* Christian Bourgois, Paris, 1970.

Guy HENNEBELLE et al., « Le Cinéma militant », nᵒ spécial de *Cinéma d'aujourd'hui,* Paris, mars-avril 1976.

Jean-Louis LEUTRAT, *Le Western,* Paris, Ed. A. Colin, 1973, coll. « Uprisme ».

Eric ROHMER, *L'Organisation de l'espace dans « Faust », de Murnau,* Paris, coll. « 10/18 », U.G.E., 1977.

Marie-Claire ROPARS, Michèle LAGNY, Pierre SORLIN, *Octobre,* Paris, Ed. Albatros, 1976. *La Révolution figurée,* Paris, Ed. Albatros, 1979.

Jean-Paul SIMON, *Le Filmique et le Comique,* Ed. Albatros, 1979.

Cahiers de la cinémathèque, nᵒ 28 (Pour une histoire du mélodrame).

*Cahiers du XX*eme *siècle,* n° 9 (Cinéma et littérature), 1978.
Cultures, vol. II n° 1 (le cinéma et l'histoire), Paris, U.N.E.S.C.O., 1977.

9. DICTIONNAIRES, ANTHOLOGIES, DIVERS OUVRAGES USUELS.

M. BESSY et J.-L. CHARDANS, *Dictionnaire du cinéma,* 4 volumes, Paris, J.J. Pauvert, 1965-1971.
Georges SADOUL, *Dictionnaire des films,* Paris, Ed. du Seuil, (plusieurs rééd. augmentées).
     Dictionnaire des cinéastes, ibid.
Raymond CHIRAT, *Catalogue des films français de long métrage,* 2 volumes parus (années 30 et 40), Ed. Saint-Paul, 1978 et 1981.
J.-P. COURSODON et B. TAVERNIER, *30 ans de cinéma américain,* Paris, C.I.B., 1970.
R. LEFEVRE, R. LACOURBE, *30 ans de cinéma britannique,* Paris, Ed. Cinéma 76.
L. et J. SHNITZER, *20 ans de cinéma soviétique,* Paris, C.I.B., 1963.
Roger ODIN, « *Dix années d'analyses textuelles de films* ». *Linguistique et Sémiologie,* n° 4, Lyon, 1977.
J.-L. PASSEK et al. *20 ans de cinéma allemand, 1913-1933,* Paris, Ed. du Centre Georges Pompidou, 1978.

En anglais :
Movies on TV (10 000 films - génériques et résumés), ed. by Steven H. Scheuer, Bantam Books, New York (plusieurs éditions).
TV Movies (13 000 films), ed. by Leonard Maltin, New York, Signet Books (plusieurs éditions).

INDEX DES FILMS CITÉS

Le titre original des films étrangers est donné lorsque le titre français n'en est pas la traduction littérale.

Crin Blanc, d'Albert Lamorisse, 1953, p. 72.
Le Cuirassé « Potemkine », de Serge M. Eisenstein, 1926, p. 59.

D

La Dame de Shanghaï, d'Orson Welles, 1948, pp. 23, 79.
La Dame du lac, de Robert Montgomery, 1946, pp. 79, 186.
Les Dames du Bois de Boulogne, de Robert Bresson, 1945, p. 83.
Dark Passage (Les Passagers de la nuit), de Delmer Daves, 1947, p. 84.
Le Dernier des hommes, de Friedrich W. Murnau, 1924, pp. 113, 115, 126.
Le Désert rouge, de Michelangelo Antonioni, 1964, pp. 122, 202.
Détruire dit-elle, de Marguerite Duras, 1969, p. 182.
Deux hommes en fuite (Figures in a landscape), de Joseph Losey, 1970, p. 68.
Les Deux Anglaises et le Continent, de François Truffaut, 1971, p. 76.
Deux ou Trois choses que je sais d'elle, de Jean-Luc Godard, 1966, p. 202.
Dial M. for Murder (Le Crime était presque parfait), d'Alfred Hitchcock, 1953, p. 89.
La Dolce vita, de Federico Fellini, 1960, p. 202.
Double Indemnity (Assurance sur la mort), de Billy Wilder, 1944, pp. 79, 89.
Dracula, de Tod Browning, 1931, p. 178.
Dressed to kill (Pulsions), de Brian de Palma, 1980, p. 141.
Duel au soleil, de King Vidor, 1946.

E

Écrire en images, de Jean Miloy, 1957, p. 155.
L'Éclipse, de Michelangelo Antonioni, 1962, pp. 121, 202.
L'Enfant sauvage, de François Truffaut, 1970, pp. 84, 134.
The Enforcer (La Femme à abattre), de Raoul Walsh et Bretaigne Windust, 1950, pp. 92, 104.
Les Enchaînés (Notorious), d'Alfred Hitchcock, 1946, p. 199.
Espions sur la Tamise (Ministry of Fear), de Fritz Lang, 1943, p. 65.
Ève (All About Eve), de Joseph Mankiewicz, 1950, p. 79.

F

Frankenstein, de James Whale, 1931, p. 178.
Le Faucon maltais, de John Huston, 1942, p. 128.
Faust, de Friedrich W. Murnau, 1926, p. 133.
La Femme à abattre (The Enforcer), de Raoul Walsh et Bretaigne Windust, 1950, pp. 92, 104.
La Femme du Gange, de Marguerite Duras, 1972, p. 142.
La Fin des Pyrénées, de Jean-Pierre Lajournade, 1971, p. 147.
Flic ou Voyou, de Georges Lautner, 1978, p. 102.
Furie, de Fritz Lang, 1936, p. 48.

G

La Gaie divorcée, de Mark Sandrich, 1934, p. 70.
Gone With the Wind (Autant en emporte le vent), de Victor Fleming, 1939, pp. 73, 80.
Le Goût du saké, de Yasujiro Osu, 1962, p. 80.
Le Grand someil, d'Howard Hawks, 1946, pp. 83, 84, 87, 91, 179.
The Great Train Robbery, d'Edwin S. Porter, 1903, p. 45.
Greed (Les Rapaces), d'Eric Von Stroheim, 1924, p. 96.
Le Guépard, de Luchino Visconti, 1963, p. 74.
Guns in the Afternoon (Coups de feu dans la Sierra), de Sam Peckinpah, 1962, p. 105.

H

L'Heure des brasiers, de Fernando E. Solanas, 1967, p. 182.
Histoire d'une chaise, (Chairy Tale), de Norman Mc Laren, 1957, p. 66.
High Sierra, de Raoul Walsh, 1941, p. 103.
L'Hiver, de Marcel Hanoun, 1970, p. 182.
L'Homme à la caméra, de Dziga Vertov, 1929, pp. 13, 39, 126.
L'Homme qui ment, d'Alain Robbe-Grillet, 1968, p. 33.
Hôtel du Nord, de Marcel Carné, 1938, pp. 128, 137, 195, 196.
Huit et demi, de Federico Fellini, 1963, p. 202.

I

Ice, de Robert Kramer, 1968, p. 182.
Il était une fois dans l'ouest, de Sergio Leone, 1969, pp. 83, 141.
Il était une fois la révolution, de Sergio Leone, 1971.
L'Immortelle, d'Alain Robbe-Grillet, 1962, p. 83.
India Song, de Marguerite Duras, 1974, p. 77.
L'Inhumaine, de Marcel L'Herbier, 1924, p. 114.
Intolérance, de David W. Griffith, 1916, pp. 41, 68, 145, 146, 206.
Ivan le Terrible, de Serge M. Eisenstein, 1945-1946, p. 40.

J

Jaune le soleil, de Marguerite Duras, 1971, p. 182.
Jeanne Dielman, 23 quai du Commerce, 1080 Bruxelles, de Chantal Akerman, 1975, p. 80.
Je n'ai pas tué Lincoln (The Prisoner of Shark Island), de John Ford, 1936, p. 74.
Je t'aime, je t'aime, d'Alain Resnais, 1968, p. 82.
La Jetée, de Chris Marker, 1963, p. 82.
Le Jour se lève, de Marcel Carné, 1939, p. 199.

L

Laura, d'Otto Preminger, 1944, p. 79.
Leçons d'Histoire, de Jean-Marie Straub, 1972, p. 182.
La Ligne générale, de Serge M. Eisenstein, 1929, p. 168.
Loulou, de Maurice Pialat, 1980, p. 34.

M

M le Maudit, de Fritz Lang, 1931, p. 141.
La Maison du Docteur Edwardes (Spellbound), d'Alfred Hitchcock, 1945, pp. 82, 83, 91.
Mais qui a tué Harry?, d'Alfred Hitchcock, 1955, p. 24.
Makimono, de Werner Nekes, 1974, p. 66.
Marie pour mémoire, de Philippe Garrel, 1967, p. 182.
Marnie (Pas de printemps pour Marnie), d'Alfred Hitchcock, 1964, pp. 191, 198.
Méditerranée, de Jean Daniel Pollet, 1963, p. 147.
Le Mépris, de Jean-Luc Godard, 1963, p. 202.
La Mère, de Vesvolod Poudovkine, 1926, p. 164.
Ministry of Fear (Espions sur la Tamise), de Fritz Lang, 1943, p. 65.
La Mort aux trousses (North by Northwest), d'Alfred Hitchcock, 1959, p. 148.
The Most Dangerous Game (Les Chasses du Comte Zaroff), d'Ernest B. Schoedsack et Irving Pichel, 1932, pp. 88, 155.
Moses und Aron, de Jean-Marie Straub, 1975, p. 34.
Muriel, d'Alain Resnais, 1963, pp. 14, 28, 53, 54, 144, 200.

N

O

P

Q

R

SOMMAIRE ANALYTIQUE

La conception d'ensemble de ce livre résulte d'une réflexion collective. Chaque chapitre a été lu et discuté par les quatre auteurs. Cependant, en fonction des compétences de chacun, l'élaboration et la rédaction des différentes parties ont été réalisées individuellement selon la distribution suivante :
Chapitres 1 et 2, chapitre 5, 1.1 et 5, 1.2 et conclusion, Jacques Aumont ;
Chapitre 3, Marc Vernet ;
Introduction, chapitre 4, et chapitre 5, 1.3, et 5, 1.4, Michel Marie ;
Chapitre 5, 1.5 - 5, 2 et 5, 3, Alain Bergala.

Références photographiques :
BERTRAND AUGST (Université de Berkeley) 135, 136. AVANT-SCÈNE-CINÉMA : p. 13, 18 b, 23, 39, 40, 74 b, 88 c, 97 a, 97 b, 98, 103 a, 113, 114, 122, 178. – CINÉMATHÈQUE UNIVERSITAIRE : p 14 b, 14 c, 18 a, 24, 27, 28, 53-54, 57-58, 73, 74 a, 87, 88 a, 88 b, 103 b, 104, 127, 128, 170, 195, 199, 200. – PIERRE SORLIN (Université de Paris VIII) : 97 c, 121. Université de Lyon II : 14 a, 17, 177. – GÉRARD VAUGEOIS : 169.

Pour l'illustration de ce livre, les auteurs remercient tout particulièrement Bertrand Augst, Raymond Bellour, Jean-François Catton, Jim Damour, Thierry Kuntzel, Jean-Louis Leutrat, Fatemeh Nattagh, Vincent Pinel, Catherine Schapira, Pierre Sorlin, Gérard Vaugeois.

IMPRIMERIE AUBIN, 86240 LIGUGÉ
D.L., mars 1986. — Impr., L 21226. — Édit., Y 40862 II (D.o. IV)
Imprimé en France